教育信息化背景下高校管理研究

祁 帆◎著

吉林出版集团股份有限公司
全国百佳图书出版单位

图书在版编目（CIP）数据

教育信息化背景下高校管理研究 / 祁帆著. -- 长春：
吉林出版集团股份有限公司，2024.1
ISBN 978-7-5731-4582-6

Ⅰ．①教… Ⅱ．①祁… Ⅲ．①教育工作－信息化－应
用－高校管理－研究 Ⅳ．①G647

中国国家版本馆CIP数据核字(2024)第040891号

JIAOYU XINXIHUA BEIJING XIA GAOXIAO GUANLI YANJIU

教育信息化背景下高校管理研究

著　　者　祁　帆
责任编辑　张婷婷
装帧设计　朱秋丽
出　　版　吉林出版集团股份有限公司
发　　行　吉林出版集团青少年书刊发行有限公司
地　　址　吉林省长春市福祉大路 5788 号（130118）
电　　话　0431-81629808
印　　刷　北京昌联印刷有限公司
版　　次　2024 年 1 月第 1 版
印　　次　2024 年 1 月第 1 次印刷
开　　本　787 mm × 1092 mm　　1/16
印　　张　11
字　　数　240 千字
书　　号　ISBN 978-7-5731-4582-6
定　　价　76.00元

前　言

当今的中国正经历一个前所未有的发展机遇期，人类科学技术的飞速发展、国际竞争的加剧，特别是知识经济的到来，使得人们对人才素质的要求不断提高。为了满足不断提高的人才培养需求，我国社会教育的结构类型、专业设置、课程设置、教育内容、教育的组织形式、培养手段、教育方法都已经或正在发生变化。传统的教育教学管理者应主动接受现代科学管理理论的指导，不断提高决策水平，管理能力，形成自己的领导风格，以便在各项管理工作中取得事半功倍的效果，提高教育质量，为社会主义现代化建设培养更多的合格人才。

近年来，我国教育管理研究和改革实践取得了一定的成效，有了突破性的进展。全国教育工作会议的召开和《中共中央国务院关于深化教育改革全面推进素质教育的决定》《国务院关于基础教育改革与发展的决定》《基础教育课程改革纲要（试行）》《公民道德建设纲要》等一系列教育法规的颁布，对教育管理改革提出了许多新的要求，教育管理工作需要在新形势下做出进一步的调整、深化和完善。

笔者在撰写本书的过程中，立足我国的教育管理现状，结合国内外教育管理理论的新发展，以期为我国教育管理学发展提供参考。

本书在撰写过程中，借鉴了许多专家和学者的研究成果，在此表示衷心的感谢。本书研究的课题涉及内容十分宽泛，尽管笔者在写作过程中力求完美，但难免存在疏漏，恳请各位读者批评指正。

祁　帆

2023 年 9 月

目　录

第一章　高校教育管理概述

第一节　高校教育管理的内涵与价值

一、高校大学生教育管理的内涵

研究高校大学生教育管理，首先要明确其内涵。要全面、深入地把握高校大学生教育管理的内涵，就要弄清高校大学生教育管理的含义，了解高校大学生教育管理的特点，明确高校大学生教育管理的目标。

（一）高校大学生教育管理的含义

管理，就其字面意义而言，就是管辖、处理。管理的涉及面极其广泛，人们往往按照某种需要，站在不同的角度谈论管理，因此对管理的解释多种多样。即使是在管理学界，对管理也有多种不同的定义。有的从管理职能和过程的角度，认为管理是以计划、组织、指挥、协调和控制等职能为要素组成的过程；有的强调管理的协调作用，认为管理是在某一组织中，为完成目标而从事的对人与物质资源的协调活动；有的突出组织中的人际关系和人的行为，认为管理就是协调人际关系，激发人的积极性，达到共同目标的一种活动；有的从决策在管理中的重要地位的角度出发，认为管理就是决策；有的从系统论的角度出发，认为管理就是根据一个系统所固有的客观规律，施加并影响这个系统，从而使这个系统呈现一种新状态的过程。这些定义，从不同角度揭示了管理活动的特性。

综上所述，我们可以对管理的概念加以表述：管理是在一定的社会组织中，人们通过决策、计划、组织和控制，有效地利用人力、物力、财力、时间和信息等各种资源，以达到预定目标的一种社会活动过程。

高校大学生教育管理是高等学校管理的一个重要组成部分，也是高等学校人才培养工作的一个重要环节。因此，高校大学生教育管理既具有管理的一般本质，又有其自身的特殊本质。主要表现在以下几点：

1.高校大学生教育管理是在高等学校这一特定的社会组织中进行的

任何管理活动都是在一定的社会组织中进行的，正如马克思所说："凡是有许多个人进行协作的劳动，过程的联系和统一都必然要表现在一个指挥的意志上，表现在各种与局部劳动无关而与工场全部活动有关的职能上，就像一个乐队要有一个指挥一样。"高等学校是系统培养专门人才的社会组织，大学生的教育和培养是其首要的和基本的任务。高校大学生教育管理也就是高等学校为实现这一任务而进行的特殊管理活动。

2.高校大学生教育管理的目的是实现高等学校的人才培养目标，促进大学生的全面发展

管理总是有一定的目的，管理的目的就是实现一定社会组织的预定目标。世界上既不存在无目标的管理，也不可能实现无管理的目标。高校大学生教育管理作为高等学校人才培养工作的一个重要环节，目的是实现高等学校在人才培养方面的预定目标，促进大学生的全面发展，使之成为德智体美劳全面发展、富有创新精神和实践能力的中国特色社会主义事业的建设者和接班人。

3.高校大学生教育管理的实质是有效地利用学校的各种资源，为大学生的成长、成才提供指导和服务

高校大学生教育管理的任务是为大学生顺利完成学业、健康成长成才提供指导和服务，包括对大学生行为和大学生群体的引导，为家庭经济困难的学生提供资助服务，为毕业生提供的就业指导等。为此，就需要通过科学的决策、计划、组织和控制，有效利用学校的各种资源，包括人力、物力、财力、时间和信息等。综上所述，高校大学生教育管理是指高等学校为实现人才培养目标，促进大学生全面发展，通过决策、计划、组织和控制，有效地利用各种资源，为大学生成长成才提供各种指导和服务的社会活动过程。

（二）高校大学生教育管理的特点

高校大学生教育管理作为高等学校实现人才培养目标而为大学生提供的引导与服务，具有如下几个显著特征：

1.突出的教育功能

高校大学生教育管理是高等学校人才培养工作的重要组成部分，因此高校大学生教育管理既具有管理的属性，又具有教育的属性，有着突出的教育功能。

（1）高校大学生教育管理的目标服从和服务于大学生教育的目标。大学生是为了接受大学教育而跨进大学校门，高校大学生教育管理是高等学校为实现大学生教育目标，指导学生圆满完成大学学业而实施的特殊管理活动，因此高校大学生教育管理的目标必然服从和服务于大学生教育目标。一方面，大学生教育目标是制订高校大学生教育管理目标的基本依据。实际上，高校大学生教育管理目标也是大学生教育目标在高校大学生教育管理活动中的贯彻和体现，是高校大学生教育管理领域的分目标。离开了教育目标，高校大学生教育管理也就偏离了方向。另一方面，大学生教育目标的实现有待于高校大学生教育管理目标的实现。高校大学生教育管理是实现大学生教育目标的重要手段，只有通过有效的管理，建立和保持正常的教育教学和生活秩序，充分调动大学生学习的积极性和主动性，为

大学生提供必要的指导和服务，才能保证学校教育教学活动的顺利开展和学生的健康成长。没有有效的高校大学生教育管理，教育目标也不可能实现。

（2）教育方法在高校大学生教育管理方法体系中具有突出作用。教育方法是包括高校大学生教育管理在内的现代管理活动中最经常、最广泛使用的一种基本手段。因为一切管理活动都离不开人，而人是有思想的，人的活动是由一定的思想意识支配的。正如恩格斯所说："推动人去从事活动的一切，都要通过人的头脑。"因此，任何管理活动都要坚持思想领先的原则，注意做好人的思想工作，通过影响人的思想去引导和制约人的活动。而高校大学生教育管理作为大学生教育和培养工作系统中的一个重要组成部分，也必然更加注重运用教育手段，增强高校大学生教育管理的实效性。同时，教育方法也是高校大学生教育管理中其他方法顺利实施并取得实效的基础。高校大学生教育管理的法律方法、行政方法和经济方法的实施，都要加以思想道德教育，才能取得良好的效果。

（3）高校大学生教育管理过程也是教育大学生的过程。高等学校是教育和培养专门人才的场所，高等学校的一切工作都应当对学生起到良好的教育和影响作用。直接面向大学生所实施的高校大学生教育管理工作更是如此。事实上，在高校大学生教育管理过程中包含着十分丰富的教育因素。高校大学生教育管理过程中所贯彻的以人为本、民主法治公正和谐的理念，所体现的从学校和学生的实际出发，遵循教育规律和管理规律，实事求是的科学精神，所采用的民主管理、依法管理、科学管理的方法等都会对学生起到潜移默化的作用。高校大学生教育管理过程中所实行的依据大学生成长成才的规律和制定的各项规章制度，都对大学生起到思想导向、动机激励和行为规范的作用。高校大学生教育管理过程中管理人员的情感、态度和言行也会对大学生起到表率和示范作用。由此可见，高校大学生教育管理的过程也是教育学生的过程，并直接影响着大学生思想品德的形成与发展。

2.鲜明的价值导向

高校大学生教育管理是为社会培养人才提供服务的，高校大学生教育管理的目的、管理体制和管理形式总是受到社会经济基础、政治制度和意识形态的制约。因此，高校大学生教育管理具有鲜明的价值导向，它总是贯穿并体现着一定社会的主导价值体系，直接影响着大学生价值观的形成、变化与发展。我国是人民民主专政的社会主义国家，我国的高等学校是为社会主义建设事业培养专门人才的。这就决定了我国的高校大学生教育管理必须坚持社会主义价值导向。高校大学生教育管理的价值导向主要体现在以下几个方面。

（1）高校大学生教育管理的价值导向集中体现在管理目标中。目的性是人类实践活动的基本特征。而人实践活动的目的，总是基于一定的需要和对实践对象的属性及其变化趋势的认识与判断，体现一定的价值观念。高校大学生教育管理的目的同样如此。事实上，高校大学生教育管理的目的及作为其具体展开的整个目标体系，都是基于一定的价值观念确定和设计的，贯穿和体现着一定的价值观念和价值追求。因此，高校大学生教育管理的价值导向不仅对管理者的管理行为和大学生的日常行为起着导向、激励和评价作用，而且会对大学生价值观的形成和发展起到重要的引导和促进作用。例如，建立和维护良好的教育教学和生活秩序是高校大学生教育管理的重要目标，这一目标就体现了"有序"的价值，这一目标的执行，又会促进大学生形成"有序"的观念。同时，高校大学生教育管理是大学生教育的重要环节。为谁培养人，怎样培养人，培养什么样的人，始终是大学生教育的首要问题，也是高校大学生教育管理的首要问题。对这个问题的解决，必然鲜明地体现着一定的价值观念和价值追求。在我国现阶段，要体现社会主义核心价值体系，体现实现中国特色社会主义的共同理想对人才培养的要求。因此，我国高校大学生教育管理的目标也必然要体现社会主义的价值导向。

（2）高校大学生教育管理的价值导向突出体现在管理理念中。高校大学生教育管理理念是高校大学生教育管理的指导思想，直接制约着高校大学生教育管理的原则和方法。而高校大学生教育管理理念体现了社会的价值体系，也是社会先进的价值观念在高校大学生教育管理中的贯彻和体现。例如，高校大学生教育管理中"以人为本"的理念，就是我们党所坚持的"以人为本"价值观念在高校大学生教育管理中的贯彻和体现。在高校大学生教育管理中全面贯彻"以人为本"的理念，坚持做到"关心人、尊重人、依靠人、发展人、为了人"，必然会对学生正确认识人的价值，确立"以人为本"的价值观念产生积极的影响。

（3）高校大学生教育管理的价值导向具体体现在科学而又严密的规章制度中，是高校大学生教育管理的基本手段，也是高校大学生教育管理规范化、制度化和法治化的基本保证和主要标志。而管理规章制度是人们在一定的价值观念指导和影响下制定的，体现着一定的价值导向，具体表现为：要求大学生做什么，不做什么；鼓励和提倡做什么，反对和禁止做什么；奖励什么样的行为和表现，惩罚什么样的行为和表现；等等。高校大学生教育管理制度中的这些规定无不体现着鲜明的价值导向。

3. 复杂的系统工程

高校大学生教育管理也是一项系统工程，具有整体性、层次性、动态性和开放性特征。同时，高校大学生教育管理又有其特殊的复杂性，是一项十分复杂的系统工程。

（1）高校大学生教育管理的任务是复杂的。既要紧紧围绕大学生的中心任务，加强对学生学习行为和实践活动的管理和引导，又要切实为大学生的健康成长着想，加强对学生日常行为包括交往行为、消费行为、网络行为的管理和引导，及时发现、纠正和妥善处理学生的异常行为；既要加强对大学生现实群体包括学生班级、学生党团组织、学生社团和学生生活园区的管理及引导，又要适应网络时代的新情况，加强对大学生以网络为平台形成的虚拟群体的管理和引导；既要对大学生在校园内的安全加强管理和引导，又要为大学生在校外的安全提供必要的指导和帮助；既要做好面向全体学生的奖学金评定工作，充分调动学生的学习积极性，又要做好面向家庭经济困难学生的资助工作，帮助他们顺利完成学业；既要引导新生科学制定职业生涯规划，明确努力的具体目标，又要为毕业生提供就业、创业指导和服务，使学生能够在合适的岗位上大显身手，实现自身的价值。总之，高校大学生教育管理渗透大学生专业学习和日常生活的方方面面，贯穿大学生培养工作的所有环节和全部过程，任务复杂而艰巨。

（2）大学生是具有明显差异和鲜明个性的。高校大学生教育管理的对象是大学生，他们各有其特殊的精神世界和思想情感，有着不同的气质、性格、兴趣、爱好和习惯。即使是同一个年级、专业、班级的学生，由于他们有着不同的生活环境和生活经历，他们的思想行为也各有特点。同时，随着自主意识的增强，大学生普遍崇尚个性，追求个性的自由发展和完善。对于同一学生而言，在成长变化的不同历史时期也有着不同的特点。因此，高校大学生教育管理不能按照完全统一的要求、规格和程序来进行，要善于根据大学生的个性特点，因人制宜、因势利导，有针对性地开展工作。这就使高校大学生教育管理具有特殊的复杂性。

（3）影响大学生成长的因素是复杂的。高校大学生教育管理的目的是促进大学生的健康成长，而影响大学生成长的，不仅有学校教育因素，还有外部环境因素。外部环境的构成因素是复杂的。在现实世界中，所有与大学生的学习、生活、活动和交往有关的环境因素，都或多或少地对大学生的成长产生影响。其中，既有社会因素，也有自然的因素；既有物质因素，也有精神因素；既有经济和政治的因素，也有文化因素；既有国际、国内因素，也有家庭、学校周边社区的因素；既有现实的因素，也有历史因素。尤其是随着现代信息技术的迅猛发展，世界越来越紧密地联系在一起，大学生可以方便快捷地获取来自世界各地的信息，因此影响大学生思想行为及其成长的环境因素也就更广泛、更复杂。同时，外部环境对大学生的影响也是复杂的。一是其影响的性质具有多重性。其中，有积极影响，也有消极影响，二者交织在一起，同时发生作用。同样的环境因素对于不同的大学生可能会产生不同的影响。例如，富裕的家庭经济条件可以为大学生顺利完成学业提供有利条件，也可能成为学生铺张浪费、过度消费甚至不思进取、荒废学业的助推器。二是其影响的方式具有多样性。有直接影响，也有间接影响；有显性影响，也有隐性影响；有通过对大学生思想情感的熏陶发生作用的，也有通过对大学生行为的约束发生作用的。因此，在高校大学生教育管理过程中，管理者不仅要善于对大学生的学习和生活进行正确的引导，而且要善于正确认识和有效调控各种环境因素对大学生的影响，尽可能充分利用其对大学生的积极影响，防止、抵御和转化其消极影响。显然，这是一项十分复杂的工作。

二、高校大学生教育管理的价值

高校大学生教育管理对社会进步、高等学校发展和大学生成长成才都有着重要的意义和价值。全面认识高校大学生教育管理的价值，是高校大学生教育管理研究的重要课题，也是切实加强和改进高校大学生教育管理的重要思想基础。

（一）高校大学生教育管理价值概述

价值本来是一个经济学的范畴。它伴随着商品生产的出现而产生。

在经济学领域中，价值指的是凝结在商品中的无差别的人类劳动。现在，价值范畴已经被广泛地运用于社会政治、法律、道德、科技、教育和管理等各个领域，成了人们评价一切事物的一个普遍的范畴。因此，价值范畴又具有了哲学意义上的新内涵。在哲学意义上，价值是指客体对主体的作用和意义，它体现了客体的属性和功能与主体的需要之间的一种特定关系，即客体属性和功能对主体需要的满足关系。价值作为一个关系范畴，不能离开主客体中任何一方而存在。一方面，价值离不开主体，主体的需要是衡量价值的尺度，只有能够满足主体需要的事物或对象，才具有价值；另一方面，价值也离不开客体，客体的属性和功能是价值的载体。价值的实质，也就是客体的属性和功能对主体需要的满足。

高校大学生教育管理的价值是指高校大学生教育管理对社会、高等学校和大学生所具有的作用和意义，也就是高校大学生教育管理的属性和功能对社会进步、高等学校发展和大学生成长成才需要的满足。高校大学生教育管理价值的客体是高校大学生教育管理本身。高校大学生教育管理具有对大学生的成长和发展、对高等学校实现教育目标、对培养社会合格人才发挥作用的属性与功能。正是高校大学生教育管理的这些属性和功能构成了高校大学生教育管理价值的基础，高校大学生教育管理价值的主体是社会、高等学校和大学生。高等学校是高校大学生教育管理的实施者。高等学校之所以要实施高校大学生教育管理，是因为实现教育目标的需要，而高校大学生教育管理则具有能够满足这种需要的属性和功能。因此，高等学校也就成为高校大学生教育管理价值的主体。同时，高等学校的教育目标又是依据社会对专门人才的要求和大学生自身发展的需要制定的，因此社会和大学生也就都成为高校大学生教育管理的主体。高校大学生教育管理价值所体现的就是高校大学生教育管理的属性和功能对社会、高等学校和大学生需要的满足关系。

高校大学生教育管理价值的显著特点表现为以下几个方面。

1. 直接性与间接性

高校大学生教育管理对其价值主体的作用，就其作用的形式而言，有直接作用和间接作用。因此，高校大学生教育管理价值也具有直接性和间接性的特点。高校大学生教育管理价值的直接性是指高校大学生教育管理能够不经过中介环节而直接作用于价值主体，以满足一定的需要。一般来说，高校大学生教育管理对大学生的影响和作用往往是直接发生的。高校大学生教育管理价值的间接性是指高校大学生教育管理需要通过一定的中介环节而间接作用于价值主体，以满足一定的需要。一般来说，高校大学生教育管理对社会的影响和作用往往是通过对大学生的影响和作用而间接地发生的。

2. 即时性与积累性

高校大学生教育管理价值的实现即高校大学生教育管理以自身的属性和功能对价值主体某种需要的满足总要经过一个或短或长的过程，因此高校大学生教育管理价值也就具有即时性与积累性的特点。高校大学生教育管理价值的即时性是指高校大学生教育管理活动在短时间内达到目标，从而满足价值主体的某种需要。例如，及时办理新生中家庭经济困难学生的助学贷款，帮助他们跨进大学、安心学习；及时处理学生中的突发事件，以保障学生安全和校园稳定等。高校大学生教育管理价值的积累性是指高校大学生教育管理往往要经过一个相当长的过程，通过长期的工作积累，才能达到目标，从而满足价值主体的需要。例如，建立良好的教育教学秩序，满足高等学校人才培养工作的需要；培养学生良好的思想品德和行为习惯，满足社会发展与学生自身发展的需要；等等。这些不是一朝一夕所能实现的，而是需要长期的工作积累。

3. 受制性与扩展性

高校大学生教育管理价值的受制性是指高校大学生教育管理价值的实现要受到其他各种因素的影响。因为高校大学生教育管理价值就是对大学生成长成才的作用和意义，而大学生的成长成才还要受到高等学校内部其他因素和外部环境因素的影响。因此，高校大学生教育管理在大学生成长成才中作用的发挥，也就必然受到其他各种因素的制约。当其他因素对大学生的影响与高校大学生教育管理的作用方向一致，高校大学生教育管理就容易收到实效，高校大学生教育管理的价值也易于实现。反之，如果其他因素对大学生的影响与高校大学生教育管理的作用方向不一致，高校大学生教育管理就难以收到实效，高校大学生教育管理的价值也难以实现。高校大学生教育管理价值的扩展性是指高校大学生教育管理可以通过大学生的活动和影响对高等学校内部其他工作和外部环境因素发生作用，从而使自身价值得到扩展。例如，高校大学生教育管理通过对学生科技创新和创业活动的鼓励和支持，激发学生科技创新和创业的积极性，这就必然推动学校的教学创新，以提高学生的科技创新能力和创业能力。又如，高校大学生教育管理通过对学生日常行为的引导，使学生养成了遵守社会公共道德规范、自觉维护公共秩序和环境卫生的行为习惯，必然对学校周边环境的优化产生积极的影响。

4. 系统性与开放性

高校大学生教育管理价值的系统性是指高校大学生教育管理的价值是一个由多种维度、多种类型的内容构成的有机整体。按价值的主体，可分为社会价值、高校集体价值和个体价值。社会价值是高校大学生教育管理对社会运行和发展的作用和意义，高校集体价值是高校大学生教育管理对高等学校运行和发展的作用和意义，个体价值是高校大学生教育管理对大学生个体成长和发展的作用和意义。按价值存在的形态，可分为理想价值和现实价值。理想价值是高校大学生教育管理价值的应有状态，即高校大学生教育管理所追求的最终价值；现实价值是高校大学生教育管理的实有状态，即在现实条件下已经实现或正在实现的价值。还可以按价值的性质，分为正向价值和负向价值；按价值的大小，分为高价值和低价值等。高校大学生教育管理价值就是由上述各种价值组成的系统。

高校大学生教育管理价值的开放性是指高校大学生教育管理的价值会随着价值主体需要和高校大学生教育管理功能的变化发展而变化发展。随着社会的发展，高校大学生教育管理服务对象的需要在变化发展，必然会促使高校大学生教育管理的功能发生相应的变化和发展，从而使高校大学生教育管理的价值得到增强和拓展。例如，随着计算机网络的发展及其对大学生的双重影响，要求高校大学生教育管理必须加强对大学生网络活动的管理和服务，从而使高校大学生教育管理的价值拓展到网络空间。

（二）高校大学生教育管理的社会价值

高校大学生教育管理的社会价值是指高校大学生教育管理对社会运行与发展的作用和意义，即高校大学生教育管理的属性和功能对社会运行与发展需要的满足。高校大学生教育管理的社会价值集中表现在，它既是培养中国特色社会主义建设合格人才的重要手段，也是构建社会主义和谐社会的内在要求。

1. 培养合格人才的重要手段

中国特色社会主义事业的发展需要数以亿计的高素质的劳动者、数以千万计的专门人才和一大批拔尖创新人才。高等学校是人才培养的重要基地，其中心任务就是为中国特色社会主义建设培养合格的专门人才。高校大学生教育管理则是高等学校人才培养工作的重要手段，在培养合格人才中发挥着不可或缺的重要作用。

（1）维护正常的教育教学秩序。高等学校的教育教学活动总是按照一定的制度和规章有目的、有计划、有组织地进行的，建立和维护正常的教育教学秩序是高等学校教育教学工作的内在要求和基本条件。这就需要有严格的、科学的管理，包括高校大学生教育管理。高校大学生教育管理在维持高等学校教育教学秩序中具有重要作用。在高校大学生教育管理中，实行严格的学籍管理，按照一定的制度和规定，有序地做好有关学生入学与注册、课程和各种教育环节的考核与成绩记载、转专业与转学、休学与复学、退学、毕业与结业等各项工作，是建立正常的教育教学秩序的基础。实施系统的学习管理，引导学生明确学习目的，提高学生学习的主动性和自觉性，规范学生的学习行为，督促学生自觉遵守学习纪律和考试纪律，形成良好的学风，是建立正常的教育教学秩序的关键。加强对学生班级、学生社团等学生群体的管理，引导学生紧紧围绕学校的教育教学目标，有序地开展班级活动、社团活动和其他课余活动，是建立正常的教育教学秩序的重要条件。

总之，高校大学生教育管理是建立和维护正常的教育教学秩序的重要保证。没有有效的高校大学生教育管理，就不可能有正常的教育教学秩序。

（2）激励、指导和保障学生的学习行为。高等学校教育教学的过程是教师与学生双向互动、"教"与"学"辩证统一的过程。其中，"教"是主导，"学"是关键。学习是大学生的主要任务，是大学生能否成为合格人才的关键。高校大学生教育管理对大学生的学习行为起着重要的激励、指导和保障作用。高校大学生教育管理对学生学习行为的激励作用主要表现在：引导学生充分认识大学学习的社会意义和个体价值，明确学习目的，以激发学生的学习动机；运用颁发奖学金和授予荣誉称号等方式，表彰学业优秀的学生，以鼓励学生勤奋学习；把竞争机制引入学生的学习活动中，组织各种竞赛活动，激发学生的学习热情。高校大学生教育管理对学生学习行为的指导作用主要表现在：指导学生了解大学阶段学习的特点和要求，帮助他们尽快实现学习方式从被动性学习到自主性学习的转变；指导学生根据社会需求和自身实际制订职业生涯规划，确定自己的职业生涯发展方向，明确学习目标；指导学生掌握科学的学习方法，养成良好的学习习惯，不断提高自主学习的能力和学习效率；指导学生积极开展社会实践活动，注重在实践中加深对专业理论知识的理解，在实践中提高自己的专业技能。高校大学生教育管理对学生学习行为的保障作用主要表现在：加强资助管理，切实做好助学贷款和助学金的发放工作，组织和指导学生勤工助学活动，为家庭经济困难的学生安心学习、顺利完成学业提供必要的经济条件；开展学生学习心理的辅导，帮助学生克服学业焦虑等各种消极心理，以积极健康的心态对待学习；等等。

（3）培养学生的思想品德。中国特色社会主义建设所需要的合格人才不仅要具备良好的专业知识和能力素养，还要具备良好的思想品德。思想品德是指人在一定的思想体系指导下，按照社会的言行规范行动时，表现在个人身上的相对稳定的特征。它是以心理因素为基础的思想与行为的统一体。培养大学生良好的思想品德，不仅需要深入细致的思想政治教育，还需要有效的管理。这是因为人们良好思想品德和行为习惯的形成，有一个由他律到自律的过程。大学生各方面的成长还未成熟，发展尚未稳定，加之学生的思想基础不同，接受教育的主动性、积极性和自觉性各不相同，因此大学生自我管理、自我约束的能力尚有欠缺并存在差异。要帮助大学生提高自理、自律的水平，使他们能够自觉地遵循社会的思想规范、政治规范、道德规范和法纪规范，形成良好的行为习惯，必须在加强思想政治教育的同时，加强大学生各方面的管理，注重大学生日常行为规范的训练。通过高校大学生教育管理，科学制定并严格执行各项规章制度，强化行为管理和纪律约束，使大学生的学习、交往等各方面的行为都能够按照一定的规范有序进行，这不仅有助于培养大学生的良好行为习惯，也可以为思想政治教育创造良好的环境条件，从而增强思想政治教育的效果。

2. 构建和谐社会的内在要求

实现社会和谐，始终是人类孜孜以求的社会理想。高校大学生教育管理作为对大学生这一特殊社会群体提供引导和服务的社会活动，在构建社会主义和谐社会中发挥着特有的作用，具有特殊的价值。

（1）高校大学生教育管理是维护社会稳定、实现社会安定有序的重要保证。我们所要建设的社会主义和谐社会应该是民主法治、公平正义、诚实友爱、充满活力、安定有序、人与自然和谐共处的社会。安定有序是社会主义和谐社会的内在要求和重要特征，也是实现社会和谐的基本条件。社会稳定是安定有序的基本内容和重要表现，也是改革、发展的前提。而高校稳定是社会稳定的重要条件，高校稳定的关键则又在于大学生。这是因为大学生的思想尚未成熟，存在着显著的矛盾性。他们关心国家发展，关注时事政治，追求民主自由，并具有较强的政治参与意识，但尚缺乏政治经验和社会生活经验，政治辨别能力不强，因此容易受到社会上错误思潮和不良倾向的影响。同时，大学生正处于青春期，情感具有强烈性。这既使大学生热情奔放，勇往直前，也使大学生易于冲动，甚至失去理智。成千上万的大学生集中在高等学校的校园内，如果缺乏正确的引导和有效的管理，一些不良的倾向和问题很容易在大学生中扩散开来，并造成不良的社会影响。因此，切实加强高校大学生教育管理，正确引导大学生的社会活动和政治行为，妥善解决大学生在学习、生活、交往和就业中碰到的各种矛盾和问题，及时处理大学生中发生的各种突发事件，以保持高等学校的稳定，对维护社会稳定、实现社会安定有序具有重要意义。

（2）高校大学生教育管理是构建和谐校园的重要手段。高等学校是现代社会中不可或缺的重要社会组织，担负着培养人才、推进科技进步、传播先进文化的重要任务。构建和谐校园，是构建社会主义和谐社会题中应有之义，也是推进高等学校科学发展的内在要求。加强高校大学生教育管理，引导和组织大学生积极发挥在和谐校园建设中的主体作用，是构建和谐校园的重要保证。加强高校大学生教育管理，建立和完善学生参与民主管理的组织形式，引导、支持和组织学生依法参与学校的民主管理和实行自主管理，切实维护和保障学生在校期间享有的权利，引导和督促学生全面履行法律规定的义务，自觉遵守国家法律和学校管理制度，能够有力地推进高等学校的民主法治建设。加强高校大学生教育管理，妥善地协调学生与学校、学生与教师之间的关系，维护学生的正当利益，实事求是地评价学生的思想品德和学业成绩，公正地实施奖励和处分，正确地处理学生中的各种矛盾和问题，使公平正义在校园中得到弘扬。加强高校大学生教育管理，督促学生在学习考试、科学研究、人际交往和日常生活中坚持诚实守信，做到不作弊、不剽窃，引导学生尊敬师长、友爱同学、团结互助，在校园中形成诚信友爱的良好风气。通过高校大学生教育管理，充分调动学生的积极性和创造性，围绕专业学习，开展丰富多彩的社团活动和社会实践活动，鼓励、组织和支持学生开展科学研究、进行创造发明、尝试创业活动，才能使校园真正充满活力。通过高校大学生教育管理，建立和维护学校正常的教育教学秩序和生活秩序，加强学生的安全教育和管理，保障学生的身心健康，有效地预防和妥善地处理学生中的突发事件，努力建设平安校园，使校园实现安定有序。通过高校大学生教育管理，引导和督促学生自觉维护校园环境，节约使用水、电等各种资源，使校园成为人与自然和谐共处的生态校园。

（3）高校大学生教育管理是促进大学生集体和谐发展的重要手段。包括大学生党团组织、班级、学生会、社团等在内的大学生集体是大学生政治、学习和日常生活的基本组织形式，直接影响着大学生的思想和行为，是大学生思想政治教育和管理的重要载体。大学生集体的和谐发展，不仅直接关系着大学生个体的健康成长和全面发展，也直接关系着高等学校的和谐稳定与科学发展。高校大学生教育管理包含着对大学生集体的管理，因此在促进大学生集体和谐发展中具有十分重要的作用。通过高校大学生教育管理，引导大学生集体自觉遵循学校的有关制度和规定，紧紧围绕学校的人才培养目标和学生成长成才的需要，积极开展丰富多彩的集体活动，充分发挥自身在大学生自我教育、自我管理中的作用，促进大学生集体的发展与学校发展的和谐与统一。通过高校大学生教育管理，切实加强大学生集体的思想建设、组织建设、制度建设和作风建设，引导大学生增强集体意识，主动关心集体发展，积极参与集体活动，弘扬团结互助精神，不断增进学生之间的友谊，注重相互沟通与交流，及时化解各类矛盾，促进各个大学生集体自身的和谐发展。通过高校大学生教育管理，引导大学生党团组织、班级、学生会、社团等各类大学生集体正确处理相互之间的关系，加强相互之间的沟通和协调，做到相互配合、相互支持，形成大学生自我教育、自我管理的合力，促进各类大学生集体的相互和谐与共同发展。

（三）高校大学生教育管理的个体价值

高校大学生教育管理的个体价值是指高校大学生教育管理对大学生个体成长与发展的作用和意义，即高校大学生教育管理的属性和功能对大学生个体成长与发展需要的满足。高校大学生教育管理的个体价值主要表现为引导方向、激发动力、规范行为、完善人格和开发潜能五个方面。

1. 引导方向

高校大学生教育管理具有突出的导向功能，对大学生的成长和发展起着重要的导向作用。高校大学生教育管理的导向作用，主要表现为以下三个方面。

（1）引导政治方向。政治方向是政治立场、政治观念、政治态度、政治品质和政治信念的综合体，是人的素质中的首要因素，决定着人们思想和行为的基本倾向。我们党历来强调在人才培养中始终坚持把正确的政治方向放在第一位。当今世界，随着经济全球化和信息技术的迅速发展，国际政治斗争趋于复杂，西方意识形态的渗透日益加剧。引导大学生确立坚定正确的政治方向即坚持中国特色社会主义的方向，是高等学校的一项极为重要而又十分紧迫的任务。要完成这一任务，首先要加强大学生思想政治教育，加强高校大学生教育管理。这是因为高校大学生教育管理的社会属性决定了高校大学生教育管理必然具有鲜明的政治方向性，并对学生的政治方向起着引导作用。

（2）引导价值取向。价值取向是指人们基于自己的价值观在面对或处理各种矛盾、冲突、关系时所持的基本价值立场、价值态度及所表现出来的基本价值倾向。价值取向决定和支配着人的价值选择，制约着人们思想和行为的方向。现阶段我国市场经济的发展，在促进社会生产发展和人们思想观念更新的同时，其盲目性和滞后性也容易诱发人们产生利己主义、拜金主义和享乐主义的价值观念。随着经济全球化的发展和我国国际交往的扩大，西方的各种价值观也渗透进来。因此，引导大学生掌握社会主义核心价值体系，坚持正确的价值取向，有着尤为重要的意义。如前文所说，鲜明的价值导向是高校大学生教育管理的一个显著特点。高校大学生教育管理通过坚持和贯彻体现社会主义核心价值体系的管理理念，制定和执行以培养社会主义建设合格人才为根本宗旨的管理目标体系和管理规章制度，对大学生的价值取向起着重要的引导作用。

（3）引导业务发展方向。引导大学生确定既符合社会需要又符合自身实际的奋斗目标，明确业务发展的方向，引导他们把主要精力和时间投入实现既定目标的业务学习和实践活动中，从而促进他们早日成才。高校大学生教育管理在引导大学生业务发展方向方面的作用集中表现在：通过对学生学习活动的指导，引导学生根据相关专业的要求和自己的兴趣爱好，确定专业学习的目标，明确在专业学习方面努力的方向；通过对大学生职业生涯规划的指导，引导学生根据社会需求、职业发展的趋势和自身的主观条件与愿望，确定自己的职业理想，明确自己职业生涯发展的方向。

2. 激发动力

高等学校的系统教育为大学生的成长和发展提供了良好的条件，而大学生能否健康成长和全面发展，关键在于大学生自身的主观努力即主观能动性的发挥。因此，要促进大学生的成长和发展，就必须注重激发大学生的内在动力，充分调动他们的主动性和积极性。高校大学生教育管理具有显著的激励功能，在激发大学生内在动力方面具有突出的作用。高校大学生教育管理对大学生的激励作用，主要是通过以下三种路径实现的。

（1）需要激励。需要是人的行为动力的源泉，也是行为动机产生和形成的基础。人的积极性的发挥及其发挥的程度，归根结底取决于其需要能否得到满足及被满足的程度。高校大学生教育管理坚持以人为本的管理理念和服务学生的管理原则，关心学生的实际需要，维护学生的正当利益，扎扎实实地为大学生的成长和发展提供各方面的指导和全方位的服务，因此也就必然会对大学生产生重要的激励作用。

（2）目标激励。人的行为总是指向一定的目标，目标是人们期望达到的成果和成就，能够激发人的内在积极性，鼓励人们奋发努力。人们对目标的达成满足自身需要的价值看得越大，估计目标能够实现的可能性越大，目标的激发力量越大。高校大学生教育管理遵循社会发展要求与大学生自身发展需要相统一的原则，科学地制订管理目标，着力引导大学生根据社会需要和自己的兴趣爱好、主观条件合理地确定自己的学习目标和发展目标，从而对大学生起到重要的激励作用。

（3）奖惩激励。奖励和惩罚是高校大学生教育管理的重要方法，其目的是通过运用正、负强化手段，控制大学生行为结果的反馈调节作用，维持和增强大学生努力学习和践行大学生行为准则的主动性和积极性。奖励是通过奖赏、赞扬、信任等褒奖形式，使被奖励者感到满足和喜悦，更加奋发努力的正强化手段；惩罚是通过被惩罚者某种需要的不被满足而使其感到痛苦和警醒，变消极行为为积极行为的负强化手段。高校大学生教育管理通过恰当运用奖励和惩罚，鼓励先进，鞭策后进，从而激励全体大学生奋发努力。

3. 规范行为

高校大学生教育管理的一项重要任务就是要科学制定和严格执行各项管理规章制度和纪律，以规范大学生的行为，促进其形成文明的行为方式和良好的行为习惯。高校大学生教育管理在规范大学生行为方面的作用，主要是通过以下三种途径实现的。

（1）加强制度建设。制度建设是高校大学生教育管理的重要内容。高校大学生教育管理中的制度建设，就是要依据社会发展要求、人才培养目标和大学生健康成长与发展的需要，科学制定和不断完善各项规章制度，使大学生明确应该做什么、不应该做什么，应该怎么做、不应该怎么做，并引导和督促大学生规范自己的行为，形成文明的行为习惯。教育部发布的《普通高等学校学生管理规定》和《高等学校学生行为准则》，就是现阶段高校大学生教育管理的基本规章制度，为规范大学生行为提供了基本的规定和准则。

（2）严格纪律约束。纪律是一定的社会组织为实现组织目标而要求其全体成员必须共同遵守并赋有组织强制力的行为规范。它是建立正常秩序、维系组织成员共同生活的重要手段，也是完成各项任务、实现组织目标的重要保证，因此成为高校大学生教育管理中不可或缺的重要手段。在高校大学生教育管理中，通过严格执行学习、考试、科研、集体活动、校园生活、安全保卫等各方面的纪律，以约束和调整学生的行为，并对违纪行为及时做出恰当的处罚，可以有效地引导和规范学生的行为，促进其良好行为习惯的养成。

（3）引导自我管理。自我管理是高校大学生教育管理的重要途径。自我管理的一项重要内容就是启发学生的自觉性和主动性，引导学生自觉遵守管理制度，主动地用体现社会要求的大学生行为准则规范自己的言行，实行自我约束和自我监督。这种自我约束和自我监督，既表现在大学生个体的自我管理中，也体现在大学生群体的自我管理中。在大学生班级、寝室、社团等群体管理中，充分发挥学生的主体作用，引导学生在民主讨论的基础上，形成全体成员共同遵守的规章制度，并相互监督执行，不仅有助于营造良好的群体氛围、实现群体目标，而且有助于提高全体成员规范和约束自己行为的自觉性。

4. 完善人格

人格是一个人所具有的稳定而统一的心理特征的总和。通俗地讲，人格是指一个人的品格、思想境界、情感格调、行为风格、道德品质、精神面貌等。人格既是个人发展状况的集中表现，也是个人发展的内在主观条件。人的全面发展内在地包含着人格的健全和完善。高校大学生教育管理以促进大学生的全面发展为根本目的，因此必然要注重培育大学生健全的人格，以促进他们形成崇高丰富的精神境界、高尚优秀的道德品质、积极健康的心理品格。高校大学生教育管理在完善大学生人格方面的作用，主要表现在以下两个方面。

（1）优化环境影响。环境是影响大学生人格形成和发展的重要因素，对大学生的人格具有陶冶和感染的重要作用。"近朱者赤，近墨者黑"，说的就是这个道理。高校大学生教育管理在营造良好的校园环境、优化校园环境影响方面具有重要的作用。高校大学生教育管理通过制定和执行合理的规章制度，建立和维护正常的校园秩序；通过有效的学习管理和班级管理，促进良好学风和班风的形成；通过对大学生交往活动的管理和引导，优化校园人际环境；通过对大学生网络活动的管理和指导，净化校园网络环境；通过对学生社团和学生课余活动的管理和指导，形成积极向上、丰富多彩的校园文化生活环境；通过对学生生活园区的管理和学生日常行为的指导，为学生营造安定有序、文明健康的日常生活环境；等等。

（2）指导行为实践。实践是大学生人格形成和发展的基本途径。大学生所接受的各种教育，只有在实践中通过其亲身的体验，才能真正被其所理解、消化和吸收。大学生行为习惯的养成、实践能力的提高等，更是自身长期实践活动的结果。因此，高校大学生教育管理通过对大学生行为和实践活动的管理和指导，也就必然会对大学生人格的完善产生重要的作用。

5. 开发潜能

人的潜能是指人所具有的有待开发、发掘的处于潜伏状态的能力。它包括人的生理潜能、智力潜能和心理潜能。人的潜能是人的现实活动力量的潜伏状态和内在源泉，人的能力的发展在一定意义上也就是开发潜能，使之转化为现实活动力量即显能的过程。人的潜能是巨大的。美国著名心理学家威廉·詹姆斯认为，一个正常人90%的潜能还尚未利用。由此可见，人的潜能的开发具有十分广阔的前景。大学生正处于成长和发展的关键时期，着力开发他们身上所蕴藏的丰富潜能，将他们内在的潜能转化为从事社会建设的实际能力和现实力量，作为大学生培养工作的重要组成部分，在开发大学生内在潜能方面发挥着不可或缺的作用。高校大学生教育管理在开发大学生潜能方面的作用，主要是通过以下三种途径实现的。

（1）指导学习训练。学习和训练是开发潜能的基础。只有通过系统学习和训练，掌握必要的知识和方法，才能使潜能得到正确的、有效的发挥。高校大学生教育管理通过对大学生学习活动的管理和指导，引导大学生确立正确的学习目的，掌握科学的学习方法，不仅可以充分发掘大学生在学习方面的潜能，提高他们的学习能力，而且可以促进大学生系统地掌握专业理论知识和方法，使他们在专业方面的潜能得到开发和发展。

（2）运用激励机制。激励是开发潜力的重要手段。通过激励，可以充分调动人的主观能动性，打破安于现状的消极心态，振奋人的精神，转变人的态度，激发人的兴趣，调整人的行为模式，从而达到开发潜能的目的。因此，激励是高校大学生教育管理的重要手段。高校大学生教育管理运用激励机制，通过引导学生明确努力方向和成才目标，奖励成绩优异、表现突出的学生，可以调动大学生的主动性和积极性，激发他们奋发向上的进取精神，从而促进他们不断地开发自身的潜能。

（3）组织实践活动。实践是潜能转化为显能的中介和桥梁。人的潜能只有在实践中才能逐步显现出来，转化为显能并应用于实际。高校大学生教育管理通过支持和指导学生的社团活动和社会实践活动，鼓励和引导学生的科技服务和科技创新活动等，可以为大学生提供丰富多样的参与实践活动的机会，使他们的潜能在实践中得到发展。

第二节　高校教育管理的内容及本质

一、教学管理的组织系统

教学管理组织系统是教学管理群体为共同目标的达成，利用权责分配、层级统属关系与团队精神构成的可以实现自我发展与调节的社会系统，解决谁管理与如何管理的问题。管理体制是指组织机构安排、隶属关系与权责规划等组织制度体系化建设。要想充分发挥教学管理组织功能，就要从根本上优化管理体制，促进组织结构的科学合理建设。管理系统属于结构性关系组织，是组织成员彼此行为关系构成的一个行为系统，更是一个随时代变迁而调整适应的生态化组织以及成员角色关系网。教学管理组织建设的根本目的是构建全面科学的教学管理系统，构建质量管理系统与运行机制，更好地助力广大师生以及教育教学工作。教学管理系统关注的是过程管理纵向系列与横向系列整合。纵向系列是指学校、二级学院（部）、教学系部和教研室；横向系列包括教务部门、科研部门、学生管理部门、人事部门、政工部门、后勤保障部门。要实现教学目标，培养更多优秀人才，必须确保两个系列的有效协调。

要构建教学管理组织系统，保证该系统工作可以顺利高效地开展，灵活创新地运行，必须打造高素质的教学管理队伍，明确机构设置，确定岗位责任。

二、教学管理的本质

从本质角度进行分析，教学管理是在高等学校系统中，以教学子系统为研究的管理对象，组织应用有限资源，科学安排教学过程，优化资源配置，提升教学质量。

三、教学管理的基本任务和职能

从基本任务看，教学管理需要严格遵循教育教学规律，搞好教学管理系统规划，运用现代科技和现代化管理方法对教学活动实施动态和目标性管理。强化管理协调作用，调动各方参与的积极性，确保人才培养进程中教学任务的顺利完成。

教学管理职能主要是"决策、规划，组织、指导，控制、协调，评估、激励，研究、创新"，这些职能之间有交叉，也有密切的内部关联，共同构成了一个有机整体。

四、教学管理内容体系

想要真正做好教学管理，提升管理质量，其核心在于管理者清楚要管的内容、重点管的内容以及如何管理好。教学管理本身是一个整体，就教学管理、业务科学体系而言，可以归纳为四项，分别是教学计划管理、教学运行管理、教学行政管理教学质量管理与评价。如果将教学管理职能作为划分标准，则教学管理分为控制协调、评估激励、研究创新、决策规划、组织指导。如果从教学管理层面进行分析，教学管理分为教学改革、教学建设与日常管理几个部分。

（一）教学计划管理

人才培养方案是学校为了提升教育教学质量，落实党和国家关于人才培养总体要求，是组织教学活动、设置教学任务、维护有序教学编制的依据所在。教学计划是在教育部宏观指引下，由学校组织专家自主制定完成，所以每个学校都拥有很大的自主权。教学计划确定后必须全面贯彻落实。教学计划管理的核心在于合理设计人才培养蓝图，要求学校投入大量精力，开展基本调查研究，尤其在获知新的教育观点、教学内容、培养模式等方面。需要组织学校各学科专业的学术教学带头人、骨干教师先开展课程结构体系的研究。只有保证课程结构体系的优化与全面，有效定位人才培养的总体规划，才能为优秀毕业生的培养奠定坚实基础。特别要注意，在制定教学计划后，必须严格贯彻，切忌随意、散乱。

（二）教学运行管理

教学管理的根本在于利用规范化管理确保教育教学活动顺利有序地运转，提高教学水平。教学运行管理是围绕教学计划落实开展的教学过程与有关辅助工作的组织管理。教学过程指的是学生在教师引导下的认知过程，还是学生通过参与教学活动提升综合发展能力的过程。高校教学过程在组织管理方面最为明显的特征是：第一，大学生学习自主性与探究性特征明显。第二，坚实基础学科教育基础上的专业教育拓展。第三，教学科研不断整合。以这些特点作为重要根据，做好教学过程组织管理，特别是做好课程大纲的设置；设计组织管理内容、程序、规范要求等，以便检验教学过程。

（三）教学行政管理

教学行政管理是学校、二级学院、教学系部等教学管理部门结合教育规律与学校规章行使管理方面的职权，对教学活动与有关辅助工作实施科学化组织、指挥、协调调度，确保教学稳定、持续运转的协调过程。

（四）教学质量管理与评价

教学质量这一概念具有很强的综合性，判断教学质量水平应涵盖教学、学习与管理质量的综合性指标，才能够得到客观、准确的评估。教学质量是渐进累积的产物，是动态与静态管理整合形成的。所以要关注动态与过程管理，实现过程与结果的统一。创新教育思想，提高教学水平，是做好教学质量管理的基本前提。要做好质量监控，设计全过程质量管理，构建与校情相适应的质量监控体系与运行机制，事先必须对质量监控概念、要素、组织体系等进行梳理，认真研究质量监控与保障的全部问题。高校要积极构建围绕核心的科学化与可操作性强的质量管理模式。

第三节　高校教育管理的原则及指导思想

一、高校学生管理的理论根据和指导思想

管理科学化在提升管理效率与教育质量方面意义重大。管理科学化的实现，依赖于与客观实际相符的、人性化与规范化的管理制度，这些均离不开科学的管理思想。科学化的管理思想共分三个层次，分别是认知理论的管理思想、管理遵循的基本原则与实践中运用的方法。

（一）管理思想

1. 运用相互联系的管理思想

高校学生管理属于社会现象，具有很强的综合性和复杂性。站在宏观角度进行研究，高校和社会、家庭乃至整个时代都是密切关联的，广大高校学生不是孤立和隔绝于世的，高校学生管理涉及社会、家庭，在影响时代的同时也受时代影响与制约。站在微观角度进行分析，高校学生管理的各个要素之间，存在着彼此联系与制约的关系。比如，管理和教育间的关系、管理和服务间的关系等，都互相影响与制约。

2. 运用动态平衡的管理思想

管理是一个系统性过程，该过程处在持续不断的发展变化中，不仅会受政治、经济、文化等诸多要素的影响，还受高校本身因素的影响，并在发展过程中不断地完善与进步。另外，被管理者的思想行为、人格等也会在管理过程中发展完善。因而，将动态平衡管理理念应用到管理实践中，就要运用哲学的发展观点，与时俱进，立足现实，着眼未来，探究新情况，解决新问题。

3. 运用对立统一的管理思想

高校学生管理实践活动包含多元化的矛盾关系，因而要运用对立统一的管理思想处理问题与矛盾。例如，管理者和管理对象间存在着矛盾，要用对立统一的思想指导管理实践。

4. 运用实践探索的管理思想

实践是检验真理的唯一标准，实践又是正确认识的主要来源。高校学生管理具有极强的实践性，同时对操作性也提出了极高的要求。所以在推进高校学生管理时，必须树立实践意识，培养探究创造的勇气，在实践中把经验提升为理论，更好地指导高校学生管理，不断反复以至无穷，促进学生管理全面进步。

（二）指导思想

在对我国高校学生管理指导思想研究的过程中，需要特别注意运用以下观点与思想：

第一，根据马克思主义关于人的全面发展的理论，培育"四有"人才，是社会主义大学教育的根本任务。想要保证研究工作质量，首先必须明确给谁培养人和培养怎样的人两个问题。我国社会主义大学的性质决定高校培育出的人才要具备扎实的科学文化知识与健康的身体素质，要有极高的社会主义觉悟。要完成"四有"新人的培育目标，要严格根据马克思主义关于人的全面发展的教育思想，推动教育发展。有效培育德智体美劳全面发展的社会主义的建设者和接班人，这是最重要的教育方针，也是马克思主义理论精华的具体表现。我们要把培养全面发展的"四有"人才作为教育的根本任务和落脚点。

第二，运用马克思辩证唯物主义的理论和对立统一的观点对高校学生管理工作进行引导，在管理实践中贯彻整体观念。马克思辩证唯物主义哲学是所有社会与自然科学的理论根基。马克思主义方法论与认识论渗透在全部社会与自然科学中，也必然渗透在高校学生管理中。要利用对立统一观点，明确管理的整体观念。从纵向上看，整体观念是局部与整体统一；从学生管理工作整体系统的角度上看，构成有机整体的每个部分都是支系统和局部。学生管理系统整体功能最终是由局部组合形式决定的，虽然局部拥有特定功能，但都应服务于系统整体目标与功能，局部要素要以整体目标为基准建立起来。从横向上看，秉持整体观念是保持局部间分工合作的一致性，将各部门有效协调，使其共同为培育全面发展人才的管理目标服务。

第三，利用高等教育与现代科学管理理论指导学生管理，推动管理科学化。现代治校理念要求运用现代科学进行学校与学生的管理。具体而言，一要靠教育科学，遵照教育内外部规律办事。例如，高等教育规模是由经济基础决定的，又反作用于经济基础。高等院校是高等教育的重要平台和有效载体，人才竞争和市场化竞争空前激烈，思想观念、结构、体制等多个方面都出现了一系列的改革。高校一定要把握时代脉搏，根绝市场需求办学。高校学生管理要持续不断地进行，研究新情况与解决新问题，面向新时代培养复合型人才。二要靠现代管理的科学方法完成管理活动，确保学生管理组织机构完善，管理制度健全，人员责任、岗位分工恰当，职责明确，奖罚分明，动作协调一致，管理高效。运用现代管理科学理论指导学生管理，主要是对基本原理进行应用，包括人的能动性、规律效应性、时空变化性、系统整体性的原理。在具体的管理实践中，一定要促进组织系统化建设、决策科学化发展、方法规范化进步与手段现代化改革。

第四，总结我国70多年来高校学生管理的成功经验。中华人民共和国成立70多年来，高校学生管理积累了大量成功经验与宝贵成果。首先，社会主义大学要始终坚持共产党的领导，走社会主义道路，这是最基本的成功经验。所谓坚持党的领导，实际上就是贯穿党的路线方针、政策，确保大学生的社会主义方向坚定，充分调动师生的热情，为培养全面素质过硬的高级复合型人才不懈努力。所有管理都要坚持党的领导，所有规章制度的制定落实都必须始终坚持一个中心与两个基本点，激发管理参与者的热情，这也是衡量管理功能与效益的基本点所在。其次，管理规范化与制度化就是将与社会主义方向相符、经实践检验的成熟的民主与科学管理方法等用制度形式进行固定，构成工作规范，实现权责利的统一，让制度在思想性与科学性上达到统一。最后，秉持理论与实际相联系，面向社会实践与社会需要，确保教育与实际需求相融合。社会主义大学培育人才，一定要满足市场经济的需求，在思想方面拥有极高社会主义觉悟与共产主义献身精神；在业务方面除了要具备扎实理论，还要具备极强的分析与解决问题的实践能力，拥有实干精神与独立性。

二、高校学生管理的原则和基本方法

原则是客观规律的反映，是观察与处理问题的根本准绳。社会主义大学管理的重要原则是学生管理内在规律的体现，不是主观臆造。在学生管理体系中，管理原则具有承上启下的关键作用，为管理目标与实现目标手段搭建了桥梁，是运用有效方法推进管理实践的根本要求。管理原则与管理目标、过程、方法、制度、管理者等要素，存在紧密关联，处于指导地位。

（一）高校学生管理的基本原则

1. 学生管理工作方向性原则

管理是一种有目的的实践活动，实际管理工作一定要具备方向性。把社会主义方向作为根本准绳，是我国学生管理的本质特征。我国是社会主义国家，高校是社会主义建设的育人平台。社会性质形成了对学校性质的制约，决定学校所有管理活动的性质，高校学生管理一定要坚持党的领导，为社会主义现代化建设培养造就大批合格人才。这是高校学生管理最根本和最重要的原则。

2. 理论与实践相结合的原则

理论与实践相结合，坚持实践是检验真理的唯一标准，是马克思主义基本原理，更是高校学生管理的基本准则。有效领悟与把握马克思主义科学与管理原理，掌握其精神实质，是做好学生管理的基础与前提条件。但管理原理、应用范围与实际价值会受诸多因素制约。党和国家在社会主义现代化建设过程中，拥有基本教育方针政策，在不同时期会结合差异化的特征，提出具体方针政策与实际要求。这些方针政策与实际要求，应该在高校学生管理的措施方法中有效体现。学生管理科学化，还要坚持从本校实际出发，考虑学生的实际特征，制定针对性强的方法、策略。

3. 行政管理与思想教育相结合的原则

培养学生共产主义思想，强化学生行为习惯的养成教育，培养学生正确的行为习惯，并不断巩固提升教育效果。如果规章制度以及行为规范等设置得不够科学，思想政治教育实践就会丧失动力。行政管理在培育社会主义合格人才的进程中作用巨大，给教育实践提供了重要的规范与纪律保障。高校学生管理是借助规章制度与行为规律等科学指导与约束学生的思想行为。这些制度措施以及纪律表现为社会和高校集体意志对高校学生的要求，还体现为对高校学生行为的外部限制。所以，单一借助管理制度解决高校学生群体复杂的精神领域问题不切实际，也违背了科学规律。正确管理措施的制定落实，一定要把提升学生认知能力，提高学生遵章守纪自觉性当作基础前提。自觉遵章守纪来自拥有科学、正确的认知，离不开科学化的教育实践。只有利用科学、合理的思想政治教育方式，才能提升学生纪律执行自觉性，有效提升管理质量与效率。

4.民主管理原则

社会主义高校学生管理体系中一项非常关键的内容，是要对学生进行自我控制与管理能力的培养，使学生能够在管理实践中拥有主人翁意识，积极主动参与管理活动，充分调动学生的主观能动性。为了保证学生自主管理的实现，一定要在学生管理中落实民主管理原则，保证整体目标的达成。

就高校学生心理发展的特点而言，大学生正处在心理自我发现的阶段。这个阶段的学生拥有非常强的支配自我与环境的意识，他们的思想行为和中学时期有着非常明显的差异，特别是在独立性方面，渴望个人人格与意志得到尊重。面对高校的规章制度，学生会主动思考其合理性，通常不希望被动服从，渴望直接参与管理，因此结合高校学生的心理特征，一定要在学生管理中发扬民主，让学生既是管理对象，又是管理主体。在落实民主管理原则时，特别要关注党团员学生作用的发挥，合理选拔优秀学生干部。

（二）高校学生管理的方法

高校学生管理的方法是以管理原则作为有效依据，为保证学生培养目标的实现，在具体管理环节运用的所有方法、步骤、途径、手段等，通常情况下有以下几种。

1.调查研究

经常性地调查掌握和了解学生的实际情况，有效选取针对性强的处理方法。在调查研究过程中，一定要针对调查对象、目的、方法等内容，做好科学规划，不可敷衍了事。在调查过程中，必须做到实事求是，有效运用马克思主义立场、观点、方法，注重综合性地研究分析调查材料与调查事物。

2.建立规章制度

在高校学生管理的过程中，应该逐步建立科学化的管理制度体系，这是确保学生管理工作有章可循的基础。制度建设一定要与高校学生身心特征相符，要与整个教育规律及学生管理目标相适应。同时，制度要伴随教育改革与进步，在不断完善制度管理工作的同时，还要保持相对稳定性。

3. 实施行政权限

结合学生管理目标、内容等制订规章制度与相关的行为规范，利用行政方法实施有效管理，通过有关管理部门与师生、员工共同监督检查的方式，促使学生集体或个人与管理目标规范相符。行政方法通常有惩治和褒扬两种。在具体的管理过程中，对于能够认真遵守相关管理制度、思想行为都与规范相符的个人与集体，应该大力褒扬赞赏；对于违规违纪、思想行为不符合管理要求的个人与集体，要给出限制措施，同时要用严格制度惩治行为极度恶劣者。

4. 适当运用经济手段

经济手段实际上是补充行政方法的一种策略。在具体的学生管理环节，给予必要的物质奖励，或者是物质上的惩罚，指的就是经济手段。选用经济手段并不表明行政方法难以确保管理工作的有效实施，是因为经济手段会直接触及学生的物质利益，所以能够发挥极大的作用，而这种作用是行政方法无法代替的。在选用经济手段实施学生管理工作时，不能只关注经济手段奖惩，忽略日常教育指导与行政管理，也不能只注重经济手段奖励优秀学生，忽略用同样的手段处罚违规违纪学生，更不能只关注处罚而忽略奖励，否则会直接影响经济手段作用的发挥。

第四节　高校教育管理的重点

一、教学管理的特点

教学管理在高校管理实践中占据着不可替代的位置，同时管理活动带有明显的特殊性。

（一）教学管理的能动性

能动性是教学管理的一个显著特点。这里指的是人的主观能动性，教学管理的主要对象是师生，是否可以有效调动师生积极性，是衡量教学管理质量的关键标准。在整个教学管理体系中，师生拥有双重身份，教师在对学生进行教学指导时扮演的是管理者角色，而教师作为高校教育教学执行者时，属于管理对象，学生是学校与教师的管理对象，同时也是自我学习的管理者。不管师生扮演着怎样的角色，承担着怎样的身份，都有主观能动性。

（二）教学管理的动态性

动态性指的是教学管理各环节均处在动态发展进程中。比如，人才培养方案，要跟随社会经济变迁而不断地更新完善，教学质量评价系统要伴随建设内容的改变而更新。正是持续不断的总结提升和动态化的协调处理，才使教学管理水平与质量螺旋上升。

（三）教学管理的协同性

教学管理担负的重要任务是协调学生个体与学校、教师之间的集体活动，有效发挥师生个性，推动个人与集体的协同进步。

（四）教学管理的教育性

教学管理者利用科学方法制订管理制度，优化管理过程，设置奖惩制度等方式，指导学生进行自我教育与管理，推动学生自我服务，最终实现育人的目标。

（五）教学管理的服务性

高校的中心工作在于育人，教学管理要紧紧围绕教与学，并为其提供良好的服务。树立正确的服务意识，是对教学管理者提出的根本要求。

二、教学管理队伍的结构

高等学校教育教学管理队伍由分管教学副校长、教务处全体人员、学院（系）主管教学副院长（副主任）、教学秘书（教学办全体人员）和教务员组成。教学管理人员的结构主要包括学历结构、职称结构、年龄结构、学员结构和性别结构等指标。科级以上管理人员岗位应具备硕士及硕士以上学历，博士学历占一定比例；处级岗位、教学副院长（副主任）和重要科级岗位应具备副教授以上职称，教授占较大比例；老、中、青各层次人员合理分布，教学管理队伍既要有教学管理经验丰富的中老年专家，又要有充满活力、信息技术强的青年骨干；学员结构上非本校人员应该占多数比例，有利于不同管理思想的融合，承担重要岗位工作的教学管理人员应有基层教学管理工作经历。

三、教学管理的重点

（一）注重提高教学管理人员的职业道德和业务能力

学校方面要切实认识到教学管理者在学校长远发展建设中，扮演的角色和发挥的不可替代作用，有效培育其思想政治素质，使其树立事业心与责任心，始终秉持奉献精神。

首先，教育管理者所处位置非常关键，发挥承上启下的作用，承担上传下达的责任，不仅要贯彻落实上级部门的工作安排与文件精神，还必须协调组织教学管理活动，同时还要面对教师，处在和学生沟通互动的前沿，这样的工作定位与职责呼吁教学管理者要具备职业道德与高度责任意识。教学工作涉及范围广，内容多而复杂，很多事都要关注细节。有些事情看似很小，但实际关系深远，比如传达上级文件精神，这样的工作特别容易引起认知层面的麻痹大意。这件事情看似很小，但是如果出现管理差错，会直接导致院部甚至全校教学秩序混乱，造成教育教学难以有效推进，危害极大。因此，教学管理者必须具备精诚合作的精神。高校教学管理的一个重要特征是层次化管理，既独立又有彼此的团结配合。只有具备团队协作精神，懂得如何合作和协调，才能够全方位地处理好实际工作，做好分工，有条不紊地解决诸多问题。其次，要有极强的业务素质能力，教学管理者的业务水平与能力素质是独立开展教学管理工作、有效突破实际难题、完成各项管理任务的根本。学校要关注教学管理者业务素质的提升，使教学管理者能够熟练把握以及运用好高等教育的教学管理的基本理论与专业化知识，有效评估教育教学的发展态势，协调不同部门与不同因素之间的关系，推动信息的顺畅流动，创新管理策略，提高管理水平。从实际出发开展教育科学研究和实验活动，有效推动教育管理现代化与科学化。

（二）正确处理教学管理与教学质量的关系

教学管理是学校针对教学工作的不同环节开展的管理活动，结合既定管理目标与原则对教育教学实施有效调控。教学管理各环节均与教学质量存在着密不可分的关联。教学管理涉及的内容非常广泛，从教学质量评价系统来看，包括培养方案、教学计划的制订、教学任务的安排、教学跟踪监测、信息收集、信息统计分析、质量评价等内容。要特别注意结合反馈信息以及评估获得的结果进行教学计划的调控。同时，每一项具体工作又包括很多不同的方面。教学管理一定要紧紧围绕全面提升教学质量这个中心工作实施，高校应不断完善教学管理体制，积极建立有助于新型人才培养的教学管理制度。

（三）正确处理教学管理者与教师教学任务的关系

教学管理者与教师共同担负着教育使命，前者以整合利用教育资源为主，后者以传播知识和启迪思想为主，管理育人与教书育人相辅相成，二者相互影响，相互作用，属于同一个目的之下的不同层面，主要体现在以下几个方面。

第一，教学管理者是连接教师和学生的纽带，负责协调处理二者之间的矛盾，营造优质的教学环境，确保教学和学习活动的有序开展。

第二，教学管理者整理分析教师的教学质量，反馈教学和学习的实际情况，合理作出科学化评定。考核教师在教育教学中体现的学术与教学水平，评估教师敬业精神，评估教师是否认真完成教育任务及指标，引导教师结合社会发展与市场需要，提高教学水平，培养高质量人才。

第三，教学管理者与教师共同参与学校各项事业的建设过程，如课程建设和教材建设等。利用对教学的调查研究与分析工作，提出改革和优化教学的方案计划。

第四，教学管理者给教师提供教育教学方面的帮助，营造优良教学环境，使教师集中注意力投入教学活动中。

（四）注重教学管理与教学研究的关系

教学管理是一项系统性工程，需要长时间建设与积累。高校完成日常教学管理，维护教学秩序，只是完成了第一层次的工作，标志着拥有了良好的工作基础与教学环境。要想真正提高人才培养质量与教学管理质量，还必须积极促进教育教学研究工作的开展。大量教育实践表明，关注教育教学研究的高校，其教学工作的指导思想明确、目标选择恰当，能审时度势，从国情、校情出发确立新思想、新思路、新措施、新制度，教学工作和管理工作处于高质量状态。教学管理和教学管理研究开展较差的学校，其教学改革往往比较落后，抓不住教学改革的重点与核心。结合这样的特征，要特别关注教育教学研究工作，把握好提升教学管理效益与质量的关键点。

第五节　高校教育管理的意义

教学管理是高校教育工作的重要组成部分，对培养高质量的人才具有重要的作用。教育部原部长周济曾提出，加强教学工作的主要任务和基本举措是加大教学投入，强化教学管理，深化教学改革。这既需要各高校结合本校实际，健全和完善各项教学工作的规章制度，还需要采取措施，确保各项规章制度严格执行。高校实施先进有效的教学管理，离不开高素质的教学管理人员。只有具备一支业务能力强、创新意识强、实干精神强的教学管理队伍，高校的教学管理水平才能不断地提高。

一、教学管理人员具备的素质能力

现代教育要求高校教学管理必须适应时代的发展，对教学一线的管理人员提出了更高的要求，要求他们具备多方面的综合能力和素质，具体表现在以下几个方面。

（一）具备高尚的道德素质

良好的职业道德是搞好教学管理工作的基本条件。高校教学管理人员的道德素质如何，直接关系着学校教书育人的成效。"学为人师，行为世范"，教学管理人员应以自身的思想、学识和言行以及道德人格力量影响学生，做到管理育人。

（二）具备强烈的责任心

教学管理工作既有较强的连续性，又会遇到新情况、新问题，工作头绪多、任务重。强烈的责任心能产生工作主动性，是教学管理人员必备的品德。例如，每学期的期末考试，从安排、组织考试，到上报各种考试报表，再到各科试卷、成绩单的整理归档，每个环节都必须认真负责，才能较好地完成工作。

（三）具备扎实的业务知识素质

首先，要掌握系统的管理学知识。随着教学体制改革的深入，教学管理人员应掌握系统的管理学知识，按照管理规律办事。采用科学的管理方法，合理地分配人力、物力、财力，提高教学管理工作的效率。其次，要掌握相关学科知识，这是搞好教学管理工作的基础。院级教学管理人员应了解本院各专业的培养目标、课程体系及各教学环节的有关内容。

再次，随着科学技术的飞速发展，办公自动化的程度越来越高，教学管理人员应学习和掌握相关的信息手段与技术，如掌握学籍管理系统、教材管理系统、教务管理系统、教学评估系统、毕业证书管理系统的应用及有关日常文书处理软件的使用等，促进教学管理方法的创新，保证教学管理工作的规范化、科学化和现代化。

（四）具备较强的工作能力素质

能力是使教学管理活动顺利完成并获得预期效果的基础和保障，能力的培养和提高甚为重要。一名优秀的教学管理人员应具备一定的组织管理能力，较强的协调应变能力，具备利用现代化设备获取信息、处理信息的能力，有较强的调查研究能力及团队协作能力等。这些能力是教学管理人员准确评估教学的发展趋势，协调各教学单位之间的关系，促进教学信息良性流动所应该具备的基本素质能力。

二、教学管理的重要性

从世界高等教育的发展趋势看，深化教学管理是当今世界高等教育发展趋势的客观要求。提高人才培养质量是世界各国面临的共同课题，高等学校都在思考"21世纪的高等教育应该如何发展"这个问题。严格规范的教学管理，特别是加强教学质量的控制，是提高高等教育质量的重要保证，向管理要质量是教学改革的重要任务之一。

从高等学校教学管理的实际需要来看，近年来，我国高等教育得到了快速的发展。

但教育大国不等于教育强国，有些院校没有形成健全、完善的科学管理制度。由于办学规模的不断扩大，师资队伍的结构发生了较大的变化，教学和管理的经验不足，对传统继承研究不够，教学管理队伍的建设还没得到充分的重视；而且教学管理者变更频繁，管理者的素质结构和水平、教育思想的观念还不能完全适应现代化高等教育快速发展的要求，这在一定程度上制约了教育教学改革的深入和健康发展。

从高等学校教学和管理队伍的历史、发展和形成来看，目前绝大多数从事教学管理工作的人员在校学习期间对教育学、心理学、教育管理学等方面专业技术知识缺乏系统的学习。大部分人员是通过实际工作的不断探索而积累经验的，没有从理论上、教学规律上更好地把握教育工作和教学改革的建设工作。

从高等教育科学的发展来看，许多学校没有把高等教育教学管理作为一门科学来对待。学校的教育教学管理不到位，没有形成必要的校内外教育研究信息的沟通机制。学校缺乏教育教学研究的氛围，缺乏有组织、有计划、有目的的教育教学及管理研究，对学习、借鉴、继承、发展等一系列问题缺乏系统的思考和具体安排。

三、管理队伍建设的意义

建设一支综合素质过硬的教学管理团队，是有效提升高校核心竞争力的重要举措。

2022 年，我国共有普通本科学校 1239 所（含独立学院 164 所），各种形式的高等教育在学规模 4655 万人。随着社会的发展，高校间的竞争越来越激烈。"如何招到更多的优秀学生？如何培养出更多的高素质学生？如何使本校的学生在就业市场占据有利的地位？"成为各高校普遍关注的重要问题。因此，从新生入学、过程培养，到毕业生离校的整个过程，任何环节都离不开教学管理的保障。教学管理队伍实力强，则贯穿教学过程中的理念就先进，制度就健全，教与学的环境就更严谨、公正，学生掌握的知识和技能更全面。加强管理队伍建设将使教学质量得到提高和保障。

加强教学管理队伍建设是提高学校教学工作水平的必由之路。早在 2004 年，教育部就提出了关于《普通高等学校本科教学工作水平评估方案（试行）》该方案列出了 19 项二级指标，"管理队伍"是其中的考核项目之一；2005 年 1 月教育部又印发了《关于进一步加强高等学校本科教学工作的若干意见》，提出 16 项具体要求。"强化教学管理……加强教学管理队伍建设"是其中之一。由此可见，在考查教学管理水平时，教学管理队伍的建设是重要的评价指标。在实际工作中，教学管理队伍也确实为提升教学工作水平发挥了关键性的作用。无论是办学指导思想、师资队伍建设、教学条件和利用、专业建设与教学改革，还是教学管理、学风与教学效果，所有这些决定教学水平的项目，都与教学管理人员的工作息息相关。只有加强教学管理队伍建设，并将高素质的教师队伍与高质量的教学组织管理有机地结合起来，才能打造出良好的教育教学质量，不断地提高教学工作水平。

加强教学管理队伍建设是提高人才培养质量的重要手段。人才培养是高等学校的根本任务，质量是高等学校的生命线。为全面提高人才培养质量，必须强化教学管理。深化教学改革，积极推进教育创新，尤其要推进人才培养模式、课程体系、教学内容和教学方法的改革，促进传授知识、培养能力、提高素质的协调发展。教学管理人员是深化改革、推进创新的主要策划者、实施者和监督者。教学管理队伍的水平直接决定了学校教学改革的广度、深度和力度。所以，提高人才培养质量必须加强教学管理队伍的建设。

第六节　高校大数据教育管理一般性分析

高校大数据教育管理是教育现代化的客观要求，其有科学性、及时性、互动性、差异性及权变性等特点，从而具有传统高校教育管理无法比拟的优势。在高校大数据教育管理实践中，相关关系和因果关系仍是高校事务之间最主要的两种关系，它们并不是相互排斥的，相关关系不仅不能取代因果关系，反而能为寻找因果关系提供指导和帮助。同时应该认识到，高校教育管理中的大数据与商业领域中的大数据运用有着根本区别：商业领域不太重视因果关系，比较重视相关关系；而高校大数据以相关关系为切入点，最终寻找特殊的相关关系。

一、高校教育管理大数据的类型

大数据技术是高校教育管理由传统的科学管理向文化管理进化的重要力量，随着高校大数据平台的建设、教育信息技术在校园的广泛运用，高校教育管理大数据呈现多样化、复杂化、动态化的趋势。从不同的角度划分，高校教育管理大数据具有不同的类型。

（一）按性质划分

按性质划分，我国高校教育管理大数据可分为结构化数据、半结构化数据和非结构化数据。结构化数据是工整的数据，可以用二维表的结构来进行逻辑表达，属于关系型数据。非结构化数据包括所有格式的办公文档、文本、图片、智能硬件结合数据、标准通用标记语言下的子集 XML、HTML、各类报表、GPS 数据、图像和音频 / 视频信息等教学资源，不适合用二维表存储。半结构化数据，顾名思义，其既不属于结构工整数据，也不属于非结构工整数据，而是介于二者之间的数据，如 HTML 文档就属于半结构化数据。半结构化数据一般是自描述的，数据的结构和内容混在一起，是用树、图来表达的数据。和其他领域的大数据有着相似的特征，目前，在我国高校大数据中，非结构化数据占主流，达到80% 左右。据相关研究预测，未来我国高校非结构化数据将占到 95%。

（二）按数据来源划分

按数据来源划分，我国高校教育管理大数据可分为两类：一类来自教育系统内部，是与教育教学有关的数据，包括高校教学、科研、人事、学工、党团、后勤、图书等部门产生的大数据，这是教育管理大数据的主要来源；另一类是来自外部数据源的数据，特别是互联网和社交媒体产生的数据。随着 QQ、微信及微博等社交媒体的发展和移动 5G、宽带及局域网的发展，大学生网络化趋势加剧，24 小时挂网活动现象不断增多，与此同时产生的大数据也在不断增加。根据数据产生部门，也可把高校教育大数据分为四类：教学类数据、管理类数据、科研类数据以及服务类数据。

（三）按采集业务划分

按采集业务划分，我国高校教育管理大数据可分为学生教育管理类大数据、教师教育管理类大数据、综合教育管理类大数据和第三方应用大数据四类。学生管理类大数据主要来源于学生的学习和生活及社交数据活动，如学生的基本信息、考勤、作业、成绩、评奖评优、参加各级各类的活动表现及学生网络轨迹等。教师教育管理数据主要包括教师基本信息、备课教案、课堂教学、作业批改、答疑解惑、科研数据、评奖评优、进修培训、参加各类活动的数据及社交活动、网络活动数据等。综合管理类数据包括学校基本信息数据、学校各项评比类数据、学校各项奖励等。第三方应用类大数据，包括金融缴费、教学资源、生活服务、云课堂、微课及大型开放式网络课程资源等。

（四）按数据结构划分

高校教育管理大数据的结构可分为四层，从内到外分别是基础层（教育基础数据）、状态层（教育装备、环境与业务的运行状态数据）、资源层（各种形态的教学资源）和行为层（教育用户的行为数据）。一般而言，基础层和资源层数据属于结果性数据，状态层和行为层数据属于过程性数据。基础层大数据主要包括人事系统、学籍系统、资产系统数据等，主要服务于高校管理者宏观掌握高校发展状态科学决策，一般是结构性数据；状态层数据在智慧校园中主要靠传感器获取，主要服务于高校管理者掌握各项教学业务运行状况，优化教育环境；资源层数据以非结构化数据为主，主要包括网络教学资源（以大型开放式网络课程、微课、App、电子书等形式存在），也包括上课过程中产生的笔记、试题等动态生成性资源；行为层数据包括教师行为和学生行为数据，教师行为数据占主体，主要服务于个性化学习、学习路径推送、行为预测和发展性评价。

二、高校大数据教育管理的特点

传统高校教育管理存在人文薄弱、形式单一、反馈不足等诸多弊端，这与教育管理现代化的发展要求相悖。高校大数据教育管理可成功破解以上难题，发挥科学性、即时性、差异性、互动性、整合性、权变性等特点和优势，彰显数据管理的魅力。

（一）高校大数据教育管理的科学性

传统高校教育管理决策模式大致有四种：依靠决策者的理性认知来决策的"官僚主义"模式；通过"合意"过程来平衡大学内部多方群体利益的"学院型"模式；通过"扩散"程序表达不同利益群体的"政治型"模式；决策程序无章可循、随意性大的"有组织的无政府型"模式。四种模式的共同弱点就是决策者的"有限理性"，缺乏科学性。大数据的核心是预测规律，高校大数据克服了传统小数据的局限性和不能反映整体的弊端，通过全面考量，洞察隐藏在师生复杂、混乱数据背后的行为规律，提高教育管理的科学性。马克·吐温说过，历史不会重演，却自有其韵律。预测人类的行为是一个经久不衰的梦想，科学家为之努力了上千年，大数据使这个梦想变为现实。93%的人类行为是可以预测的，是有规律可循的，人类的大部分行为都受制于规律、模型以及原理法则，而且它们的可重现性和可预测性与自然科学不相上下。人类和悬浮在水中的花粉微粒其实没有什么不同。受到某种跟花粉运动一样神秘原因的驱动，人类大部分时间也是在运动不止。不同的是，人类不是受到微小而不可见的原子撞击，而是被转化为一系列任务、责任以及动机的不可见的神经元的颤动所驱使。利用大数据技术能增强高校教育管理的科学性。高校教师的科研数据、教学数据、评奖评优数据、参加各类大赛数据及其生活、作息、交友、娱乐等数据之间，以及它们与学校的管理机制、制度、投入等都有着诸多关联，这些数据背后都隐藏着规律。比如，可以通过对科研成绩斐然的教师的作息与科研之间的关系、兴趣爱好与科研之间的关系、教学成效与科研的关系等诸多维度进行数据关联分析，建立数据模型，寻找其中的规律，为科学决策提供依据，从而更好地制订学校科研政策、教学管理制度及评价制度。同时，高校教育管理大数据对于学生的学习与需求、舆情监控及科学决策都具有重要意义。学生的学习成绩、能力素质、上网习惯、图书借阅、就餐等情况之间存在某种关联，通过数据分析，寻找这种关联和规律，强化教育管理的科学性，从而收到事半功倍的效果。

（二）高校大数据教育管理的即时性

莎士比亚说："一切过去，皆为序曲。"大数据以运算的形式诠释此道理。"智慧校园"的前提是教育管理信息化，大数据技术是高校教育管理智慧之道的依凭。"事后诸葛"空遗憾，而"兵贵神速"要求抢抓先机。高校教育管理大数据是即时的、当下的，具有预警性，这为教育管理者抓住关键时期开展工作提供了技术保障。在网络深度覆盖的校园里，师生活动处处有数据、有信息。其中的信息暂不考虑其现象是否与本质完全吻合，但是一些异常的信息和规律性的信息总是会在海量数据中涌现出来。对异常的信息，通过相应数据技术设立容忍度和临界点，使之达到界限后启动报警系统，最终起到防患于未然的作用。学生的交际问题、学业问题、就业问题、感情问题及经济问题等，都必然会通过各种媒介得到展示与宣泄。因此高校利用大数据技术，可以做到因势利导、超前谋划，及时预防和处理危机事件，避免或减少相关损害。

（三）高校大数据教育管理的差异性

高校大数据教育管理的科学性、即时性是从宏观层面来讲的，高校大数据教育管理的个性化则是从微观层面来讲的。因材施教、个性化管理和多样化人才培养一直是教育的理想，高校教育管理对象具有差异性，正如马克思所说："我的对象只能是我的一种本质力量的确证，也就是说，它只能像我的本质力量作为一种主体能力自为地存在着那样对我存在，因为任何一个对象对我的意义，都以我的感觉所及的程度为限。"理性与道德只有在自我确认中才能成为一种"为我"的存在，从而在肯定人生命的前提下，促进人的全面发展。尊重大学生的个性特点、兴趣爱好、能力差异、家庭背景差异等，是高校教育管理者做好教育教学管理和服务工作的前提。尊重是爱，尊重是方法，尊重是境界。局限于技术及精力，在小数据的时代，高校教育管理者要做到见微知著是比较困难的，但是在大数据时代，一切都变得更加容易。大数据教育教学资源，可以为学生量身定做适合其个性特征的培养方案和课程清单，让学生突破时空限制，享受高质量的教育教学资源。大数据时代个性学习，不仅对个体有着显微镜的功能，同时也可以预测学生群体活动的轨迹和规律，为高校教师改进教学提供有效反馈。因此，大数据技术是高校精准教育、精准帮扶的重要保障。

（四）高校大数据教育管理的互动性

基于大数据的高校教育管理克服了传统教育管理中的单向度缺陷，实现了师生的互动，从而产生互动效应。互动效应在心理学上指两个或两个以上的个体通过相互作用而彼此影响，从而联合起来产生增力的现象，亦是称为耦合效应或联动效应，一般来讲，赋予积极的感情行动，将会收获积极的感情反应。高校单向传授和灌输式的传统教育教学方式，由于缺乏感情的耦合联动，导致教育教学缺乏实效性。在大数据教学平台上，高校教师与学生可以即时互动、答疑解惑、传道授业。对于学生做题的速度、学习的进度，教师都可以实时监控，做出处理，其他学习者也可以做出解释和指导。在这样的学习互动氛围中，信任、支持、谨慎、勤奋及求精等情感信息释放，在整个群体中产生积极互动效应。思想政治教育工作也是如此。针对教育命题，鼓励大学生积极参与，充分发挥其主人翁精神，为问题的解决、为学校正能量的传播贡献计策；在学校社交平台或学习平台上，针对就业困惑、心理困惑及学习困惑等，充分发挥朋辈效应的作用，使学生自我教育、自我发展，实现教育的"润物无声"。

（五）高校大数据教育管理的整合性

高校大数据的整合包括高校内部和高校外部资源的整合。只有整合资源，才能使资源的利用价值最大化。高校通过大数据技术可以很好地实现资源整合。初级层次的资源整合是学校内部各部门、各单位之间的数据资源整合。通过大数据平台的建设，可以打破部门数据分割，实现数据共享，促进数据公开和流通。高校之间及区域之间的大数据平台建立是资源整合的高级层次，这对于促进整个地区乃至国家的教育发展、资源节约具有重要的战略意义。在发达国家，利用大数据技术进行资源整合的步伐已走在前面。2012年，美国的顶尖大学就开始设立网络学习平台。目前，世界上主要的大型开放式网络课程平台有课程时代（Coursera）、在线大学（Edacity）和哈佛大学与麻省理工学院共建的在线课程项目（edX）等。这些大型开放式网络课程平台的建立，不仅提高了这些高校的全球知名度和社会美誉度，而且对传播优质教育资源、促进教育发展都有着举足轻重的作用。美国科罗拉多州教育部开发全州纵向数据系统（SLDS），旨在将全州的学生数据与福利、收入和劳动力等数据进行整合，用于进行洲际学生表现的比较、各学段学业成绩关联及就业与学业关联等分析。这对于我国具有重要的启发和借鉴意义。目前我国高校也在资源整合方面取得了一定的成绩，如清华大学、北京大学、上海交通大学及复旦大学等已建立起面向社会开放的大规模课程平台，"中国大学MOOC"受益面不断扩大。

（六）高校大数据教育管理的权变性

权变管理的核心思想就是"以变制变"。管理没有定法，只能根据外部环境和内部要素的变化而采取不同的方法策略，对学生的教育教学管理没有一劳永逸的万全之策，也没有放之四海而皆准的适用公理，更无适应一切学生的万能公式。学生的学习数据、教师的教学数据、管理人员的行为数据、监控中的安全数据等，都是动态的、实时的，形成一股股信息流，一切都是不断向前流动的过程，故而"变"是高校教育管理永恒的主题。要求高校教育管理人员及时掌握管理对象，管理内外部环境的变化情况，研究各种变化的趋势和规律，探究各种变化之间可能的相互作用及后果，提前采取科学、适宜的有效方式来应对。大数据技术为高校教育管理者及时获取管理对象的各种信息提供了技术保障，大数据的海量、快速、动态和便捷性有利于促进高校教育管理权变性的实现。

第二章 高校教育管理的理论基础与研究方法

第一节 高校教育管理的理论基础

一、古典管理理论

古典管理理论是指 19 世纪末 20 世纪初在西方一些国家形成的系统的管理理论。

19 世纪末 20 世纪初，科学技术水平和生产社会化程度有了很大提高，尤其是资本主义经济由自由竞争进入垄断阶段，企业规模扩大，管理工作日益复杂，劳资矛盾进一步加剧，经济危机频频爆发。这一切表明，资本家家长式的行政管理和单凭经验办事的管理方法已不能适应生产发展的需要。在这种背景下，资本主义国家的一些企业管理人员、工程技术人员开始进行各种实验研究，总结管理经验，探求提高劳动生产率的新管理方法。其主要代表是泰勒的科学管理理论。

美国管理学家弗雷德里克·温斯洛·泰勒（F.W.Taylor）是科学管理理论的创始人，在资本主义管理学史上被誉为"科学管理之父"。他原本是一名工人，后来当过工长、绘图员、技术员和工程师，最后当上了总工程师和管理顾问。他一生还有许多发明和技术革新成果，获得一百多项技术专利。他在总结前人研究成果的基础上，通过管理方面的许多重要试验的研究，如"搬运生铁块试验""铲铁砂和煤块试验""金属切削试验"等，提出了他的科学管理理论。他的主要著作有《计件工资制》《工场管理》《科学管理原理》。

泰勒科学管理理论的主要思想可以概括为以下几点。

第一，科学管理的目的和中心问题是提高劳动生产率。泰勒认为，最高的劳动生产率是工厂主和工人共同达到繁荣的基础。它能使工人关心的较高的工资和工厂主关心的较低的劳动成本结合起来，从而使工厂主得到较多的利润，工人获得较高的工资，进而提高他们对扩大再生产的兴趣，促进生产的发展，达到工厂主和工人的共同富裕。

第二，科学管理的精华是要求管理人员和工人双方实行重大的精神革命。精神革命就是工人和工厂主之间不要对立，不把注意力放在盈余的分配上，而应转向增加盈余的数量，在科学管理的基础上实现劳资双方合作，共同致力于增加生产，提高效率。

第三，标准化原理。通过对工人的每一个动作和每一道工序的分析研究，确定标准的操作方法，以代替工人单凭经验的操作方法。与此同时，实行操作所需要的工具和环境标准化，并根据标准化的操作方法和环境的标准化，确定工人一天必须完成的标准的劳动定额。

第四，鼓励工人打破劳动定额，实行刺激性的差别计件工资制度。

第五，科学地选择"第一流的工人"，并用科学的操作方法进行培训和教育，使他们真正按科学的规律去操作。

第六，把计划职能和执行职能分开，使工人和管理部门分别执行不同的职能。

第七，实行职能组织制，将管理工作予以细分，使所有的管理者只承担一两种管理职能。

第八，实行例外原理。泰勒提出高层主管人员为了减轻处理纷繁事务的负担，应把处理一般日常事务的权力授予下级管理人员，高层主管人员只保留对例外事项（重要事项）的决策和监督权。

泰勒的管理理论也有许多弊病，所谓科学管理实际上是加强对劳动控制的手段，它使工人的意识和行动分离，丧失工作过程中的自主权，成为管理部门"活的"生产工具。所谓"高效率"是以工人极度紧张的劳动为代价的。然而，这毕竟是人类管理活动史上的一次变革，它反映了当时大机器工业生产中的某些客观规律，对以后的管理实践和理论的发展有重要影响。正如列宁所说的，泰勒的管理理论"一方面是资产阶级剥削的最巧妙的残酷手段"，"另一方面是一系列最丰富的科学成就"。

二、人际关系——行为科学管理理论

从 20 世纪 20 年代开始，资本主义经济发展进入一个新的时期，科学的进步、技术的发展使生产规模不断扩大，新技术广泛用于工业部门，资本主义生产越来越机械化、自动化，它不仅对生产者水平的要求越来越高，也使生产者的"异化"程度越来越严重，人成了机器的附属品。如何使人摆脱机器的奴役，变被动劳动为积极劳动，成为新的研究课题。另外，由于工人阶级觉悟的提高，他们越来越要求经济上、政治上的民主权利，劳资矛盾进一步加剧。为了改善劳资矛盾，维护资本主义社会的稳定，西方学者开始重视对人以及人与人关系的研究。

（一）人际关系理论

人际关系学说的创始人是美国哈佛大学教授梅奥（E.Mayo，1880—1949）。他出生在澳大利亚，早年学医，后学习心理学，曾在昆士兰大学讲授伦理学、哲学、逻辑学，1922年执教于美国宾夕法尼亚大学金融商学院，1926年应聘哈佛大学。他的著作主要有《工业文明的人类问题》（1933 年）、《工业文明的社会问题》（1945 年）。

从 1924 年起，梅奥负责指导美国西屋电气公司霍桑工厂的试验研究。他和他的学生通过车间照明对生产效率影响的各种试验、工作时间和其他条件（如休息间隔、工间茶点）变化对生产效率影响的各种试验以及与全厂工人的谈话和对有关社会组织的试验分析，提出了他的人际关系学说，基本观点如下。

1. 工人是"社会人"而不是"经济人"

梅奥反对以往的管理理论中把人看作"经济人"的观点，认为人不单是追求金钱收入的，还有社会、心理方面的需要。人的思想行为更多地由感情来引导。因此，工资报酬、工作条件并不是影响劳动率的唯一因素，不能单纯从技术、物质条件着眼，而应从社会、心理方面来鼓励工人提高生产率。

2. 正式组织中存在着非正式组织，这两者相互依存，共同影响着劳动生产率

正式组织就是具有一定的目标，并由规章、制度、方针、政策等规定企业中各个成员之间相互关系和职责范围的一定的组织体系。非正式组织就是组织内部的成员在共同的工作过程中，由于共同的爱好、共同的倾向等共同的社会情感形成的非正式团体。这些团体自然形成规范，其成员约定俗成地自觉服从。

梅奥认为，非正式组织可以保护工人免受内部成员忽视和外部人员的干涉所造成的损失。非正式组织涉及每个人。不仅工人中有非正式组织，管理人员、技术人员中也有。

管理人员既要强化正式组织，又不能忽视非正式组织的作用。

3. 新型的领导能力在于提高工人的满意度，从而提高劳动生产率

梅奥从"社会人""非正式组织"的观点出发，认为金钱、经济刺激对提高劳动生产率只起第二位的作用，起重要作用的是工人的情绪和态度，即士气。而士气与人的满意度有关。职工的满意度主要是指职工为获取安全的、归属的感觉等。满足度越高，士气越高，生产效率越高。他认为，在传统管理理论基础上形成的领导能力只重视物质、技术因素，不能满足工人社会需求方面的要求。新型的领导能力既要重视技术因素，又必须重视生产中的人的因素，关心团体中的人际关系状况，努力提高工人的满意度，最终达到提高生产率的目的。

梅奥的人际关系学说要求管理者按照人的社会特性来改进管理，这不仅是对古典管理理论的重要补充，也开辟了西方管理理论发展的一个新领域和新阶段。人际关系学说为调动职工积极性提供了新思路和新方法，如重视职工的感情因素，努力为他们创造一种愉快的工作环境，采取民主的领导方式，使下级有建议、参与管理的机会等。

二、行为科学管理理论

行为科学是运用心理学、社会学、社会人类学等学科理论和自然科学的实验、观察方法，研究人行为产生的原因和影响行为的因素，以激发人的积极性、创造性的综合性学科。

霍桑试验的成功和梅奥提出的人际关系学说引起了学术界、企业界的极大反响。1949

年，在美国芝加哥大学一次跨学科会议上，讨论了是否可能利用现有的科学知识，寻找人的行为规律。讨论中，与会者充分肯定了人际关系理论的一系列研究成果，认为在此基础上有可能也有必要建立一门新的综合性学科，经过讨论，最后确定用行为科学这一名称。20世纪50年代以后，行为科学才真正发展起来，并受到美国政府的支持。1952年，美国建立了"行为科学高级研究中心"。1956年，美国出版了第一期行为科学杂志。20世纪60年代以后又出现组织行为学的名称，重点研究企业组织中人的行为问题。现在这门学科已经被广泛应用到各个部门，特别是经济管理部门。有人认为行为科学标志着由以物的管理为中心的时代向着以人的管理为中心时代的转移。行为科学理论也成为管理人员培训的必修课，一些著名大学还设有行为科学系和研究中心。

三、社会系统理论

西方的管理理论，在古典学派和行为学派出现以后，特别是在第二次世界大战以后，又出现了许多学派。这些学派，在历史渊源和论述内容上互相联系、互相影响。美国管理学家哈罗德·孔茨曾把这种情况形象地叫作"管理理论的丛林"，认为它是"走向统一的管理理论"的必经过程。至于这些学派的划分，在西方管理学界也是众说纷纭。下面简要介绍社会系统管理理论。

社会系统管理理论的创始人是美国著名的管理学家和企业家切斯特·欧文·巴纳德。他的代表作是于1938年出版的《经理人员的职能》一书。在这本著作中，他把各类组织都作为协作的社会系统来研究，提出了一系列不同于传统组织理论的观点。他是继梅奥之后对于社会系统研究做出突出贡献的又一位代表人物，他的观点为现代组织理论奠定了基础。巴纳德的管理思想对西方管理理论进入现代管理理论阶段起着继往开来、承上启下的作用。美国当代著名管理学家哈罗德·孔茨把由其开创的管理理论体系称作社会系统学派。

他的主要论点是：

第一，组织是一个社会协作系统，是"两个或两个以上的人，有意识协调的活动和效力的系统"。

组织的差异在于物质和社会的环境、成员的数量和种类、成员向组织提供的贡献等。组织由人组成，这些人的活动互相协调，因而成为一个系统。一个系统要作为一个整体来对待。系统有各种级别，一个组织内部的各个部门或子系统是低级系统，由许多系统组成的整个社会是一个高级系统。

第二，协作系统包含的三个要素。

（1）"协助意愿"，指的是组织中的每一个人为了结合在一起而自我克制，将个人的行为纳入组织整体的行动体系。

这种协助意愿的大小跟个人为组织作出牺牲与组织为个人提供的报酬之间有着密切的

关系。

（2）"共同目标"，指的是组织中的人们是在共同目标基础上进行协作的，个人的目标应当与组织的目标统一起来。

（3）"信息联系"，指的是组织成员只有相互沟通，才能对组织的共同目标有所理解，也才能产生协作的意愿和行为。

组织必须有高效率的信息联系渠道和称职的信息联系人员，以保证信息沟通的效能。

第三，在组织中经理是关键人物，他的主要任务是协调组织和人之间的联系。

经理既要实现组织的目标，又要满足人的感情、欲望和各种需要，实现态度、动机和价值观的变化。经理要充分发挥每个人的才能去实现组织的目标，必须善于帮助他们克服物质的、生理的、心理和行为习惯的障碍。

第四，经理的权力只有被职工接受的时候才是有效的，因此必须加强彼此间的沟通。

要使职工相信经理提出的要求是全面的、合理的；他提出的要求既符合组织发展的需要，又要满足个人的利益。

第五，职工是组织的成员，他们要积极地参加组织的活动，并为组织作出贡献；组织要按照他们对组织贡献大小给予不同的奖励，这种奖励要等于甚至要大于他们对组织的贡献。

第六，非正式组织是不受正式组织管辖的个人联系和相互作用以及有关的人们集团的总和。

四、分层次教育管理理论

分层次教育管理是对教育领域客观存在的分层次现象加以分析研究，并实施优化的管理，使客体得到更有效发展的一种管理行为。

系统论认为，任何一个整体都是由许多要素为特定目的组合而成的系统。而且系统组成的各要素之间，母系统与子系统之间，不是杂乱无章的、偶然的临时堆积，而是有机的组合。呈现结构化与层次性的特点。层次是"表征系统内部结构不同等级的范畴。任何系统内部都具有不同的结构水平，如物体可分为分子、原子、原子核、基本粒子等若干层次……系统内部处于同一结构水平上的诸要素，互相联结成一个层次，不同的层次则代表不同的结构等级……系统内部的层次是客观存在的，而同一系统内部各层次之间界限又是相对的……层次作为对结构整体的解剖，表现着结构的有序性及结构整体所包含的差别性和多样性；这种差别和多样性又处在统一的有规律的联系之中""层次，事物的等级性、等级秩序是事物之间普遍差异性的表现。客观事物的某一参数（如质量、能量、状态、范围）的变化，引起事物存在方式的质的变化，往往显示出事物层次性的变化。层次在自然界中普遍存在。从宏观到微观，从无机界到有机界，都可以见到这种层次"。由此可见：层次是相对于系统的，是普遍存在的，是分等级的；层次会随着某一因素的变化而产生变化；层次具有可被识别的差异性特征，表现为数量、质量、能量、等级、规模、尺度、范围等的差别。通过对系统中层次的差异性分析，实施由粗而精的分解识别，找到事物的内在联系和规律性，设计出解决问题的最佳方案，从而施以科学有效的干预，促进其朝着预定的方向发展，就能获取最佳的结果。

分层次管理就是在特定的环境条件下，为实现管理的最优化目标，对客体进行合乎目的的精细分层，并根据各层次的特点，设计相应的方法、策略，实施与层次相对应的有效管理，促进管理的有效性和高效率。发现管理对象的差异性，分解和识别层次，设计最优化的解决方案是分层次管理的重要环节。

分层次的教育管理，就是对教育领域"学群"内部客观存在的差异性，依据一定的目的和标准进行合理的层次分解，并运用相应的方法策略对其实施管理，以提高管理的质量和效率的科学方法。

概念中包含以下几个要素：

"学群"内部的差异性。这里的"学群"包括"学科知识群、学生群体、班级群体、教师群体、学校群体"等。由于受客观和主观各种因素的影响，"学群"内部的差异性是客观存在的，如果对其实施"一刀切"的管理方法，管理效果肯定不佳，且违背科学和规律。承认差异性，找出差异性，实施有针对性的差别化管理，是实施分层次教育管理的动因。

目的和标准。分层次教育管理的根本目的是使各层次的学生（教师或事业）得到发展，从而实现全体学生（教师或事业）的更好发展。围绕这个目标选择合理的、符合客观事物内部逻辑关系的相应标准，正确地、科学地分解层次，并施以有效的方法，努力促进目标的达成。

分层次实施管理。把握各层次的特点，运用有针对性的方法、策略，实施与层次相对应的有效管理，避免管理错层或错层管理，提高管理的适配性。这是分层次教育管理的本质要求。

五、教育管理的伦理基础

教育管理的伦理基础并非一个专门的概念，因此，能否精确地用文字概括出其特定的内涵，是一个现实难题。从构词法角度来讲，"教育管理的伦理基础"是由"教育管理"和"伦理基础"两个词语组合而成的。两者之间是一种偏正关系，即"教育管理"为偏，"伦理基础"为正。因此，对"伦理基础"的认识是理解"教育管理的伦理基础"内涵的关键所在。那么，"伦理基础"这一概念又应如何理解呢？

关于"伦理基础"这一概念，王本陆教授在《关于教育伦理学研究对象的再探讨》一文中论及"教育的伦理基础"问题时曾阐述道："教育的伦理基础或伦理本性，是对教育本质的一种伦理追问，是对教育基本伦理预设的审查，是对教育在长期历史发展进程中表现出来的伦理精神的概括。"在此基础上，文章进一步指出："在教育伦理哲学中，探讨和关注教育伦理基础或伦理本性问题，其焦点和核心在于追问构成教育合理性基础的伦理前提是什么，即教育成为教育而非其他物的伦理基础，它强调的是教育与其他物的比较以及教育的伦理预设。也就是说，教育伦理哲学的提问是从伦理学角度看，教育为什么是可能的？教育意味着什么？"可以看出，王本陆教授在这里将"教育的伦理基础"等同于"教育的伦理性"，并且其侧重的是从伦理性的角度来寻找教育的伦理性质和特征，也就是说，其"实质上是从伦理角度对教育本质进行的分析、把握和规定，是对教育进行伦理划界"。而在我们看来，伦理基础与伦理性是研究相关伦理问题的两个不同视角，两者虽密切联系，但还是存在着一定的区别。对于两者之间的关系，我们可以具体到教育管理这一领域尝试做一分析，并在此基础上提出我们对教育管理伦理基础的理解。

众所周知，教育管理既是人类社会具体领域的一种实践活动，同时也是人类社会一种特殊的社会伦理文化现象。将教育管理作为一种伦理文化现象来研究，考察教育管理本身具有怎样的伦理性质和特征，这是教育管理的伦理性问题。广义的伦理性就是价值性。亚里士多德把伦理学规定为关于善的问题研究，而善的问题就是价值问题。广义的伦理性其实就是把道德范畴提升到价值论的高度。据此视角审视教育管理，需要考察教育管理作为一种教育活动的有效组织方式怎样体现着人的价值和给人带来了何种价值。"体现人的价值追求则是管理得以存在的价值依据或价值前提"。具体而言，广义的伦理性是教育管理伦理发生的根本前提。显然，我们在这里所讨论的主要问题并非广义的伦理性，否则顺着这一思路研究教育管理中的伦理问题，无疑会将伦理问题泛化，导致不能集中、典型地揭示出教育管理的伦理性质与特征。确切地说，我们运用的是狭义的伦理性概念，即特指教育管理作为一种伦理演化现象在运作过程中所体现出来的或本身所蕴含的伦理性质和特征。

与伦理性视角不同的是，伦理基础视角主要是将教育管理视为人类社会具体领域的一种实践活动，考察这种活动需要什么样的伦理价值体系支撑，才能得到有效的运作。换言之，从教育管理的运作基础来看，它需要什么样的伦理价值体系作为其支撑。很显然，这里的"基础"是指伦理作为教育管理在运作过程中的一个要素。我们知道，教育管理作为一种对教育资源进行合理配置有效利用的协调性活动，欲得到有效运作，离不开相应的条件支撑与配合，有着其不可或缺的诸多要素。教育管理活动的要素涉及事实层面，也涉及价值层面。教育管理活动事实层面的要素是指与教育管理实践活动直接有关的、教育管理活动中客观存在的要素，如教育管理活动中人的要素、资源和管理的要素、过程的要素、环境的要素以及方法和艺术的要素等。教育管理活动价值层面的要素是指人们以自己的价值观对教育管理活动进行认识，并对这些认识进行理论概括所形成的管理理念性的要素，主要由教育管理活动的本质、教育管理活动的职能、教育管理活动的效能、教育管理活动的原理、教育管理活动的原则，以及贯穿上述诸要素之中的对教育管理活动和人自身发展关系的认识所产生的管理理念这一价值因素等范畴组成。

而伦理价值体系属于教育管理活动价值层面的要素，具体而言，就是对教育管理活动和人自身发展关系的认识所产生的一种管理伦理理念。它贯穿教育管理活动价值层面的各要素之中，在教育管理的协调活动中发挥着重要的支撑作用，深层次、基础性的导向规范着教育管理活动的实际运作。

当然，我们说教育管理的伦理基础与伦理性存在着区别，并不是否认它们之间内在的密切联系。这种联系具体体现为，教育管理伦理基础的确立并非一种主观臆想或者生硬强加的产物，而是有着其赖以存在的理论依据。这种依据就是对教育管理的基本伦理预设，即教育管理本身具有伦理性。正因为教育管理活动在其运作过程中本身就具有伦理性质和特征，所以我们才可能有意识地培植与这些伦理性质和特征相对应的教育管理伦理观，确立相应的伦理规范，以发挥伦理在教育管理活动中的重要支撑作用。而建立教育管理伦理观、确立伦理规范的过程，实质上就是探寻教育管理伦理基础的过程。

毫无疑问，当我们用"伦理基础"这一概念去揭示伦理作为一个重要因素在教育管理活动中发挥的作用的时候，使用的是结构的方法和分析的方法，即先把教育管理活动从结构要素上进行划分，显现教育管理活动各构成要素之间的关系，进而揭示出伦理作为一个要素是如何同其他要素结合在一起并发挥自身作用的。在此基础上，再用分析的方法对伦理进行结构性分析。由于这种分析是在对教育管理的伦理性有了一定认识的基础上进行的，这样两者之间就有了某种程度的内在关联性。具体而言，伦理性视角是把教育管理作为一种伦理文化现象，其主旨在于通过对教育管理自身的本体论伦理追问，寻找教育管理本身所蕴含的伦理性质和特征。这种伦理特征可以说是人们通过经验得到的，所以，它似乎带有描述的性质。当我们沿着这种思路将在教育管理活动中所表现出来的伦理特征和内容进行特征提炼和综合概括时，就形成了教育管理伦理基础的概念，即教育管理作为一种教育活动的有效组织方式所要求的"伦理价值取向模式"或"伦理范型"。这种"伦理价值取向模式"或"伦理范型"并不是一个客观对象，而是对教育管理的伦理内容和伦理特征进行概括、总结以及提炼的产物，是使其实现由"自在"到"自为"转化的结果。这个结果不是被描述出来的，而是分析出来的。它并非教育管理某一方面的伦理内容或特征，而是一个有机的伦理价值体系，即由一系列在伦理方面对教育管理活动起主要支撑作用的观念和规范所构成。这种伦理价值体系的实现过程就是教育管理伦理基础展开的过程。这种展开并不是一种孤立的过程，而是与其他教育管理活动的要素有机地结合在一起，并在教育管理的协调过程中实现的。有必要指出的是，伦理基础与伦理性是研究教育管理伦理问题的两个视角，事实上并不存在独立的伦理基础和伦理性，它们原本是统一的，正如教育管理既是实践活动又是伦理文化现象一样。

基于上述分析，可以尝试着给出对教育管理的伦理基础这一概念的理解，即所谓教育管理的伦理基础，是指教育管理作为一种教育活动的有效组织方式所要求的"伦理价值取向模式"或"伦理范型"，这种"伦理价值取向模式"或"伦理范型"乃是在伦理方面对教育管理活动起主要支撑作用的观念和规范所构成的一种伦理价值体系。

第二节　高校教育管理的研究方法

　　教育管理的方法论是指从事教育管理工作的计划、策略、手段、工具、步骤的综合，是工作的思维方式、行为方式以及程序和准则的集合。一般来说，其包括宏观的指导思想、工作方式或方法和具体的工作技巧与技术。要研究教育管理的方法论问题，首先要明确教育管理系统的性质、教育管理理论与实践的关系、教育管理的方法论范畴等问题。

一、教育管理中"实事求是"的方法论含义

（一）实事求是的方法论含义

　　"实事求是"一词源于东汉史学家班固所撰的《汉书·河间献王传》。史载，汉景帝之子刘德喜好学问，广泛搜集散落于民间的古代文献典籍，"修学好古是也，实事求是"。以后，唐朝颜师古注"实事求是"四字，谓"务得事实，每求真是也"。"实事求是"泛指一种求真务实的治学、治国、处世态度。到了近代，中国的先进知识分子用它来概括西方的科学精神、科学态度和科学方法。

　　实事求是是与马克思主义唯物论相一致的。物质第一，意识第二，物质决定意识，意识反作用于物质，这是辩证唯物主义的基本原理。告诉我们无论做什么事情，都必须从客观存在的事物出发，不能从主观出发。实事求是包含着辩证法的观点、联系的观点、发展的观点，我们应该用联系的观点、发展的观点去看待问题，而不能用孤立的、静止的观点看待问题；实事求是与马克思主义认识论一致，生活的观点、实践的观点是马克思主义认识论首要的、基本的观点，人们要认识事物，就必须不断地实践，实践是认识的来源和发展的动力，实践也是检验认识正确与否的唯一标准。实事求是就是一个"实践，认识、再实践，再认识"的过程。

　　实事求是就是马克思主义的辩证唯物主义和历史唯物主义，它体现了马克思主义唯物论、辩证法、认识论的统一，是一个包含着丰富内涵的系统。

（二）实事求是与解放思想

　　解放思想，就是"在马克思主义指导下打破思维定势和主观偏见的束缚，研究新情况、解决新问题""就是主观与客观相符合，就是实事求是"。

　　解放思想体现了唯物辩证法的本质，保持积极的、不断探求的思想状态和思维方式，这正是唯物辩证法的本质。马克思在《资本论》中写道："辩证法，对现存事物的肯定的理解中同时包含着对现存事物的否定的理解，即对现存事物的必然灭亡的理解。"

　　辩证法对每一种既成的形式都是从不断的运动中，从它的暂时性方面去理解；辩证法

不崇拜任何东西，按其本质来说，它是批判的和革命的。唯物辩证法的这种批判、革命的本质，告诉人们不能故步自封、墨守成规，必须不断解放思想、实事求是、有所发现、有所创新、有所进步。

（三）实事求是和与时俱进

与时俱进，就是要求在思想上、理论上与时代同进步，站在时代的前列，不断推进理论创新；紧跟时代发展的步伐；既坚持马克思主义的立场、观点和方法，又要在实践发展中不断检验和丰富这一伟大学说，不断推向新的发展境界，而不是因循某些原理、结论、章句，教条主义地生搬硬套，削足适履。对马克思主义与时俱进理论品质的概括和运用，是从历史和现实生活、从马克思主义理论自身发展的状况得出的科学结论。

实事求是、解放思想、与时俱进是一脉相承的，是一致的。实事求是，就是要一切从实际出发，从务实求是的态度去探索事物的本质；解放思想，就是在发现问题、分析问题、解决问题时不囿于成见，敢于探索，勇于实践，勇于创新；与时俱进，就是要求我们的思想、观点、方法等不断发展，与时代共进，不断创新，大胆突破。

在教育管理的理论研究和实践探索中，要以"实事求是、解放思想、与时俱进"的方法论为指导，从教育管理实践第一线出发，实事求是地发现实践中存在的问题，在探索解决问题的方法过程中，解放思想，用联系的、发展的眼光看问题、寻找解决问题的方法。同时，要在具体的教育管理实践中不断地检验管理理论和管理手段方法的正确性和可行性，坚持"实践，认识，再实践，再认识"的路线，不断地使教育管理理论趋于成熟，并坚持与时俱进的原则，不断在实践中检验理论，使理论保持与时俱进，适合于不断变化和发展的教育管理实践的要求。

二、教育管理中的方法论范畴

（一）科学主义与人文主义

科学主义思潮是现在西方一种最广泛的哲学思潮，由孔德、穆勒、斯宾塞等实证主义者开创，并和实证方法结合，称为科学实证主义思潮。其中包括马赫主义、实用主义、以逻辑实证主义为主要形式的各种类型的分析哲学以及当代科学哲学。

科学主义和人文主义在历史上一直作为两种主要哲学思潮对立地发展着，并且随着时代的发展和思想的进步，两者互相融合、互为消长。

1. 关于科学主义

严格地说，科学主义应界定为把自然的常规视为其他社会科学的常规；社会科学的知识，唯有经由科学方法之后而得之。

科学主义否定哲学是关于世界观的理论体系，从而否定哲学应当研究自然界、社会和思维的一般规律，否定哲学应当研究整个世界的基础和本质，否定思维和存在、精神和物质的关系问题是哲学的基本问题，要求把哲学改造成与实证科学一样的科学，或成为与世界观无关的科学方法论。

科学主义思潮借口要避免、超出或拒斥"形而上学"，回避对世界观、本体论的问题做出明确的回答，企图把哲学变成与世界观无关的纯粹认识论或者科学方法论。

2. 关于人文主义

科学主义思潮试图将科学与人统一起来，按照现代科学的精神来解释人以及有关人的问题，一般不把人的本性、本质看作某种神秘的、非理性的东西，往往用某种自然科学的理论作对人出说明，使关于人的理论具有某种理性的和自然主义的色彩。

在汉语中，"人文"与"天文"相对。人文是区别于自然现象及其规律的人与社会的事物，核心是贯穿在人的思维言行中的信仰、理想、价值、人格和审美情趣，人文的核心就是人们常说的"人文精神"，是人文的精髓。人文主义反映在教育管理上就是强调以人为本的管理思想，重视情感力量的巨大价值。人文精神是推动社会文明进步的巨大动力，许多感觉、精神方面的事物是无法用科学来精确衡量的，因此要用人文主义弥补科学主义的缺憾。

科学主义与人文主义的区别还体现在以下方面：在方法论上，科学主义重视理性，注重经验和逻辑分析法，人文主义强调直觉体验和解释等方法；在人的发展问题上，前者注重知识和智力的发展，后者注重情感、意志的发展。随着科学技术的运用，一系列社会问题、环境问题、生态问题使科学主义面临巨大的挑战，在反思科学主义的过程中为人文主义的发展提供了契机，科学主义与人文主义也表现出互相融合的趋势，人们将科学的价值和人的价值辩证地对待，不再片面地、绝对地强调某一个，使社会的发展和科学的进步，在充分满足人的需要、实现人的价值的同时，促进自然、生态、人类社会的和谐与可持续发展。

科学主义和人文主义的对立和融合反映在教育管理方面，就是要在教育管理中，将以人为本的管理理念与科学的、先进的管理方法、管理手段结合起来，促进教育管理的人性化和科学化。在教育管理实践中，教育管理者要尊重教师和学生；在各项教育制度、政策、目标的制定与选择上，要以教师、学生的利益为出发点；在教育决策、教育管理中要积极鼓励教师、学生的参与，充分发挥他们的主体性，建立尊重的理念。同时，在教育管理研究和创新中，以先进的科学技术和科学方法为指导，不断地发展和创新教育管理理论、技术和方法，发挥科学技术的现实作用。

（二）集体与个人

教育管理的主体是人，客体也是人，即个人和集体。因此，只有正确地认识个人和集体的关系，才能更好地发挥个人的作用，使教育管理更加科学化、规范化、民主化。

个人，即普通个人。对普通个人的理解，更多的是通过个人和集体的关系表现出来的。集体是指由某种共同纽带联系起来的人群共同体。维系集体的纽带不是单一的，经常起作用的有经济、政治、思想、血缘等关系。集体就是一定数量的个人由这些关系联结而成的各种各样的社会集团。总的来说，个人是集体的基础；从根本上说，集体是个人活动的产物，集体依赖于个人。当一定的集体形成以后，又作为一种既成的力量，制约和影响着个人的发展。

马克思说："每个人的自由发展是一切人的自由发展的条件。"另外，他在《德意志意识形态》中也提道："只有在集体中，个人才能获得全面发展其才能的手段，也就是说，只有集体中才可能有个人自由。"许多教育家如马卡连柯、克鲁普斯卡娅等都非常重视集体教育，他们认为集体主义教育是重要的教育理论和实践问题。

个人对集体的作用具体表现为：集体中个人的质量、能力的状况，是整个集体的状态和功能的基础。个人的素质高、能力强、表现积极，会感染、带动周围的人，使集体的状况和功能得到很好的发展；反之，就会使人离心离德，使整个集体软弱涣散。个人力量发挥的程度影响着整个集体的力量：在集体协作中，当所有成员都积极发挥个人力量，齐心协力有机配合时，整个集体的力量就能得到增强；反之，集体的力量就会分散和削弱。

集体对个人的影响和制约有以下几个方面：社会生产和生活的集体是个人得以存在的条件和方式，集体使个人的利益得到满足。无论在何种集体中，集体总是要在某种程度上满足其成员的个人利益，否则，这种集体既不能存在，也不能维持。从总的趋势上说，正是集体使个人的聪明才智得到发展：集体中个人的力量形成新的联系，使个人的力量得到发挥和增强。马克思说，个人是微弱的，整体就是力量；不同性质的集体中，个人的作用得到不同程度的发挥。在虚假的共同体中，由于集体是独立于个人存在的，个人的作用总是得不到很好的、充分的发挥，而在真正的共同体中，集体和个人是统一的，因而个人的作用能够得到充分的发挥。

个人和集体的作用是相辅相成、互为依存的。例如，在教学中，必须调动集体与个人两方面的积极性与主动性，才有可能获得好的学习效果。教育管理中，要认真领会集体与个人辩证统一的方法论含义，处理好个人与集体的关系问题。例如，在教育管理者及普通教师的聘任上，要严格考核他们的综合素质和能力，选拔出真正适合岗位需要的、具备一定管理才能和特质的领导者和具备教师技能、技巧的教师。另外，在领导队伍建设中要使不同才能、不同特长、不同个性特征的管理人员组织在一起，形成一个在年龄、性格、专长等方面搭配合理的队伍结构，使集体的功能和作用得到更好的发挥。又如，在教育系统的组织关系处理上，要正确对待正式组织和非正式组织的关系，并注重培养个人的组织荣誉感和忠诚度，使教师个人或教育管理者个人在组织中发挥重大作用。另外，在处理集体利益与个人利益问题上，教育管理者要从利益均衡的角度出发，尊重个人的利益实现，在不损害集体利益的基础上尽量满足个人利益，使他们在利益满足和实现的基础上，充分发挥聪明才智，为集体服务等。

（三）事实与价值

价值论是哲学理论的有机部分，是哲学元理论层次上的一个分支，"价值"是一个很古老、十分广泛的概念。价值论是关于价值及其意识的本质和规律的学说。价值从定义上来说，特指主客体关系的一种内容，这种内容就是：客体是否满足主体的需要，是否同主体一致，为主体服务。

在价值论研究中，许多西方哲学家都提出了不同的见解：有的将价值哲学划归为人文科学，认为价值判断只能应用于道德、宗教等方面；有的对价值论进行层次划分，认为经济价值是最低级的价值，宗教价值是最高级的价值；有的提出了绝对价值与相对价值、客观价值和主观价值等不同的划分标准。最早提出事实和价值区分的是休谟，他认为事实的知识是从经验观察得来的，并且是由经验验证的，是靠得住的，但是关于善与恶、正义与非正义的知识，即价值的知识，不是从经验得来的，也不可能由经验来证明和反证，是不可捉摸的，无所谓真理与非真理。随后，康德和黑格尔对休谟的价值论进行了批判。康德主张绝对价值，造出一个先验的真理性的价值根据。而黑格尔虽然将事实与价值统一起来，但却建立在唯心主义的基础之上。

马克思关于价值的定义是从人们对待满足他的需要的外界物的关系中产生的，认为价值是客体对主体需要的满足，价值取决于客体，是客体的主体效益，是客体对主体需要所产生的一种关系。事实判断与价值判断是辩证统一的，也只有统一起来才能科学地说明价值中的诸多客观问题。事实和价值是既互相区别又互相联系的一个事物的两方面，从其最终的结局来看，这两个方面最终要统一起来的。价值与事实的界限非常分明，两个领域的规则也迥然不同，最终在价值领域追问原因，也不能在事实领域寻找价值。过分强调价值与事实的区别是错误的，价值问题是在事实问题的基础上产生的，价值问题的解决也有赖于事实问题的解决。正确的态度是重视价值问题与事实问题的区别和联系，分别按各自的特性研究并解决价值问题和事实问题。

理性主义者总是割裂事实与价值的关系，而实用主义者又把真理说成获得"满意的结果"，又在主观唯心主义的基础上把事实和价值混为一谈。只有坚持唯物辩证法，克服唯心主义和形而上学，才能正确地解决事物的真实性与合理性的复杂关系。

事实是客观的，而价值是主体选择的，事实和价值紧紧缠绕在一起。例如，"一年有四季"这个命题是一个事实描述，而在春夏秋冬的选择上每个人的喜好是不同的，这就涉及价值判断。又如，"这是一朵红色的花"这个命题是纯粹的事实描写，而"红色的花朵给人以热情奔放的感觉"这个命题就是一个价值判断。

在教育管理中，许多管理问题都涉及事实与价值的问题，因此要正确理解事实和价值的区别与统一，辩证地看待价值问题，坚持实践是检验真理的唯一标准，人的实践活动是实现事实与价值统一的基础，把认识论和价值论在实践的基础上统一起来。

三、教育管理研究的几种方法尝试

在教育管理的理论和实践研究中，定性分析和定量分析是两种最基本的方法，且这两种方法可以互相结合，综合运用，以弥补各自在研究中的不足。随着社会科学研究的不断深入，又有许多研究方法被尝试引入教育管理研究中。下面介绍三种主要的教育管理研究方法。

（一）定性研究

定性研究是对事物发展的过程以及结果所做出的性质的分析和研究。定性研究特别适合教育这类实践性比较强的学科。定性研究强调对社会现象的深入了解，尊重实践者对自己行为的解释，有利于问题的解决和促进教育实践的发展。运用定性研究方法，一方面有利于从整体上把握教育活动，另一方面有利于对教育现象做比较全面和正确的认识。

定性分析的根本做法是哲学的方法，思辨是它的基本特点，它倡导思辨的方式，比较事物的异同，概括事物的类型，把握事物的规律。它回答的不是数量上的多少和变化，而是性质上的"是什么""属于什么"，它分析的是"原因是什么""发展过程的变化状况如何"。在教育管理实践中，事物的起因、经过、结果大多是不能用数量来描述的，因此不能进行数量分析，只能运用定性研究来探究事物的性质。

定性研究的主要优点是能够动态地对事物进行比较深入细致的观察和描述，跟踪式的过程分析，避免静止、僵化的量化研究，并且可以根据原有的理论、经验、判断，运用思维对事物或现象做出本质的描述和概括。定性研究常用的方法有观察法、归纳与演绎、分析与综合、逻辑证明等方法。

1. 观察法

观察法是指研究者在自然条件下，通过感官或借助仪器对教育现象和过程进行有目的的感知和描述，从而获得经验和事实的一种研究方法。运用观察法可以为科学研究收集大量的第一手资料，为检验科学理论提供依据。观察法是各学科收集资料、取得感性认识的基本研究方法。科学史表明，许多科学家十分重视观察，大量的科学成果也来自观察。如我国古代著名医学家李时珍，走遍祖国的名山大川，采集标本，进行观察，终于完成了中医药学的百科全书《本草纲目》。观察法是教育管理研究最基本、最普遍的方法，是教育科学研究收集资料的基本途径，是其他研究方法的基础。

2. 归纳与演绎

归纳与演绎是最基本的思维方法。归纳是从个别上升到一般的方法，演绎是从一般到个别的方法。归纳是演绎的基础，演绎是归纳的前提。

归纳法一般有完全归纳法和不完全归纳法。前者根据某类事物中每一个对象都具有（或不具有）的某种属性，从而概括出该类事物的全部对象都具有（或不具有）某种属性的方法；后者是根据某类事物的部分对象具有（或不具有）的属性，从而推论出该类事物的全部对象都具有（或不具有）某种属性的方法。

演绎法是从更高抽象层次的公理、定理、法则或学说出发，运用逻辑推理得出支持或否定假设的结果。它有多种多样的模式，较为广泛使用的是假言推理。假言推理是前提中至少有一个假言判断，并根据假言判断中前件与后件之间的关系推出结论的一种演绎推理。

3. 分析与综合

分析与综合是更深刻地把握事物本质的方法。分析是把整体分解为各个部分，然后逐个加以研究的方法；综合是把分解出来的各个部分加以整合，达到对事物整体的认识。分析是综合的基础，综合是分析的完成。

另外，定性研究还有科学抽象法、逻辑证明法、矛盾分析法、比较分析法等方法，它们对于教育管理的宏观或微观研究都有较好的方法指导作用。但定性研究具有不精确的特点，而且在研究中没有足够的原始资料做基础，主要采用一种形而上的思辨方式，因此定性研究的某些不足需要由定量研究来弥补。

随着质化研究的不断深入和推广，定性研究和质化研究的界限已越来越模糊，两者似乎已没有什么本质区别，定性研究也似乎被质化研究所兼并，但定性研究大都没有原始资料作为基础，主要采用一种形而上的思辨方式，这与质化研究是不同的。

（二）量化研究

近年来，随着现代科学技术手段的迅猛发展和日益更新，许多教育研究已越来越离不开数学、计算机科学、逻辑学等学科知识和技术支撑，教育管理研究也朝着研究方法综合化、研究手段技术化、研究过程高效化、研究结果数量化的方面发展。

所谓量化研究是对事物发展过程和结果进行数量分析。量化研究一方面可以像定性研究那样反映教育现象的特征，另一方面可以作为一种描述工具，对复杂的教育问题、教育过程做客观和准确的分析与描述。量化研究的优点是将复杂的教育问题、教育现象做数量化、模型化的分解和描述，使研究目的、过程较为清晰，使研究者容易把握研究过程；且研究过程较为严密，有严密的逻辑推理、证明和科学化的分析，有较为客观的科学依据，研究结果比较精确。但是，在教育管理研究实践中，有许多教育现象和问题是不能用数量或模型来描述的，不宜做量化研究。因此，定量研究要和定性研究结合使用。

量化研究的方法和技术很多，如调查研究、实验研究、预测研究、统计研究等。

1. 调查研究

调查研究是研究者通过观察、问卷、访谈、个案和测验等方式，收集研究调查对象的有关资料，通过对所掌握的资料进行分析和总结，以达到对研究对象科学认识的一种研究方法。它是教育科研中运用最广泛的基本方法，被大多数教育研究工作者所推崇和使用。

调查研究法的基本特点：首先，它是对现实的或历史的教育现象的有计划的、全面系统的考察，以弄清事实的真相，把握事物的相互关系，预测其发展变化的趋向，并概括出某种规律性的认识，提出解决问题的方案或基本思路。其次，调查研究是在自然状态下进行的，有助于研究者的研究不受其主观意志的左右，保持研究的客观性和真实性。最后，调查研究的目的是客观地反映和描述研究对象的情况，帮助研究者掌握研究对象的客观的、真实的情况，为进一步的理论研究或实践研究提供事实依据。

调查研究的具体方法：一是观察法。观察法的主要特点是通过直接感知收集研究材料和认识现实。观察法的运用可以获得观察客体不愿呈现的若干行为资料，观察者可以获得直接的感性认识。二是问卷法。问卷法是一种间接的调查法，将研究问题编制成若干相关的书面调查表，通过分发或邮寄的方式给被调查者填写，然后收回整理、统计和加以分析。三是访谈法。访谈法通过直接对调查对象的访问谈话来收集研究材料，分析问题。访谈法包括个别访谈、座谈会等形式。座谈会是邀请一部分有代表性的人员参加座谈，面对面地征询意见、调查情况、获得资料。访谈法要求访谈者运用各种访谈技巧，注意访谈的计划性和目的性，灵活运用各种提问方式，引导被访谈者围绕问题中心来回答问题。四是文献法。文献法是通过查阅收集、鉴别整理用各种符号形式保存下来的有关事实材料，并加以专门研究，以形成科学的认识方法。

2. 实验研究

实验研究是根据研究目的，运用一定的手段，主动干预或控制研究对象，在典型的环境中或特定的条件下进行的一种探索活动。它是收集科学事实、获取感性材料的基本方法之一，也是形成、发展和检验理论的实践基础。

由于实验可以人为地控制有关条件，因此，它具有如下特点：一是实验可以使人观察到在自然条件下所遇不到的情况，从而扩大研究的范围；二是实验可以把某种特定的因素分离出来，以便于分析某一特定因素的效果；三是实验便于测量，从而获得比较可靠的研究成果；四是实验可以重复验证。

实验研究的基本程序：一是做好实验设计；二是按照实验设计进行实验，对实验进行处理，观测所产生的变化情况，记录实验所获得的资料、数据等；三是对实验中所得到的资料数据进行处理分析，确定误差的范围，从而对研究假设进行检验，得出结论；四是撰写实验报告，进行重复实验或扩大实验的范围，确保实验研究结果的信度和效度。

3. 预测研究

预测研究是运用预测的技术和理论以及各种经验和知识，分析和解释研究对象发展变化的特点和规律，根据这些特点和规律对研究对象在未来一定时期的可能变化情况进行分析、预测和判断。在教育领域内，任何教育现象都受一定条件的约束，都具有相对客观、普遍、重复和稳定的特点。只要我们认识了这些特征，就能抓住一些规律对教育进行预测。

预测的基本原理：一是连续性原理。任何事物的发展都分过去、现在和将来三个阶段，在事物发展过程中，只要其本质不变，该事物的过去、现在和将来就遵循着相同的规律。二是因果性原理。任何一种教育现象的产生都是一种或几种现象引起的，引起某种现象的现象叫原因，被某种现象引起的现象叫结果。因果相互作用的无限延伸就形成了因果链条，在一定的因果链条范围内，只要掌握了事物发展的现实原因，就可以推知事物发展的结果，这就是因果原理。三是相似性原理。客观事物之间虽然千差万别，但只要不同的两个事物之间具备了"发展程度"和"内外条件"的相似性，就可以根据其中一个已知过程及其相应的变化或结果推知另一个未知过程及其相应的变化。

预测研究的基本程序：一是明确预测的目标和任务；二是搜集信息；三是确定预测方法；四是进行实际预测；五是预测结果评价。

4. 统计研究

统计研究是以概率论为基础，用科学的指标和分类方法对社会事实进行数据特征和数量关系的分析研究，它在应用复杂数学方法研究社会事实的情况下对社会事实的了解更为精确。

统计研究的特点：首先，统计研究可以用简洁明了的方式对调查研究的结果做出精确的描述；其次，对事物的发展变化提出科学的预测性意见，为制定最佳决策方案、有效的规划提供科学的依据。但在统计研究中一般要坚持真实性、客观性、统一性、整体性原则。

统计研究的一般步骤：一是明确研究目标；二是选定统计方式；三是确定变量类型；四是进行统计分析；五是运用统计推论；六是推论总体（母体）情况。

（三）质化研究

质化研究方法主要是由北京大学陈向明教授引介到我国并进行了创新性探索，目前她已出版了一系列著作，如《旅居者和外国人——中国留美学生跨文化人际交往研究》《质的研究方法与社会科学研究》《教师如何做质的研究》《在行动中学做质的研究》《如何成为质的研究者——质的研究方法的教与学》等。

质化研究是以研究者本人作为研究工具，在自然情境下采用多种资料收集方法对社会现象进行整体性探究，使用归纳法分析资料和形成理论，通过与研究对象互动对其行为和意义建构获得解释性理解的一种活动。

1. 质化研究的主要特点

第一，自然主义的探究传统。质化研究必须在自然情景下进行，对个人的"生活世界"以及社会的日常运作进行研究。自然探究的传统还要求研究者注重社会现象的整体性和相关性，对所发生的事情进行整体的、关联式的考察。

第二，对意义的"解释性理解"。质化研究的主要目的是对被研究者的个人经验和意义建构做"解释性理解"或"领会"，研究者通过自己的亲身体验，对被研究者的生活故事和意义建构进行解释。

第三，研究是一个演化发展的过程。质化研究是一个不断演化的过程，不可能"一次定终身"。在这个动态过程中，研究者和被研究者都可能会变，收集和分析资料的方法会变，建构研究结果和理论的方式会变。变化流动的研究过程对研究者的决策以及研究结果的获得会产生十分重要的影响，研究过程本身决定了研究的结果，因此需要对其进行细致的反省。

第四，使用归纳法。质化研究在收集和分析资料时遵循自下而上的原则，在原始资料的基础上建立分析类别。分析资料和收集资料同时进行，以便在研究现场及时收集需要的资料，从资料中产生理论假设，通过相关检验和不断比较逐步得到充实和系统化。

第五，重视研究关系。质化研究不可能设想研究者可以脱离被研究者进行研究，正是由于双方之间的互动，研究者才可能对对方进行探究。质化研究对伦理道德问题非常重视，在研究开始之前需要征得研究对象的同意，研究结束后还要给研究对象以适当的回报。

2. 质化研究的步骤

第一，质化研究的研究设计。其主要包括以下内容：研究对象与问题、研究目的和意义、研究的背景知识、研究方法的选择和运用、研究的评估和检验手段。一般选择的问题是"有意义的问题"，而且属于解释性和描述性的问题，问题应该限定在一定范围内，不能太宽也不能太窄。研究目的是研究者从事某项研究的动机、原因和期望。在研究设计中，对研究的每一个步骤都要设计好适用、恰当的方法，如进入现场的方法、收集资料的方法、整理资料的方法、整理和分析资料的方法、建构理论的方法等。

第二，研究对象的选择。研究对象包括研究的人、时间、地点、事件等，要根据研究的问题确定研究对象的特征、调查对象的样本大小。另外，还要注意研究关系对研究的影响，研究者的个人因素如性别、年龄、文化程度等，研究者和被研究者的关系（如朋友、熟人或者上下级关系等）都影响研究结果的客观性，因此在研究对象的选择上要慎重考虑，以保证研究的规范性和有效性。

第三，进入现场。在确定研究对象之后，就需要接触研究对象，与他们交流，获取第一手资料。在进入现场之前，要征得研究对象的同意，尽可能全面了解研究对象。在与他们接触时，要主动介绍自己和自己的研究目的，就研究的时间、地点、步骤等事宜与对方达成共识。在选择进入方式上，要根据具体情况具体安排，要选择尽量自然的方式，使访谈和观察等研究方法在自然情景下进行，以获取最客观的资料。

第四，研究者与研究对象的访谈。在访谈时，主要采取开放型和半开放型的访谈形式。开放型通常没有固定的访谈问题，访谈形式不拘一格。在半开放型访谈中，对访谈的结构和问题要有一定的安排和限制，在访谈开始前要设计好访谈提纲，将访谈的问题进行粗线条的描写，尽可能简洁明了。在访谈时要注意灵活机动，不能拘泥于提纲。在访谈中，态度要真诚、友好、积极、平等，争取在情感上与研究对象达成共识，要友善地提问、仔细地聆听、适时地给予回应，并要做好访谈记录。

第五，收集实物。"实物"包括所有与研究问题有关的文字、图片、音像制品等。收集实物可以用来与从其他渠道获得的材料进行补充和相互检验。收集实物时，如果是私人物品，或是不便公开的物品，应事先征得相关人员和部门的同意。

第六，整理和分析资料。在访谈和收集实物的过程中，要对所得资料进行归类整理，并且根据扎根理论等对资料进行分析，从而建构理论。

第七，撰写研究报告。例如，我们做"教师的职业倦怠的调查研究"时，如果采用质化研究，那么我们首先对这一问题进行研究设计，将其研究目的、对象等进行安排。先选择几名教师作为研究对象，当然这个研究对象要与研究问题契合，选择那些在教学工作中有一定倦怠的教师，使研究有针对性。再设计研究步骤、研究问题，列出访谈提纲。与被研究的教师进行协商，确定访谈的时间、地点等，事先将研究目的等对被研究者进行交代，使他们能够与研究者进行配合，使研究顺利进行，并且获得最满意的结果。对每位教师进行 2 ~ 3 次的访谈，探究他们职业倦怠的真正原因，帮助他们解决职业倦怠的问题，并且对学校管理等提出指导性的建议。经过几次访谈和对教师的观察，对访谈材料进行整理，找出教师职业倦怠的深层次原因，建构自己对于教师职业倦怠问题的认识和理论见解。

质化研究是一种很好的教育管理研究方法，在教师管理、学校管理等许多方面都可以运用质化研究。

四、层次划分的常见方法

（一）观察分析法

观察分析法，是指管理者依据一定的目的和拟定的计划方案，对管理对象所呈现的各种现象实施有意识的查看、记录，并进行客观分析和评定归类的方法。现象是人或事物在发展、变化中所表现出来的外部形态，能够看到、听到、闻到、触摸到的。管理者通过对观察到的现象进行细致、客观的分析和综合评定并进行归类，可以确定其相应的层次和类别。澳大利亚教育家凯斯·斯密斯曾经如是说："我一跨入校园，便开始了我的观察和评定工作。如果我步入校园的时候恰好是课间休息期间，我往往会叫住一个正在玩耍的学生，向他打听校长办公室在哪里。这时，假若这个学生只是随便用手一指远处的楼房说：那儿！由此，我便可以基本断定：这所学校不怎么样。因为这说明该校的学生与校长之间的关系不怎么样。假若这个学生能把我领到校长办公室的门口并告诉我说：'在里面。'我即可以断定：这是一所管理水平一般的学校。但是，如果我的这位向导能把我一直领进校长的办公室，并将我介绍给校长的话，那么，我即可断定：我来到了一所好学校。24 年的经验已经证明了我的判断基本正确。"尽管凯斯·斯密斯的说法有点偏颇，但观察分析法确实是一种简单易行、行之有效的分层分类的方法。一般在接手新班级后，大多数的班主任都会采用此方法。

观察分析法的最大优点是，能在客观、自然的状态中获取比较真实的材料，并利用这些材料分析、评定出被观察者的真实状况。因而，被教育工作者和研究人员经常、广泛地运用。我国教育家陈鹤琴曾以日记的方式，连续 808 天记录了孩子从出生之日起的观察情况，积累了丰富翔实的第一手资料。苏联教育家赞可夫，为了研究"使全班学生包括后进生都得到发展"的问题，和研究人员长期在教室后面，隔着窗口，进行课堂观察记录。苏霍姆林斯基为研究道德教育问题，先后对 3700 名左右学生做了观察记录。观察分析法是认知教育现象最基本的方法。

按不同的标准分类，观察分析法可分为系统观察和随机观察、参与式观察和非参与式观察、自然观察和控制观察、直接观察和间接观察、结构性观察和非结构性观察等。其中，系统观察分析法不仅要求有系统地观察客体构成的要素、结构功能以及发展的过程，还要求运用系统论的原理，对子系统诸要素、层次、功能、环境条件、相互关系等进行观察分析，准确把握整体与个体的关系。在具体实践中，选用何种方法要根据不同的要求和不同的目的。

观察分析法的实施一般分三步：第一，前期准备。前期准备包括制订计划和观察提纲，准备记录表格和观察设备，培训和演试。第二，观察和记录。要坚持客观性、全面性和典型性的原则。第三，材料整理与分析研究。以事实为依据，以理论为指导，力求抓住事物的本质特征。

如何做好观察记录，是观察分析法实施中的重要环节。一般有符号式记录、肯定否定式记录、文字式记录和实录式记录。

符号式记录：在预先设计好的表格或内容上画规定的符号，以表示等级、频率、选择等。

肯定否定式记录：在预先设计好的表格或内容上写上结论，表示肯定与否定、对与错、是与非等。

（二）测试归类法

测试归类法，是指运用测试和测量的方式评定层次与类别的方法。常用的心理学范畴的测试有智力测试、情商测试、职业倾向测试等，教育测量范畴的有累加求和法、加权求和法、标准分数法等。下面重点介绍职业个性倾向测试分类和使用标准分层的实施方法。

职业个性倾向测试。职业个性倾向测试的目的是协助个人了解自己的职业兴趣和职业倾向，以便及早为自己的职业生涯做好准备。在职高学生、高三毕业生与大学生中使用较多。其方法步骤为：第一，准备测试题，一般为 60~120 道题目；第二，进行现场测试；第三，统计结果；第四，综合分析，提出分类建议；第五，拟订发展规划并及时进行修正。

（三）调查研判法

调查研判法，是指在自然条件下，通过调查会、问卷、访谈等方式收集资料，以研究判定"学群"的层次、类别的方法。采用调查研判法要特别重视两个方面：一是要确保收集到能比较客观、全面反映调查现象的材料，保证材料的可靠性和真实性；二是要认真、深入地分析研究调查得到的材料，最大限度地保证结论的客观性和准确性。因此，在实施的过程中要尽可能采用统一的调查问卷、统一的调查表格、统一的记录方式、统一的统计方法和统一的分层分类标准。使用问卷和调查表进行调查，是两种常用的方式。

（四）自然分层法

客观事物在发展变化过程中，其自然属性会呈现出显著的、稳定的差异性。根据这种稳定的差异性，人们可以运用直觉进行识别，实现分层分类。比如，在学生群体的管理中，通过各种活动我们会发现他们有的具有音乐天赋，有的具有美术天赋，有的具有语言天赋，有的具有运动天赋，有的具有表演天赋，我们就可以按其类别进行合理组合，实现分类管理。有的学校在招生时，就有五年制、三年制和三加二混合制等多种类型，并分别实施教育和管理。在分层次管理的实践中，有按年龄阶段划分层次，按人员的成长阶段划分层次，按年级培养目标分类，按大学办学定位分层次，按现行行政区划分层次，按工作职能分层次等，都可以凭其自然特征，进行直觉的识别分层分类。

第三章　教育信息化背景下高校教育管理过程

任何一种管理都是一种活动过程。高校教育管理也不例外。所谓高校教育管理过程，就是指在高校管理者的协调管理下，综合利用高校的人、财、物、时间、空间、信息等资源，充分发挥管理的各项职能，使整个高校管理系统有效运转的过程。高校教育管理过程主要包括四个环节，即计划、执行、检查和总结。在整个管理过程中，沟通、协调与控制是非常重要的要素。关乎高校管理的高效率运转，本章主要就新时期高校教育管理过程的相关内容进行一定的论述。

第一节　高校教育管理过程的特点与基本环节

在教育管理学中，学校管理过程一直是一个被关注的话题。关于管理过程的概念，自20世纪以来就已经有诸多国内外学者从不同的角度给出了不同的观点。例如，有的学者从管理职能出发研究管理过程，有的学者从管理者思维的角度研究管理过程，有的学者通过引入系统论、控制论来研究管理过程等。这些从不同维度对管理过程的研究拓宽了人们研究高校教育管理过程的视角。对高校教育管理过程做一个详细的定义，如下所述：高校教育管理过程是指在高校管理者的协调管理下，综合利用高校的人、财、物、时间、空间、信息等资源，充分发挥管理的各项职能，使整个高校教育管理系统有效运转的过程。这一过程既有其独特的特点，也有基本的环节。

一、高校教育管理过程的特点

（一）以育人为中心

高校教育管理的根本任务就在于保证实现高等教育的目标，完成各项教育教学任务。因此，高校管理者必须在高校教育管理过程中贯彻育人的目的。只有围绕育人目标进行各项管理活动，才不会在大的方向上有所偏离，实现管理目标。高校教育管理过程以育人为中心的这一特点要求高校管理者必须科学地确定培育人才任务的管理目标，制定规划和计划；把全校教职工组织起来实施规划和计划；检查监督计划的实行；总结工作绩效、评价学生素质水平。

（二）具有较强的有序性

高校教育管理过程是按照一定的程序进行的。具体是什么程序，不同的学者有不同的看法。按照学术界的一般认识，高校教育管理过程主要分为四个环节，即计划、执行、检查、总结。这四个环节的顺序不能颠倒，全部过程要按顺序完成，构成一个循环，形成一个高校教育管理周期。尽管在实际的管理工作中会受到多种因素的影响，从而操作起来会复杂很多，但是它们的前后次序是不能颠倒的。可见，高校教育管理过程具有较强的有序性。

（三）具有一定的控制性

高校教育管理过程的运转总是受到一定条件的制约。这些条件主要包括国家的教育方针、政策、教育目的、管理目标以及管理体制等方面的要求。

（四）具有动态的整体性

高校教育管理过程的各个环节是相互联系、相互促进，有机结合在一起的，而非一个个孤立的部分。在管理过程中，计划统率着整个管理过程，执行是为了实现计划，检查是为了监督执行，是对计划的检验，总结是对计划、执行、检查的总评价。每一个环节，都具有反馈回路，动态地推动工作前进，促进决策的不断完善。

（五）注重调动人的积极性

高校教育管理过程的正常运转并不是依靠一些管理者就可以实现的，需要每一个相关人的配合与努力。因此，高校教育管理过程的每个环节都要调动高校相关人员的积极性，尤其是高校师生。具体来说，制订计划时，需要考虑如何从计划中体现激励的作用；执行时，需要考虑如何进行组织、协调，才能调动各部门、个人的积极性；检查和总结时，需要考虑检查的结果对教职工积极性的影响。

调动人的积极性就必须做好人的工作，特别是思想工作。因此，在高校教育管理过程的每一个环节中，管理者都要做好人的教育工作。

二、高校教育管理过程的基本环节

要想深入、系统地了解高校教育管理过程，就必须充分把握高校教育管理过程的基本环节。学术界普遍认为，高校教育管理过程有四个基本环节，分别是计划、执行、检查和总结。这四个环节按照一定的顺序有机地结合在一起，构成一个动态的管理过程系统。

（一）计划

计划，是指高校管理者在高校教育管理工作中预先拟定的行动纲领。制订计划是高校教育管理过程的第一个环节。管理活动是否取得成功，计划起着非常重要的作用。

1.计划的特征

在高校教育管理过程中，计划主要呈现出以下特征。

（1）目标性。高校管理者制订计划主要是为了实现既定的目标，包括达到目标的具体指标、方法、步骤、时间和措施，而不是为了计划而计划。所以，计划的目标性很强。

（2）普遍性。作为高校的任何一位管理者，都必须有所计划。只有在一定的计划之下，管理者才能有效地组织实施，达到特定的目标。所以，计划是具有普遍性的。

（3）可行性。计划的可行性主要表现为，计划中总是会包含切实可行的方法和步骤，是能付诸实践的。

（4）效益性。高校教育管理中的任何计划都必须考虑高校教育管理的效益问题。科学的计划会给高校带来良好的社会效益和经济效益。

2. 计划的过程

（1）调查、掌握材料。计划的第一项工作就是调查、掌握材料。调查主要是为了全面摸清高校教育管理的实际情况，为制订计划奠定坚实的基础。为此，高校管理者应根据自身的实际情况以及工作岗位的特点，收集数据和资料，全面积累数据，充分掌握资料，并以此为基础整理数据和资料，运用预测的方法，明确高校教育管理工作的方向。

（2）确定目标以及次序。高校管理者应该根据高校管理工作的方向，分层次确定计划的目标，并将目标按一定的次序排列，然后切实按照计划执行。对高校管理者来说最为重要的事情可以排在第一位，并用特殊的符号标注，如"X"；同时，按照其重要性程度分别确定第二位和第三位等；在同等重要的计划中，可以分别按照重要性在符号上加上数字，如"X1""X2""X3"等。

（3）确定行动方案。高校管理活动在确定具体的行动方案之前，要召集相关人员进行民主讨论。根据决策的要求，对多种方案进行比较研究，分析各种方案的利弊，吸收其中的精华，融为一体，从而产生切实可行的计划。拟定的计划方案必须经过合理的论证。论证的内容包括计划依据的可靠性、计划方法的科学性、计划实施的可行性、计划效益的显著性等内容。为了保证论证效果的合理，可以在论证过程中聘请有关专家进行指导。

（4）计划的执行与控制。行动方案确定后，就该执行计划，也就是按照计划要求的方式、方法和进度进行。在执行过程中，高校管理者应定期对目的、要求、质量、进度等进行检查监督，发现问题及时处理。若属于执行方面的问题，应及时纠正执行中的偏差；若是计划本身的问题，应对计划进行相应的调整。

（二）执行

执行是高校教育管理过程中的中心环节。是指高校管理者调动和运用各种资源把计划中规定的任务与目标贯彻落实到高校教育教学和管理活动的实际中，实现高校管理计划与任务的活动。没有执行环节，管理的一切要求和愿望都将无法实现。

1. 执行的内容

执行环节的工作内容有很多。作为高校管理者，在这一阶段应重点做好组织、指导、协调和激励四项工作。

（1）组织。组织是指高校管理者安排各种办学资源，使之具有一定的系统性或整体性，以达到预定目标的活动。

①组织的地位和作用。

第一，通过组织活动，可以建立和协调各种关系，促进社会效益和经济效益的提高。

第二，通过组织活动，可以使学校管理资源在计划执行过程中进行优化组合，随时解决其中出现的问题和矛盾，提高管理的效率。

第三，通过组织活动，可以完善学校的组织机构，促进学校管理体制的改革。

②组织活动的内容。

第一，任务的合理分配。主要是指将高校计划的任务分别分配到各个职能部门，明确各自的职责和任务。

第二，高校管理资源的妥善安排。主要是指将人、财、物、时间、空间和信息进行合理有效的配合，以综合发挥各种资源的效用。

（2）指导。高校管理者将任务以及资源安排妥当以后，就应注意指导各部门和各人员如何按照任务和目标来行使自身的职责。作为高校领导者，要让下属明确干什么，下属在执行过程中遇到困难、问题时，要对他们进行有效的指导和点化。总的来说，高校管理者的指导主要针对工作方法和工作安排来进行。

高校管理者要使其指导发挥真实有效的作用，就应注意以下几个方面的事项。

第一，深入第一线，全面及时地捕捉真实反馈信息，做到多谋善断。

第二，敢于指导、善于指导。要通过对点上工作的指导，带动面上工作的指导，以达到以点带面的目的。

第三，注意创设良好的人际关系和环境氛围，虚心听取高校师生的意见。高校管理者应当指点而不说教、帮助而不代替、引导而不强加、批评而不压制，不能强制命令，不能越级指挥。

（3）协调。在高校教育管理的执行过程中，由于学校的外在环境和内在因素都在不断发生着变化，各种关系也处于变化之中，因此特别需要协调工作。所谓协调，即高校管理者促使高校各方面的力量为实现统一目标相互配合、步调一致、和谐发展的活动。

作为执行环节中的关键一环，协调能够使各种高校管理资源达到优化组合，保证各个方面、各个环节的均衡与协调发展，使高校管理的任务能有效实现。

协调工作主要有两个方面内容：一是协调执行情况和原计划之间的矛盾；二是协调部门间和成员间的关系。对高校教育管理来说，协调好教学管理与德育管理，协调好各个部门，使之形成合力，促进高校的良好发展，有着十分重要的实际意义。

（4）激励。激励是指高校管理者运用一定的手段，激发教职员工的工作热情，调动教职员工的积极性和创造性。在高校教育管理的执行过程中，教职员工难免出现精神不振、工作疲惫的状况，这就非常有必要采取一些激励的手段。

合理的激励能够促使广大教职工在执行计划过程中焕发出勃勃生机，促使他们积极为高校管理出谋划策，为实现计划而不懈地努力。一般而言，提高教职员工的积极性主要有物质激励和精神激励两种手段。在激励工作中，最好是充分结合两种激励手段来鼓舞教职员工的干劲，激发他们的士气。

2.执行的要求

（1）以身作则，优化配置各种资源。高校管理者在执行过程中，应该以身作则，身先士卒，起到表率作用，要求别人做到的，自己要先做到，并且要创设各种条件，为高校的教职工实现既定的计划提供可靠的资源保证。

（2）体察实情，及时有效地化解各种矛盾。矛盾是事物发展的动力。高校的管理计划在执行过程中，由于部门与部门之间、个人与个人之间不可避免地要出现一些或大或小、或多或少的摩擦。对此，高校管理者要做到心中有数，善于运用用自己的智慧，了解实情，根据高校管理的相关规定或基本原则，对出现的矛盾给予合情合理的处理，最终达到化解矛盾的目的。

（3）赏罚分明。高校管理者要根据各个职能部门的特点及相关规章制度的规定，将高校制定的计划分配到不同的部门和个人，并且按照章程授权给不同的管理者，要求他们带领下属员工共同执行。在执行过程中，出现问题要做到赏罚分明。

（三）检查

检查，是指高校管理者对计划执行情况进行监督、考核，并发现问题，给出指导建议的活动。检查环节在高校教育管理过程中也是不可缺少的一个环节。它处于执行和总结之间，发挥着承上启下的作用。通过检查，能够对计划的科学性及计划的实施效果进行全面的评估和考察；能够对学校领导人员和管理人员自身的各项能力进行考核和评价；能够对教职员工进行相应的考核与监督。

1.检查的内容

（1）监督。高校管理者要经常深入实际，查看各项工作情况，依据计划要求、规章制度的规定，督促下属部门和教职工完成既定的任务。通过考察进行的监督活动一般可分为定期考察、不定期考察、专题考察、全面考察、直接考察、间接考察等。

（2）考核。考核是高校管理者对高校管理工作进行的考察审核活动。它是检查活动的一项重要内容，一般分为高校管理者在内的教职工考核和学生考核。考核的内容一般包括德、能、绩、勤等方面。

（3）指导。虽然检查是针对过去的工作情况进行的活动，但不是向后看，而是为了向前看。因此，通过检查不仅要发现问题、指出问题，还要提出可行的建议，指导员工更好地执行学校的各项计划。

2．检查的要求

（1）根据计划内容确定检查对象、步骤与方法。开展检查活动时，管理者必须熟悉计划的内容，根据计划的内容，分别确定检查的对象，探讨对象的特点以及工作的性质，然后根据工作的性质，针对不同的部门和个人，选择适宜的检查方法，确定检查的步骤。常见的检查方法有考评打分、巡视观察、个别交谈、随堂听课、翻阅教案等。

（2）以原计划为依据，公正客观地进行检查。检查必须尊重客观事实，以实事求是的态度，客观地、全面地、深入地进行检查。检查的客观性在于要以计划和收集的事实材料为依据，不能主观臆断。检查的全面性在于要对所有的计划内容进行检查，不能顾此失彼，厚此薄彼。检查的深入性在于要对情况进行深入的了解，不能做"表面文章"。

（3）将检查与指导、调节结合起来，讲究实效。检查应注意对高校教育管理工作的指导以及对各部门、个人之间行动的协调，通过指导与协调，来提高高校管理的效率与效能。

（四）总结

总结，是指对高校教育管理工作进行整体分析、全面评价的活动。它是高校教育管理过程的最后一个环节，标志着一个管理活动周期的结束，预示着下一个管理周期的开始。总结对于高校教育管理工作有着非常重要的意义。其不仅有助于更好地判断高校教育管理工作，还有助于进一步提高高校教育管理工作质量和管理水平。

1．总结的类型

高校教育管理过程中的总结有很多种，从不同的标准出发有不同的类型。

（1）按照时间来分，总结分为一个管理周期的完整总结、领导班子任期总结、学年总结、学期总结等。

（2）按照承担主体来分，总结分为全校总结、部门总结和个人总结。

（3）按照工作性质来分，总结分为全面总结和专题总结。

全面总结和专题总结在高校教育管理过程中经常被提到。其中，全面总结属于常规性总结，是在一个管理周期结束或一个学期结束时，对学校方方面面的工作做出系统的总结和全面的评价；专题总结主要是针对某一领域中的问题进行总结，如高校针对教学质量问题，进行教学质量方面的专题总结。

2．总结的基本要求

（1）树立正确指导思想，具有鲜明的目的性。高校管理者在进行总结时应该树立正确的指导思想，突出鲜明的目的性。这就要求必须做到：不单纯为了惩罚与奖励而总结；不流于形式；总结中注意发现问题，解决问题；为了做好未来的工作而总结。

（2）要有全面、真实、有效的检查考核材料。高校教育管理过程中的总结要以事实为依据，必须有详细的总结材料，否则就不能起到应有的作用。这些材料应当通过平时的观察和记录来收集。

（3）要与计划要求相对应。总结是对计划执行情况进行评价的过程。如果总结脱离了计划，则不仅会使原有计划、目标失去意义，而且还会使总结缺乏客观依据和标准。因此，高校管理者在总结时必须以计划为依据，以计划中制定的目标作为评估的标准和依据。

（4）注重规律和经验的总结。实质上总结就是要把握高校管理工作的规律性，使经验上升为理性认识。因此，高校管理者做总结时，应当既分析成功的原因，又分析失败的教训；不仅要找外在的原因，还要找内在的原因。

第二节　高校教育管理过程中的沟通、协调与控制

一、高校教育管理过程中的沟通与协调

（一）沟通与协调的概念

沟通，即个体与个体之间、个体与群体之间思想与感情的传递和反馈过程。协调，即对各项工作及人员的活动进行调节，使之和谐一致。在高校教育管理过程中，沟通与协调往往又会存在一些不同的解释。按照学者赵中建的观点来看，学校教育管理过程中的沟通是指学校管理者与学校成员之间的信息、思想和价值观等方面的相互传递、交流、反馈和共享。按照学者黄兆龙的观点解释，学校教育管理过程中的协调具有双重含义，一是指现代学校管理系统内部以及学校与公众之间的比较和谐一致的状态。二是指现代学校管理系统为促使系统内部及学校与社会公众的相互适应、相互合作做出的调整、平衡行为。

· 由于沟通与协调是两个联系非常紧密，有很多共同点的概念。因此，本章将沟通与协调放在一起，作为一个整体来探讨。据此，高校教育管理过程中的沟通与协调的界定可表述如下：为促进高校教育管理过程中可理解的信息在两人或两人以上的人群中进行传递、交换、反馈的措施和过程，用以促进沟通双方的理解，推动管理的顺利进行。

（二）沟通与协调在高校教育管理过程中的意义

沟通与协调是保障组织发展的生命线，联系着组织的各个部分，指引着组织发展的方向。因此，在高校教育管理过程中，沟通与协调有着相当重要的意义。主要表现在以下几方面。

（1）沟通与协调是保障高校管理组织内的个体和各个要素凝聚于组织整体的重要手段。学校就是一个系统，学校中任何一个部分的变化都对整个系统产生影响。因此，沟通与协调可以说是联系高校各个组成部分的纽带。

（2）沟通与协调是推动高校管理组织与外部环境营造良好关系的主要手段。

（3）沟通与协调是高校领导人员激励下属的重要途径。

（4）高校教育管理中的计划、组织、指导、控制过程都离不开沟通与协调，其贯穿高校管理过程的始终。

（三）高校教育管理过程中沟通与协调的类型

1. 内部沟通与协调和外部沟通与协调

这是根据沟通与协调对象的不同所划分的类型。

（1）内部沟通与协调。内部沟通与协调，是指发生在高校管理组织内部，以维持组织正常运作为目的而进行的信息传递、加强理解的措施和过程。这种沟通与协调是本书重点阐述的，并且主要从高校教育管理人员的角度来探讨。

（2）外部沟通与协调。外部沟通与协调，是指以宣传组织、保障组织的发展、提高组织服务为目的而进行的各类沟通与协调行为，面向的是高校管理组织所处环境内的公众。这种沟通与协调也呈现出了一定的服务性特点。例如，高校在招生过程中会提供历年升入高一级学校的升学率的信息、报考指南及新生生活指南等。

2. 上行、下行和平行沟通与协调

这是根据组织中信息的流向所划分的类型。

（1）上行沟通与协调。上行沟通与协调，是指高校管理组织中作为下属的人员向上级反映情况或反馈意见的沟通与协调过程，是自下而上的沟通，即信息流向为从下属到上司。

（2）下行沟通与协调。下行沟通与协调，是指在高校的教育管理过程中，信息由管理人员向下级流动的沟通与协调过程。例如，高校管理者传达信息和指令；提供有关学校的最新发展动向；等等。

（3）平行沟通与协调。平行沟通与协调，是指发生在平行的部门以及人员之间的沟通与协调，属于横向沟通与协调。值得注意的是，高校管理组织成员中的非正式沟通也属于平行沟通与协调。

3. 组织沟通与协调和人际沟通与协调

这是根据高校管理沟通与协调发生的范围和涉及的主体所划分的类型。

（1）组织沟通与协调。组织沟通与协调，是指在教育组织内或组织之间，借由正规的组织机构和固定的传播渠道，根据组织的相关制度和规定而进行的沟通与协调。例如，高校内部相关制度制定过程中意见的征求、高校管理过程中各类通知的发布和传达、校内例会的召开等。这是一种正式的沟通与协调，是发挥管理职能、衔接管理过程的重要纽带。具有指导性、规范性、权威性和程序性等特点，但是缺乏灵活性，机动性差，传播速度比较慢。

（2）人际沟通与协调。人际沟通与协调，是指运用正规沟通渠道以外的渠道进行的信息传递与交流。例如，高校内部师生员工之间的私下交流、校内师生员工参与的校友会或同乡会之类的非正式组织。这是一种非正式的沟通与协调。高校管理者在运用人际沟通与协调时，一定要进行相应的规范和引导，尽量避免其与组织理念不相符的思想产生，以保障组织的凝聚力和稳定。

4. 媒介式沟通与协调和情感式沟通与协调

这是根据沟通与协调的途径所划分的类型。

（1）媒介式沟通与协调。媒介式沟通与协调，是指借助一定的传播媒介，以口头、书面或者符号等形式，将信息、想法和要求等传达给接收者，进而影响信息接收者的行为，最终达到促进组织发展的目标。这种沟通与协调满足的是组织内信息交流和传递的需要。

（2）情感式沟通与协调。情感式沟通与协调，是指高校管理组织的成员通过沟通与协调联系双方的情感，获得精神上的交流、谅解或达成共识，最终达到改善彼此间关系的目的。这种沟通与协调满足的是组织内部人际交往的需要。

（四）高校教育管理过程中沟通与协调的模式

1. 单向沟通与协调模式

（1）单向沟通与协调模式的概念。所谓单向沟通与协调模式，就是指由信息发送者发起，终止于信息接收者的沟通模式。这一模式在高校教育管理过程中应用广泛。例如，高校管理者发布书面通知和文件；下属跟上级管理人员汇报情况；在教师组织的某个活动中有关某一个主题的演讲等，都是这一模式的具体表现。

在信息传播过程中，编码过程就是通过对发送信息的形式及语言措辞等的选择，将信息变得更加容易理解的过程，而解码就是信息接收者通过理解分析等方式探求信息本质的过程。

（2）高校教育管理过程中单向沟通与协调模式的优缺点。

①单向沟通与协调的优点。

第一，要求信息发送者具有一定的技巧。高校管理者和教师需要经过缜密的思考，将自己的想法准确明晰地表述出来，并通过解释、说明和描述，保证信息的具体化。

第二，暗示沟通行为与行动之间有强烈的联系，即"有令必行"，同时更加注重效率和总体目标的实现。当高校管理人员正式而直接地下发关于执行某项决策的通知时，某种程度上就表示无须再与沟通对象进行商议，而是直接要求得到关于这项决策的执行结果。

②单向沟通与协调的缺点。

第一，高校管理人员在单向沟通与协调中明确表明了一个信息或理念，但是并不一定被信息接收者所理解。

第二，由于要求信息接收者必须执行，因而容易造成信息接收者的抵触和对立情绪。鉴于这种情况，高校管理中不能只采用这一种沟通与协调形式，否则有时很难达成高校内部各类人员的相互理解及组织目标的实现。

（3）单向沟通与协调的原则。

①客观原则。在高校教育管理过程中，采用单向沟通与协调模式进行沟通与协调，管理者要注意控制好信息传递和理解各个阶段的人员情绪，要实事求是，摒弃偏见。

②强制原则。在单向沟通与协调中，信息的发送者并不要求得到信息是否传达到的反馈，而是要求直接看到所要求的结果。例如，高校管理部门下发的公文要求有令即行。

③技巧原则。这一原则要求信息发送者在编码过程中要掌握一定的技巧，特别是信息发送者的语言表达能力、沟通形式的选择能力等。

2. 双向沟通与协调模式

（1）双向沟通与协调模式的概念。所谓双向沟通与协调模式，是指信息的发送者和接收者之间进行的是双向的信息交流和传递。这种模式的形成需要信息接收者对信息发出者做出回应。在这种沟通与协调模式中，沟通者可以是两个，也可以是多个。

实际上，如果有多个沟通者参与时，沟通模式往往会出现相应的变化，信息流向会趋向于网络状，每个人都扮演着信息的发送者和接收者的双重角色。二者的角色会不断转换，信息发送者同时需要听取信息接收者的反馈意见，必要时还需要不断地交流和协调，以最终达到对信息的理解。

（2）双向沟通与协调模式的优缺点。双向沟通与协调是一个互相影响的过程，直接指向通过说与听而得到的新发现和理解。在沟通与协调的过程中，参与者不断建构自己的理解，决定自己要采取的行为，并实现自己的目标。

①双向沟通与协调模式的优点。采用双向沟通与协调模式，信息接收者有反馈意见的机会，参与者的责任心更容易提升，人际关系和管理双方的理解与合作容易得到增强。

②双向沟通与协调模式的缺点。在双向沟通与协调模式下，信息的发送者承受的压力比较大。例如，在高校中，校长在举行座谈会、讨论会时，容易受到信息接收者的当面质疑，此时校长的压力就特别大。

虽然双向沟通与协调模式存在一定的缺点，但与单向沟通与协调相比，其更能促进高校管理对象参与管理。鉴于此，现代高校管理组织更愿意采取这种模式进行沟通与协调。

（3）双向沟通与协调的原则。

①参与原则。这一原则要求高校管理人员在询问问题、传播新观念、听取不同观点或意见的过程中，要采取一定措施，让广大沟通对象自愿、积极、公开地参与活动。

②交互原则。这一原则要求高校教育管理过程中信息发送者和接收者在双向交流中相互尊重、关心，对特权或专家不能想当然地加以肯定，对管理者也不应该妄加指责。

③持续原则。这一原则是指在沟通与协调过程中，发送者与接收者要对一系列共同关注的问题持续进行探讨，任何一方在听取意见后都不能置之不理。发送者与接收者正确的做法是积极回应对方的反馈，并对可行性的意见落实到行动上。

（五）高校教育管理过程中沟通与协调的方式

高校管理沟通与协调的方式有很多，通常可将其分为以下几种：口头的、书面的、非符号语言、电子媒体等。

（1）口头沟通包括谈话、电话、会议、记者招待会等方式。

（2）书面沟通包括留言条、备忘录、信件和传真等。

（3）非符号语言包括谈话过程中的体态、表情、语音语调等及书面沟通与协调中隐含的"言外之意"等，这是一种不通过语言文字或图像来传递信息的沟通方式。

（4）电子媒体包括电子邮件和网页等。

每一种沟通与协调的方式都有自身的优势和不足。

（六）高校教育管理过程中沟通与协调的策略

在高校教育管理实践中，信息发送者与接收者的沟通并非都是畅通无阻的。沟通与协调往往受到很多因素的消极影响，如信息量过大，导致管理人员无暇处理，造成信息被忽略；受到信息传递过程中其他相关信息的干扰，对信息内容产生曲解；信息接收者个人情绪化严重，影响思维和判断，对信息做出不合理的理解和应对等。为了获得更好的沟通与协调效果，高校管理者必须采取一定的策略，努力避免各种消极影响因素。

1. 明确沟通与协调的目的

在高校教育管理过程中，沟通与协调一般都是以一定的目的为基础进行的。因此，信息发出者在正式沟通活动开始之前，要事先计划好沟通的内容，并明确沟通的目的。如果缺乏共同目标，只是为沟通而沟通，那么沟通和协调也将失去其实际的意义。

具体来讲，沟通与协调的目的，可以是单纯地交流信息；也可以是推行政策和制度，安排下级工作，激发工作热情；还可以是发起新的活动；等等。不管是什么样的目的，一般都应根据学校不同部门的工作性质和特点、要传达的信息的具体内容以及要达到的效果来确定。

2. 充分把握沟通与协调的对象

高校中的任何一个人都是一个独立的个体，都具有自身的个性。不同的知识水平、社会经历、性别、年龄等，都会导致信息接收者对信息产生不同的理解。因此，为了减少信息接收者对信息的曲解，信息发送者必须充分把握沟通与协调的对象。一般而言，把握的具体内容包括以下几个方面。

（1）把握对象语义理解方面的问题，如教师、学生和家长的不同理解方式和能力会使他们在解码沟通内容时可能得出不同的结论。

（2）把握沟通对象的社会地位、成长背景、学校内的职务等。

（3）把握沟通对象所处的情境。根据所要传递信息的内容及想要达到的效果，高校管理者应该对沟通的时间、地点和形式都给予充分的考虑，以同情境相适应，实现有效沟通。

3. 把握信息的容量限度及时效性

在高校教育管理过程中进行协调与沟通工作时，很容易发生信息超载的问题。信息一旦超过信息接收者能够处理的范围，很多信息就会被忽略。例如，在会议过程中，信息的接收者会听到大量的言语信息，收到相当多的文字形式的会议资料，这些资料由于容量过大，容易使信息接收者忽略某些信息。因此，信息发送者应对信息进行筛选和综合，限制一定的容量。

此外，信息是具有时效性的，需要一定的时间才能被传递、理解，然后信息中包含的任务要求才会得以执行。因此，在高校管理过程中，尤其是下达命令这样的单向沟通与协调，在下达关于完成某项任务的通知之前，管理人员应该预先估计该通知送达相关职能部门的时间，以保证任务的顺利开展和完成。

4. 选择适宜的沟通与协调方式

高校教育管理过程中的沟通与协调方式很多，如谈话、电话、会议、电子邮件、网页等。要想保持畅通的沟通渠道，沟通人员就必须选择最适宜的沟通与协调方式。通常情况下，应当根据沟通与协调的目标和沟通与协调的对象特点来选择沟通与协调方式。

5. 构建有效的沟通与协调网络

高校管理组织要想形成有效的沟通与协调，还应当努力构建各种有效的沟通与协调的网络。以下几种网络在高校教育管理过程中就非常流行。

（1）正式的沟通网络，如与政策、程序、规则的上传下达有关的管理网络，或者是与任务的制定和执行相关的网络。

（2）传播性网络，用以传播新闻和消息，如学校内正式出版物、布告栏及小道消息等。

（3）反馈性网络，用以接收建议、获取反馈信息或者是解决已经出现的问题。

（4）与表扬、奖励和提升有关的人员激励和管理方面的网络。

6. 学会倾听

管理者的倾听行为是改善组织管理的重要方法之一。良好的倾听技术能够促进沟通与协调的有效性。因此，作为高校管理者，一定要学会倾听。

首先，在倾听过程中，高校管理者尤其要注意体会教师及员工的反应和情绪，注意其表情、手势、眼神等非言语沟通所暗含的态度。

其次，要表现出乐于倾听的态度，要有耐心，可以主动提问以了解对方的态度，同时核实自己所理解的是不是沟通对象的本意。

最后，要正确对待来自下属的批评，分析批评产生的原因，在面谈过程中不要产生争执。

7. 及时处理冲突

所谓冲突，就是指双方由于价值观念、评判标准等不同而产生的对事物的不同态度。

冲突的范围很广泛，从观点的分歧到战争都是冲突的表现形式。菲利普斯基于对管理者的研究认为冲突的演变有以下六个阶段：差异—不一致—不和谐—争论—斗争—战争。冲突并不都是消极的，也有积极的因素。例如，差异会导致争论，但是同时也可以促进思考，许多问题也可以通过争论来进一步明确。

在高校教育管理过程中，冲突往往可以根据双方的关系分为三类：一是管理人员之间由于管理理念或者处事方法的不同而出现的冲突；二是管理人员与被管理人员由于身份角色、任务分配、学校决策、绩效奖惩以及个人利益不同而出现的冲突；三是组织内成员在非正式交往过程中出现的冲突。

为了促进沟通与协调，管理者必须学会及时处理冲突。处理冲突的关键是认识冲突，明确冲突双方的意图，确定问题的所在。

二、高校教育管理过程中的控制

控制是管理的一项重要职能。同时，也是管理过程中不可缺少的一个重要部分。有时管理的成败主要在于能否实施有效的控制。因为有效的控制是完成计划的重要保证，是实现组织目标的根本措施，是改进工作的有效手段。由此可见，高校教育管理必须重视控制。

（一）高校教育管理过程中的控制类型

高校教育管理过程中的控制主要有行政控制、内部控制和社会控制三种。

1. 行政控制

行政控制主要通过行政工作检查、监察、审计、督导等方式来进行。对高校来说，行政控制，一方面是指教育行政部门对高校的监控，另一方面是指高校内部的行政控制，如通过层级结构对学校各项事务进行行政管理。需注意的是，教育行政部门对高校的监控需要限定在法定的范围内，对高校的行政管理主要体现在依法监督、检查和指导等方面，而不应该也不能够干预高校正常的办学事务和具体的管理事务。行政控制主要包括以下几种：

（1）规划控制。是指根据教育规划来实施控制。教育规划又称教育事业的发展规划，是国家教育行政机关为了贯彻党和政府的教育方针、政策和法规，实现教育目标而制定的发展教育事业的指导性文件。在高校管理活动中，规划控制处于控制中的核心地位。

（2）法规控制。是指根据教育法规来实施控制。教育法规，即有关教育方面的法令、条例、规则、规章等规范性文件的总称，也是对人们的教育行为具有法律约束力的行为规则的总和。运用法规进行控制是当代高校管理法治化的具体体现。高校的法规控制主要体现在依法行政和依法治校中。

依法行政，是指教育行政部门按照现有的法律法规管理高校教育，并推动高校教育事业的发展，或是以教育法律法规为依据，结合本地区高校教育发展的实际需要，制定具体的教育规章制度，并要求高校执行规章制度。

依法治校，是指高校根据现有的教育法律法规办学，或是执行上级教育行政部门提出的政策或规定，或是根据法律法规和教育政策制定适合本校实际的规章制度，以保证学校的日常运行。

（3）财务控制。财务控制，是指通过对一个组织中资金运动状况的监督和分析，对组织中各个部门、人员的活动和工作实施控制。在高校教育管理过程中，最常见的财务控制有预算控制、会计稽核和财务报表分析等。

预算是一种以货币和数量表示的计划，是关于为完成组织目标和计划所需资金的来源和用途的一项书面说明。高校要实施好预算控制，首先就应搞好收支预算，通过收支预算可以有计划地分配和使用获得的经费；其次要对高校教育的规模、设备和服务进行预算。

会计稽核主要是对高校财务成本计划和财务收支计划的审查，以及对会计凭证和账表的复核。通过会计稽核，能够及时发现高校会计中存在的问题，进而采取相应的措施予以解决。

财务报表是用于反映高校计划期末财务状况和计划期内的经营成果的数字表。分析财务报表，能够判断组织的经营状况，以便发现问题，进而解决问题。

（4）审计控制。在高校教育管理过程中，审计主要指教育系统内部审计机构、审计人员对财务收支、经济活动的真实、合法和效益进行独立监督、评价的行为。这种行为实际上是一种控制，这种控制可归纳为"检查经济责任的控制系统"。

对高校来说，最基本的经济活动就是财政收支、财务收支及其他经济活动。这些活动贯穿高校业务运作的全过程，内容错综复杂，涉及面宽，直接影响高校自身的生存、竞争与发展。因此，通过审计对高校的经济活动进行监控是教育管理过程中不可缺少的重要工作环节。

（5）督导控制。督导，即由教育督导组织及其成员根据教育的科学理论和国家的教育法规政策，运用科学的方法和手段，对高校教育工作进行监督、检查、评估和指导，以期促进教育效率和教育质量提高的过程。一般来说，教育决策主要由国家权力部门、政府及其教育行政部门进行；教育的业务和行政控制主要由教育督导部门承担。通过有效督导能够促进教育决策执行效果的提高，及时发现问题和解决问题，同时还能够为决策者提供全面而及时的反馈信息，使新的决策更切合实际。

2. 内部控制

高校教育管理过程中的内部控制主要包括以下两个方面：

第一，检查计划的执行情况以发现偏离计划的行为。当高校的教学质量、管理绩效等与教学计划发生差异时，领导的责任就是立即组织检查，分析和查明产生差异的原因，确定责任归属。

第二，纠正偏离计划的行为，即针对产生差异的原因和责任归属，提出改进的办法，予以纠正，或进行适当调整，或追究行为人的责任，使学校各项教育活动纳入计划轨道，保证计划的正确执行和完成。

上述两个方面是相互关联、互为条件的。对计划执行情况的检查是纠正偏差的前提条件，而纠正偏差是计划执行情况检查的后续手段。只有将这两个方面充分结合起来，才能充分发挥内部控制的作用，达到内部控制的目的。

高校教育管理内部控制主要采用以下三种方式。

（1）制度控制。制度控制是指通过高校的教育规章、准则等形式规范与限制高校内部成员的行为，保证高校管理活动不违背或有利于自身战略目标的实现。通过制度进行控制能够使教育工作者明确哪些是自己职责范围内的事情，以及怎样做好职责范围内的事情。因此，在高校教育管理过程中，制度控制是应用最广泛的控制策略。

（2）激励控制。高校教育管理中的激励控制是指高校管理组织通过激励的方式重点控制管理者及教师员工的行为，使其行为与高校目标相协调。管理者及教师个人的行为动机、行为目标和行为方式都受到激励控制的诱导和支配。

从层级角度来看，激励控制包括高校领导者对中、高层管理者的激励机制，中高层管理者对下级管理者及教师的激励机制。激励控制主要以利益导向为基本特征，通过利益约束机制规范管理者及教师的行为。

（3）评价控制。评价控制，是指通过对高校管理者及教职员工的工作按照一定的标准进行评判而实施的控制。主要包括战略计划、评价指标（指标选择、指标标准、指标计算）、评价程序与方法、评价报告、奖励与惩罚等环节。属于一种高层次的控制，要求学校要有良好的校园文化，要求管理者具有较高的管理素质。

评价控制有明确的控制目标，有利于高校管理者及教师据此指导和纠正自身行为，有利于激发其实现评价目标过程中的主观能动性。评价控制的缺点，主要是缺少程序或过程控制，不利于随时发现与纠正偏差。

值得注意的是，奖励与惩罚是评价控制中非常重要的环节，不可忽视。通过奖励等手段激发高校管理者采取正确行动的内在积极性，诱导期望行为的发生；通过处罚等手段则能够在一定程度上阻止不良行为的发生。总之，科学合理的奖励和惩罚，可以使评价控制形成良好的循环。

3.社会控制

高校不仅仅受政府、教育行政部门等的控制，还受到市场、社会力量的控制。市场控制主要指教育市场中的竞争环境控制着教育组织的运行。这种控制主要表现为要求高校办学必须向优质发展，要求教育决策必须民主化、透明化和公开化。

按照控制主体的不同，社会控制又分为以下几种。

（1）公民控制。主要是通过举报、申诉、控告、走访、行政诉讼和提出建议等具体手段对高校管理机构及工作人员以及教师进行控制。

（2）舆论控制。主要是通过电视、广播、报刊、网络等对教育组织的实际情况进行报道和分析，以推动教育组织的健康发展。它是以大众传媒为载体来反映公众对教育的意见和呼声。

（3）社团控制。主要是以团体为单位对高校管理活动实施监控，与公民控制相比，更具组织性，控制力更大，影响力更强。

相对来说，社会控制具有广泛性、及时性、公开性、灵活性等特点，可以动员广大民众对高校教育活动进行监督和控制。因此，高校教育管理过程中社会控制不可忽视。

（二）高校教育管理过程中控制的基本原则

无论在何种控制方式下，要想获得最佳的控制效果，控制工作就应当遵循一定的基本原则。高校教育管理过程中的控制应坚持以下几项基本原则。

1. 客观性原则

高校教育管理过程中的控制是通过纠偏来保证学校目标的实现的，因此，控制信息要力求准确，控制标准要力求客观、准确。不准确、不客观不仅会影响工作进展，而且会挫伤教育工作者的积极性和工作热情。坚持客观性原则，需要注意以下两个方面。

（1）尽量建立客观的衡量方法，对绩效用定量的方法记录并评价，把定性的内容具体化、客观化。

（2）教育管理人员要从学校组织的角度来观察问题，尽量避免形而上学，避免个人的偏见和成见，特别是在绩效的衡量阶段，要以事实为依据。

2. 及时性原则

在高校教育管理过程中，实际情况往往复杂多变，因此，控制不仅要准确，而且要及时。如果丧失良机，即使提供再准确、再客观的信息也无济于事。当然及时不等于快速，及时是指当决策者需要时，控制系统能适时地提供必要的信息。坚持及时性原则，需要注意以下几个方面。

（1）及时准确地提供控制所需的信息，避免时过境迁，使控制失去应有的效果。

（2）事先估计可能发生的变化，使采取的措施与已变化了的情况相适应，即纠偏措施的安排应有一定的预见性。

（3）尽可能地采用前馈控制方式或预防性控制措施，一旦发生偏差，应对以后的情况进行预测，使控制措施能够针对未来，较好地避免时滞问题。前馈控制就是指根据对组织未来的运行预期情况，及时预告组织运行可能出现的问题，提醒组织的有关部门和个人准备好对策。

3. 灵活性原则

未来的不可预测性是客观存在的。在高校教育管理过程中，如果控制不具有弹性，则在执行时难免被动。因此，为了提高控制系统的有效性，就要使控制行为具有一定的灵活性。贯彻控制的灵活性原则，需要特别注意以下几方面。

（1）高校管理者应制订多种有弹性的和能替代的方案，保证控制在发生某些未能预测到的情况（如环境突变、计划疏忽、计划失败等）时仍然有效。

（2）高校管理者应采用多种灵活的控制方式和方法来达到控制的目的。需要特别注意的是，不能过分依赖正规的控制方式，如预算、监督、检查、报告等。过分依赖这些方式可能会导致指挥失误、控制失灵。

4. 控制关键点原则

客观来说，高校管理者不可能控制工作中所有的项目，只能针对关键的项目且仅当这些项目的偏差超过了一定限度，足以影响教育目标的实现时才予以控制纠正。因此，控制工作应遵循关键点原则，也就是抓住活动过程中的关键和重点进行局部的和重点的控制。

首先，在高校教育管理过程中，影响教育组织目标实现的主要因素就是需要控制的关键点。例如，学校是否依法办学、学生质量是否保证、教师工作积极性是否调动、学校的效率和效益是否提高等都是控制的关键点。

其次，特别容易出问题的薄弱环节，也是控制的关键点，需要管理者格外关注。

最后，控制过程中的例外情况，也是控制的关键点。例外情况的出现，由于缺乏事先准备而极易措手不及，从而对组织造成很大的影响。因此，管理者要集中精力迅速而专门地加以解决。

一般而言，为了使关键点明确和便于操作，管理者应对关键点标准做出具体的规定，可以定出实物标准、定量指标标准、定性无形标准和策略标准。无论何种标准都必须是相对客观的、可以衡量的、可以操作的，否则无法发挥关键点的作用。

5. 经济性原则

高校教育管理过程中的控制是一项需要投入大量的人力、物力和财力的活动。这项活动涉及很多费用问题，因而必须把控制所需的费用与控制所产生的效果进行经济上的比较。这就是控制的经济性原则。坚持这一原则，管理者需要特别注意以下两个方面。

（1）实行有选择的控制，全面周详的控制不仅是不必要的也是不可能的，要正确而精心地选择控制点，太多不经济，太少会失去控制。

（2）努力降低控制的各种耗费，提高控制效果，形成有效的控制系统。

第三节　高校教育管理过程中的激励机制

一、激励的概念

激励，是指通过一定的手段激发人的动机，使人产生一种内在的动力，朝着所期望的目标努力的活动过程。从本质上分析，激励就是探讨人的行为动力，即如何调动人的工作积极性，从而达到个人和组织的目标、提高工作绩效的问题。每个人的积极性都可以分为内在积极性和外在积极性，所以激励也就相应地有内在激励和外在激励。

内在激励涉及人的自我肯定和自我发展，是个人通过自身的信念和素养，为自己设立合理目标，给自己鼓舞士气，并持续投入热情和努力工作的心理过程。外在激励，则主要是通过组织和他人创设各种条件来激发内部成员工作积极性的过程。两者既对立又统一，从根本上来说，外在激励必须转化为内在动力才能真正有效地指导人的行为向预期目标发展。

激励对管理有着极为重要的意义。正如哈罗德·孔茨所说的，"领导者和主管人员（如果是有效的主管人员，几乎肯定是领导者）假如要设计一个人们乐意在其中工作的环境，就必须使这个环境体现出对个人的激励作用""一个主管人员如果不知道怎样激励人，便不能胜任这个工作"。

在高校教育管理过程中，激励行为往往包括多个层次，既包括高校管理者对教师的激励，也包括教师对学生的激励，还包括每个成员的自我激励；既包括对教育个体的激励，也包括对教育集体的激励。由于高校教师是高校教育管理的主体力量，因此高校管理的激励工作重点就是对高校教师的激励。

二、激励理论及其对高校教育管理的启发

激励理论是行为科学中用于处理需要、动机、目标和行为四者之间关系的核心理论。随着社会经济的发展，社会上出现了多种激励理论。

（一）需求理论

在需求理论学派的人看来，人的行为动机是由需求引起的，从人的需求出发去解释"行为"，可以理解为"追求需求的满足"。需求主要从两个方面来说明人的行为：一方面，需求是个人或个体行为的动力或源泉；另一方面，需求是人的行为个性或特性的依据。当代西方最受认同的需求理论就是马斯洛的需求层次论。

马斯洛是美国著名的心理学家。他于1943年出版的《人的动机理论》一书中提出了需求层次理论。他认为，人类价值体系中存在着两类不同的需求，一类是沿生物谱系上升方向逐渐变弱的本能或冲动，称为低级需求和生理需求；另一类是随生物进化而逐渐显现的潜能或需求，称为高级需求。马斯洛将人的基本需求归纳为以下五类。

（1）生理需求。这是人类最原始、最基本的需求，包括满足人的生存所必需的衣食住行等。

（2）安全需求。这是要求劳动安全、职业安全、生活稳定的需求，希望免于灾难，希望未来有保障，要求有劳动防护、社会保险、退休金等保障。

（3）社交需求。社交需求又称为归属与相爱的需求。当前两项需求基本满足之后，社交需求就成为强烈的动机。人们希望和周围的人保持友谊，希望得到信任和友爱，人们渴

望有所归属，成为群体的一员。

（4）尊重的需求。社会中的人有自我尊重和被别人尊重的愿望和需求。

（5）自我实现的需求。这是指人们希望完成与自己的能力相称的工作，使自己的潜在能力得到充分发挥，成为所期望的人物。

马斯洛指出，这五种需求像阶梯一样从低到高，但这种次序不是完全固定的，是可以变化的，也有着例外情况。如果一个层次的需求相对地满足了，就会向高一层次的需求发展。当然，这五种需求不可能完全满足，越到上层，满足的百分比越低。

另外，同一时期内，可能同时存在几种需求，因为人的行为是受多种需求支配的，但是，每一时期内总有一种需求占支配地位。任何一种需求并不因为下一个高层次需求的发展而消失，各层次的需求相互依赖与重叠，高层次的需求发展后，低层次的需求仍然存在，只是对行为影响的比重降低而已。当需求满足了就不再是一股激励力量。

需求理论在一定程度上反映了人类行为和心理活动的共同规律，从人的需求出发研究人的行为，抓住了问题的关键。基于这一理论，要想调动高校教师的积极性，高校管理者既要注意到每个教师的不同需求，又要了解他们各自的需求层次，尽量提供条件满足他们的相应需求。

（二）期望理论

期望理论是由美国心理学家弗洛姆于1964年在《工作和激励》一书中提出的。所谓期望，是指一个人根据以往的经验在一定时间里希望达到目标或满足需要的一种心理活动。期望理论具有以下一个固定的公式：

激励力量 ＝ 效价 × 期望值

在这一公式中，效价是指个人对他所从事的工作或所要达到的目标估价。也可理解为，被激励对象对目标的价值看得有多大。在现实生活中，对同一个目标，由于每个人的需要不同，所处的环境不同，他们对该目标的效价也往往不同。期望值是指个人对某种目标能够实现的概率的估计，也可理解为被激励对象对目标能够实现的可能性大小的估计。期望值也叫期望概率。在日常生活中，个人往往根据过去的经验来判断一定行为能够导致某种结果或满足某种需要的概率。

在期望理论中，期望值和效价的不同组合会出现以下四种情况。

（1）效价低，期望值也低，则激励力量最低。

（2）效价低，期望值高，则激励力量低。

（3）效价高，期望值低，则激励力量低。

（4）效价高，期望值也高，则激励力量高。

很显然，当效价值和期望值都高时，激励力量才会大，才能充分调动人的积极性。因此，根据期望理论的观点，以某种方式行动的可能性大小，取决于该行动达到某种结果的期望值的大小和这种结果的价值或吸引力的大小。

期望理论对高校管理者有以下两点启发：

第一，要采取大多数教职工认为效价最大的激励措施，而不是泛泛地使用一般激励手段。

第二，要将期望值控制在合理范围内，期望概率比实际概率高出太多可能会遭遇挫折，低出太多又减少了激发力量，而且这个期望值不是空想出来的，要建立在以往相关经验和被激励者能力的基础上进行估计。

（三）归因理论

归因理论是由美国心理学家海德进一步发展需要激励理论而提出的。所谓归因，就是指人们对他人或自己的行为进行分析，指出其性质或推论其原因的过程。事实上，人们对于自己和周围人的行为常常会自觉不自觉地进行归因分析。

一般来说，如果把成功归结为内部原因，会使人感到满意和自豪；如果把成功归结于外部原因，则会使人感到惊奇和感激。如果把失败归结于内因，会使人产生内疚和无助感；如果把失败归结为外因，则会使人产生气愤和敌意。如果把成功归因于稳定性因素，会提高今后工作的积极性；若把成功归因于不稳定因素，则今后工作的积极性可能提高，也可能降低。

海德认为，有成就需要的人通常会把成就归因于自己的努力，把失败归因于努力不够。反之，成就需要不高的人的归因则相反。此外，他还认为，教育和培训将使人在成就方面发生激励变化并促进激励发展。

在归因理论的启发下，高校管理者要想激励教师，就应了解教师的归因倾向，帮助他们正确认识成功与挫折。当教师在工作中遇到失败时，应帮助他寻找原因，引导他继续保持努力行为，争取下次的成功。同时，更应尽量注意教师工作成功的归因，即将成功归之于自身的努力，增强其积极性，使其取得更大成就。

（四）双因素理论

双因素理论是由美国心理学家弗雷德里克·赫茨伯格提出的。他在《工作的激励因素》《工作与人性》等著作中都阐述了双因素理论的基本观点。他认为，影响人的行为的因素可划分为保健因素和激励因素两类。这两类因素对人的行为发挥着不同的作用。

1. 保健因素

保健因素也叫维持因素，主要是指工作的环境因素，包括工作条件、工资水平、社会地位、同事关系、监督方式、组织的政策和管理等。这些条件必须维持在一个可以接受的水平上，否则，就会引起成员的不满。但是，这些因素不会对成员起激励作用，不会激起职工的工作主动性和创造性，而只能防止因职工不满而出现的怠工现象。

2. 激励因素

激励因素也叫满意因素，主要是指与工作本身性质有关的因素，包括使员工感到满意的工作成就感，得到认可的工作业绩，具有挑战的工作，工作中的机会和责任、权利等。这类因素若得到满足，将会对职工起到强烈的激励作用，从而促进生产率的提高。为此，赫茨伯格提出了"工作扩大化""工作丰富化"的设想，主张工作内容更加广阔、更加丰富多样、更富于挑战性，即加重工作的责任，提高其难度，以满足职工的成就感、荣誉感等高层次的需要，从而激励职工的积极性。

综合而言，保健因素是基础，激励因素是发展和提高。管理者只有把两类因素有机地结合起来，才能更好地激发职工的积极性、主动性和创造性，为此，高校管理者在高校教育管理过程中实施激励时，要重视保健因素和激励因素，尤其要关注激励因素。例如，要想激励教师，就不仅要改善教师的工作环境，更重要的是对教师多给予肯定和认可，多提供发展和提升的机会，多安排有挑战性、有意义的工作，从而起到真正的激励作用。

（五）目标理论

目标理论是由美国管理学兼心理学教授洛克于20世纪70年代提出的。他强调研究目标的重要性，并且围绕目标的激励作用做了深入探索。

所谓目标，是指在一定的时间内所要达到的具有一定规模的期望标准。简单来说，是人所期望达到的成就和结果。目标是一种刺激，合适的目标能诱发人的动机，规定行为方向。管理心理学把目标称为诱因。由诱因引发动机，再由动机达到目标的过程就是激励过程，也就是调动人的积极性的过程。特别是那种组织所提供的"诱因"将带来"组织的平衡"。

洛克构建的目标激励模式指出目标的绩效是由目标的难度和目标的明确性组成的。其中，目标难度是说目标要具有挑战性，必须经过努力才能实现。目标的明确性是说目标导向必须是具体的，可以测定的，如用数字来表明目标等。作为一种激励理论，目标理论主要强调通过目标的设置来激励人们的动机、指导人的行为，使个人的需要、期望与组织的目标挂钩，以此来充分调动人的积极性。

目标理论提醒高校管理者在实施激励时，要注意为激励对象制定合理的目标，并善于运用目标管理的技术，共同设计目标，逐层分解目标，及时评判结果并给予相应的激励措施。

（六）公平理论

公平理论是由美国心理学家亚当斯在《社会交换中的不公平》一文中提出的。该理论主要用来解决工资报酬分配的合理性、公平性及其对职工生产积极性的影响。亚当斯认为，人们总是要将自己所做的贡献和所得的报酬，与一个和自己条件相当的人的贡献与报酬进行比较，如果这两者之间的比值相等，双方就都有公平感。

归纳而言，公平理论主要包括以下几个观点。

（1）职工对报酬的满足程度是一个社会比较过程。

（2）一个人对自己的工作报酬是否满意，不仅受到报酬绝对值的影响，而且也受到报酬相对值的影响。

（3）人需要保持分配上的公平感，只有产生公平感时才会使人感到心情舒畅，努力工作；而在产生不公平感时，就会满腔怨气，大发牢骚，甚至放弃工作，干扰和破坏生产。

公平理论启发高校管理者在实施激励的过程中，不仅要注意到某个人，还要考虑与其基本情况大致相同的参考对象，也要求在高校教育管理过程中遵循平等公正的原则。在待人接物、工作任务分配、职位提升机会和工资待遇调整等方面都要公正合理，制度和程序上尽量公开公平。

（七）强化理论

美国新行为主义者斯金纳于1938年提出了操作性条件反射学说。这一学说是通过实验而得出的。

斯金纳专门设计了斯金纳箱进行迷笼实验，用以研究操作性条件。此箱内设一杠杆，杠杆与食物仓相连，推开杠杆后即可打开食物仓，白鼠就可以吃到食物。斯金纳利用这一实验来研究白鼠的操作性行为，之后又在其他动物和人身上进行了类似的实验。

通过实验，斯金纳得出，如果一个操作发生后，接着给予一个强化刺激，那么其强度就增加，强化可以增加某一行为反应发生的概率。在斯金纳操作性条件作用中，强化具有重要作用，因此其行为原理也称为操作—强化学说。

将操作－强化学说应用于管理中，就产生了激励。管理者对被管理者的某种行为给予肯定和奖赏，并使这种行为得到巩固、保持、加强，叫作正强化；对某种行为给予否定和惩罚，使之减弱、消退，叫作负强化。正、负强化都是强化的方式和手段。因此，在科学管理过程中，把正强化和负强化结合起来应用得当，就可以对被管理者的行为进行定向控制和改造，最后引导到预期的最佳状态。

强化理论启发高校管理者要对被管理者的行为做出及时、适度的反应，尤其面对从事文教事业的教师，要尽量使用正强化，慎重运用负强化，使认可和奖励成为一种经常性和持续性的激励方式。

三、激励在高校教育管理过程中的意义

（一）促进高校人力资源的充分开发

激励程度或水平在很大程度上决定着人的行为表现，激励水平越高，人在行为上表现得越积极，行为效果越显著。美国哈佛大学的心理学家威廉·詹姆士在对职工的激励研究中发现，按时计酬的职工仅能发挥其能力的20%～30%，而受到充分激励的职工其能力可发挥至80%～90%。这就充分说明，在激励之下，一个人将发挥出更大的作用和潜能。

在高校教育管理过程中，管理者利用有效的方式多多激励教职员工，可以充分释放教职员工自身的智力和体力能量，使他们主动挖掘自身潜力投入教育工作中。这无疑非常有

助于充分开发高校的人力资源。

（二）增强高校内部凝聚力

凝聚力，即群体成员之间的相互吸引力，或使群体成员愿意留在群体内的力量。在高校教育管理过程中，有效的激励能够吸引和留住优秀的教育人才。

首先，激励是一个心灵沟通和双向反应的过程，这个过程能够增加人际信任和高校的组织承诺。

其次，激励有助于将个人目标引导到高校总体目标上，增进高校教职工的认同感和归属感，提高全体教职工的士气。

从上述来看，激励确实有助于很好地增强高校内部的凝聚力。

（三）促进个人目标和组织目标的统一

在高校教育管理过程中，个人目标和组织目标占据着同样重要的地位。然而，这两个目标也常常处在对立的状态中。高校教职员工的个人目标如果与组织目标相对立，很容易造成教职员工心理上的排斥和工作上的懈怠，严重影响到高校的教育与管理效果，影响学生的成长和发展。

实际上，个人目标和组织目标是可以统一的，也应当统一。激励就能够促进个人目标与组织目标的统一。关键是高校管理者要深入理解教育的本质，提出学校的最终目标是促进学生发展和推动教育事业的进步、是需要教职员工共同来完成和实现的。尤其对高校教师来说，会使其意识到学校的最终目标与自己的职业理想是一致的，就会更认同自己的职业和工作，也会努力把工作当作实现个人目标的最有效途径。

（四）帮助管理者协调利益分配中的矛盾

由于利益主体存在着个体差异性和需要的多样性，因此，在高校教育管理过程中，有关利益分配的矛盾总是难免的。面对各种矛盾，如果管理者能针对不同的个体和需求，采取有针对性的激励，就能收到较好的效果。

具体而言，高校管理者要注意收集和分析各种信息，将不同性质的利益分配给具有不同需要的教职员工。例如，对经济条件差的教师应主要分配物质性利益；对家人需要照顾的教师应提供时间上的便利；对注重成长的教师应多提供参加培训的机会。

（五）促进高校管理者管理水平的提高

对高校管理者来说，要想更好地实施激励，必须不断努力学习激励理论，不断积累丰富的激励经验。这一过程其实能够提高管理者自身的素质和能力。

通过激励，高校管理者不仅可以掌握心理学知识、管理学理论，还可以锻炼沟通技巧和协调利益的本领等。显然，激励有助于提高高校管理者的管理水平。

四、高校教育管理过程中激励的模式

（一）目标激励模式

所谓目标激励模式，就是指通过设置合理目标，使被激励者产生一种内在动力，进而努力工作以实现目标的模式。这种激励模式一般包括三个步骤。

1. 设定目标

目标的设定千万不能盲目，要讲求科学性原则。这主要体现为以下两个方面。

（1）目标要明确具体，要尽量用量化的标准来说明目标，如不能量化，也要用准确规范的定性语言来表明，避免目标存在模糊性。

（2）目标既要有挑战性，又要能通过努力而达到，总之，设定目标要把握好一个度，目标定得过低会使人失去斗志，定得过高又可能造成挫败感和畏难情绪。

2. 实施目标

在目标的实施阶段，目标过程的反馈要特别注意。管理者要提醒和帮助教职员工保持清醒头脑，确保自己的行为在正常的轨道之内，要对好的结果给予肯定、鼓舞人心，对坏的结果客观分析、及时纠正。

除此之外，管理者还要注意将目标实施的总目标细分成许多子目标或阶段目标，因为每一个目标的实现都会对教职员工产生激励作用，是一个连续和累加的激励过程。

3. 实现目标

目标经过努力得以实现，是这一轮激励的终点，又是新一轮激励的起点。在不断实现目标的过程中，个体会不断获得激励和进步。

（二）参与激励模式

随着时代的进步、经济政治体制的改革、民主管理思想的发展，高度集中的行政管理体制已被打破，高校教职员工也越来越广泛和深入地参与到学校管理中。

高校教职员工参与学校管理能够使他们充分感受领导对自己的信任，感受自己是学校的"主人翁"，体验自己的利益同组织的利益和发展是密切相关的，从而产生强烈的责任感。这就能很好地发挥激励作用。参与激励模式就是基于这种情况而提出来的。

高校教育管理过程中的参与激励模式有以下三个基本要求。

（1）高校管理者与教职工都要对学校的外部环境、内部情况和问题性质有较全面的了解。

（2）高校管理者要善于倾听和接受不同意见，宽以待人，客观对事。

（3）虽然参与本身是对教职员工的激励，但管理者在教职员工的参与过程中也要注意随时对他们进行激励。例如，当参与者提出建设性或创新性建议时及时给予表扬和肯定，这将进一步激励教师踊跃参与管理、贡献心智。

（三）利益激励模式

利益是人们为了需要所得到的好处或者所拥有的资源，体现了主体对客体的一种价值判断。它有广义和狭义的含义之分。从广义上来说，利益包括物质、权力、名誉、精神等内容，是多面性的；从狭义上来说，利益主要是指物质、权力等能直接带来经济价值的东西。利益激励模式就是通过满足个体的利益需求来达到激励的目的。

这一激励模式启发高校管理者必须正视和肯定合理的利益要求，创造条件尽量满足教职员工的利益需要，并引导他们正确利用所得利益去更好地生活和发展。同时，由于利益涉及价值判断，每个人的价值观和选择标准不同，有的高尚，有的自私，所以高校管理者要引导教师正确地对待和追求利益。

此外，利用利益激励模式实施激励，高校管理者还要处理好组织利益与个人利益的关系。高校管理者应首先关注教职员工的个人利益，因为这是他们最关心和最渴望得到满足的，所以激励效果也最好。同时，个人利益与组织利益并不是水火不相容的，公共利益影响着个人利益，因此，管理者还应将个人利益与组织利益有机结合起来。

（四）情感激励模式

只有外部的诱因而没有内心情感的共鸣，是难以最大限度激发人的积极性的。因此，高校管理者不应忽视涌动于内心的情感激励。情感激励模式强调通过尊重、理解、信任来激励个体。事实证明，心灵上的激励往往比物质激励更为有效。

1. 尊重激励

在高校中，任何一个教职员工的工作都是值得尊重的，同时他们自身也有强烈的自尊需要。因此，尊重是情感激励模式中最为重要的一种情感。采用尊重激励，高校管理者应注意以下三个方面。

（1）高校管理者要认识到自己与教职员工是平等的，自己的权力和地位只能代表在高校中分工和职能的差异，而不应有任何的优越感和特殊性。

（2）高校管理者要认识到尊重表现为自由沟通和善待差异，尊重别人就要给他人表达或表现自己的机会，学会倾听教职员工的意见。当出现差异甚至冲突时，高校管理者要分析教师意见的合理性，虚心接受正确的建议，有技巧地引导偏离的观点，切不可使用命令性或过激的言语。

（3）当教职员工出现不能控制情绪的现象，应宽容以待，找一个情绪平复后的合适机会耐心交流，使其能深刻体会到高校管理者对他的尊重。

2. 理解激励

理解激励就是要使高校管理者能够设身处地地站在教职员工的角度思考问题，而不仅仅考虑自己或自己所在利益团体的立场。为此，高校管理者要尽量走入基层，走进教职员工的工作和生活，了解他们的辛苦和困惑，理解他们的意见和行为。教职员工感受到被理解，自然更愿意努力工作，创造更大的价值。

3. 信任激励

在管理中，管理者如果对管理对象给予期许肯定，一般能获得积极向上的结果。这说的就是信任的作用。作为一种情感，信任可以很好地激励个体。在高校教育管理中，高校管理者可以通过委派教职员工重要的工作、肯定教职员工的能力、欣赏教职员工的人格、与教职员工建立友谊等来表达对教职员工的信任，让教职员工感受到管理者对其工作的关注和认可，激发其责任感和积极性。

高校管理者采用信任激励需要注意以下几点。

（1）合理授权。当因工作需要给下属授权时，管理者应注意认识到放权不是放任，也不是弃权，而是更高远意义上的指导和激励。

（2）一旦任务确定并宣布交由某位教职工完成后，除非特殊情况，一般不应再有变动，要表现出充分的信任和关心，否则会严重伤害教职员工的自尊心。

（3）善于发现教职员工的闪光点，用欣赏的眼光而不是苛求的态度对待教职员工。

五、高校教育管理过程中激励的方法

高校教育管理过程中激励机制的建立并不是一件简单的事情。高校管理者不仅要充分考虑到多方面的因素，还要根据实际情况，有针对性地采取恰当的激励方法，并注重各种方法的有机综合，力求实现全方位、全过程、全员的最佳激励。唯有这样，才能真正调动高校全体成员的工作积极性。激励的方法有很多，但高校中常用的激励方法主要有奖惩激励法、榜样激励法和工作激励法。

（一）奖惩激励法

奖惩激励法就是指通过奖励或惩罚来激励人。美国心理学家桑代克的效果律，就是最早关于外部奖赏作用的研究。效果律包括奖赏和惩罚。桑代克曾经用小鸡进行心理学实验，他发现，奖赏和惩罚都会影响员工的工作动机，而且一般情况下奖赏的作用要大于惩罚。

1. 奖励方法

奖励一般分为物质奖励和精神奖励，物质奖励主要是增加工资、津贴或奖金等；精神奖励主要是指各种形式的表扬和授予荣誉。表扬有口头表扬和书面表扬两种主要形式，口头表扬即用语言直接表达出的肯定和赞赏，书面表扬是用书面记录下来的认可，如先进工作者的荣誉证书，其中，物质奖励是激励教师的基础，精神奖励是更深层次的激励，二者应有机结合，共同使用。

在使用奖励方法时，高校管理者要充分注意以下三个方面。

（1）奖励必须建立在对事实全面了解的基础上，被奖励人员确实是做出了值得奖励的事情。如果不全面了解，可能造成努力奉献的人由于不善表达或表现而被忽略，而受奖励的人并不是贡献最大的人。

（2）奖励必须是对被奖励者有较高价值的，即被奖励者认为这项奖励对自己有重要意义。如果该项奖励不是被奖励者所需要的，就达不到激励效果。

（3）奖励要做到物质奖励与精神奖励相结合，口头表扬与书面荣誉相结合，工作绩效与奖金分配和发展机会相结合。

2. 惩罚方法

在高校教育管理过程中，只奖不罚是不妥当的一种做法。激励有正激励和负激励，而适当的惩罚就是一种负激励。适当的惩罚能够从另一个角度告诉成员哪些行为是组织不认可、要避免的行为。当然，惩罚容易引起副作用，如产生不满、伤害自尊和关系紧张等，在高校中要慎重使用。

使用惩罚来进行激励时，高校管理者要注意以下三点。

（1）分析问题的性质，采取有针对性的惩罚方式。对人员的严重失范行为或违法行为，如故意泄露试题就要公开处理，严惩不贷；而对一般的过错，如迟到、早退不应该严惩，应适当进行罚款、批评教育等。

（2）坚持"对事不对人"原则。惩罚的最终目的是终止不规范行为而转向组织期望的目标，一定要就事论事，客观公正，不能借机羞辱、报复。

（3）当被惩罚的人员改正时，应及时肯定和鼓励，并酌情减轻或撤销惩罚。

（二）榜样激励法

榜样激励法就是指通过满足人的模仿和学习的需要，引导他们的行为向组织目标所期望的方向发展。在高校教育管理过程中，通常利用某些典范人物的高尚思想、模范行为和卓越成就来刺激高校教职员工的上进心和积极性。

运用榜样激励方法要注意以下五个方面。

（1）选对榜样。所选榜样不应该是遥不可及的，应与高校教师的工作或情感是贴近的、关联的，这样才能引起广泛的共鸣。

（2）高校管理者自身应争取做个榜样。具体来说，管理者自身要行为端正，不能恃权搞特殊，要更加严格地要求自己，爱岗敬业。

（3）引导高校教职员工善于发现身边的榜样，并参照榜样来激励自己。

（4）宣传榜样的事迹要力求真诚、平实，不要过分渲染甚至走向形式化，否则会适得其反。

（5）所选榜样要发挥作用，前提是能引起高校教职员工的反思，激发其敬仰的感情，并以此调节自身行为。

（三）工作激励法

工作激励法就是指通过改变分配工作任务和职责的方式来激励高校教职员工的工作动

机，增强其工作满意度和自我实现感。这种工作激励法的核心就是进行工作再设计。工作再设计往往能够使教师对工作本身感兴趣，增加责任感和成就感。以下是几种主要的工作激励法。

1. 工作扩大化

工作扩大化是指通过横向扩大工作范围，增加同类工作的数量，减少高校教职员工对于工作的枯燥感。当然，运用这种方法要注意处理好教职员工疲惫的问题，否则，只会增加教师工作的负担而起不到任何的激励作用。

2. 工作丰富化

工作丰富化旨在向高校教职员工提供更具挑战性的工作。进一步讲，它是对工作责任的垂直深化，能够使高校职员工在完成工作的过程中，有机会获得一种成就感、认同感、责任感和自身发展。

高校管理者在工作丰富化的过程中，要做到使教职员工工作的难度与其自身能力相匹配，工作的责任与授予教职员工的权力相结合，要把有关的工作业绩及时反馈给教职员工。

3. 工作轮换

工作轮换是指让高校教职员工定期从一种工作岗位轮换到同一水平、技术相近的另一个更具挑战性的岗位上。

4. 实施弹性工作制

弹性工作制就是指高校对教职员工的工作时间不做统一规定，在保证完成一定的工作任务或固定工作时间长度的前提下，员工可灵活、自主地安排时间。对于高校教师而言，既要承担教学任务又要从事科学研究，而且很多教师对研究环境、最佳学习时间都有一定的要求，如果只拘泥于形式，严格要求坐班，可能导致研究数量和质量的下降。因此，弹性工作制无疑比较符合高校教师工作的特点。

此外，弹性工作制还充满了人性化管理的关怀，能够使教职员工更好地平衡工作与生活，在工作时精力更充沛，情绪更饱满，工作效率更容易提高。可见，高校实施弹性工作制能够起到较好的激励作用。

第四章　教育信息化背景下高校教育管理问题及策略

第一节　教育信息化管理问题影响因素

一、了解教育管理信息化不够全面

对于教学信息管理的重要性，高校的了解程度高低不同，规划和决策机制也不够全面，对相关人员的安排不够合理，并且无相应的信息和科学队伍，落后的思想，复杂和混乱的局面，仍有大量的工作，目前还不能充分利用信息技术，成套的科学管理机制至今也没有被开发出来。电脑的出现，使办公更加轻便。互联网的普及使教育信息化成为可能，但也有些管理者害怕员工的热情会因为信息技术的发展深化而淡化。

二、领导及协调没有落到实处

高校信息资源建设缺少有效的引导和调和，教育行政部门在宏观层面上促进信息资源建设不够；缺乏统一标准，在开发方面导致重复建设，以及兼容留藏在高校；少有调和性，在信息资本的建设少有协调和互助，散布的人力和其他原因致使的信息资源改建、信息资源建设严重滞后的实际情况。

三、成套的政策支持与合作机制极少

高校的开放得益于教育治理信息化，信息资源的共用又得益于高校的开放。在高校的建设中存在着各自的为其利益较为封闭的运行体系，而资源共用、教师个体权益的重新分配，支持及调和的方法的创新，都是急需解决的问题。另外，教师综合素质的要求，对现今适应信息时代的能力，在对他们教学的评议中都应有表现，同时奖惩与激励方式亦应创新与改进。因此需要构建科学的教务治理系统。

四、师资队伍建设跟不上信息化建设的脚步

一是因为传统教育观念对教师根深蒂固的影响作用。二是在新时代背景下，对老师的能力有了更多要求，无论是知识结构，还是管理知识、技术知识等具体知识，以及思维和极佳的融合书本内容与网络信息能力，以及在组织教学活动中有意识地使用信息技术手段也是必需的。然而，我国高校的教学人员，这些素质和能力都比较薄弱，所以在信息化与科学化背景下的教育管理工作的要求不容易实现。

五、用于教育管理信息化建设的资金有限

教育管理信息系统是一个复杂整体，由一系列软硬件组成。必须有足够的资金支持，这样才能确保顺利进行。然而，在经费问题上，目前我国高校很难保证有足够的资金，因此限制了教育中信息化建设的进展。

第二节　高校教育管理信息化路径

一、创新高校教育管理体制

（一）高校教育管理体制需要在信息化下进行改革

管理系统包括三个方面的内容：隶属关系的确立、组织结构的建立和管理权限的划分。高校教育管理系统是指对高校教育管理的组织结构和权力归属进行划分，划分的时候既要注重培养目标的特殊性，又要体现教学水平，更要遵循教育教学规律。这隶属于大学的管理体制。传统的大学教育管理是金字塔结构，是由官僚式组织结构形成自上而下的模式，"强调管理结构位于上层组织结构上的责任和权威"。教育机构是这方面的代表。教育家罗泰（Lortie，1969）曾表示，学校里面，管理权集中在顶端，权力集中分配，按等级分配。他要求改变传统的教育管理体制，创新教育管理体制。

在当今信息时代，学校的环境变得更复杂、更多样，要求学校的管理方式既要多样化，也要兼顾个性化。传统的教育管理体制不灵活，对于内外环境的变化应对不及时，过于僵化。新技术环境冲破了原有教育结构的刚性布局，僵化的条理信息传达形成了灵活多变的结构和扁平化的信息传递渠道。因此，对传统校园教育管理体制进行改革是必要的。在改革过程中，信息技术提供了强有力的支持，为教育管理体制改革注入了新的活力，在学校管理组织体系中应用广泛。由于本系统通过基于一个根本不同的校园网教育管理体制改革方案的实施，校园网的教育管理往往从学校的草根运动的成长，中层管理是一所学校的教

职员工和学生的主要用户。广大师生都是网络信息技术的拥有者，他们具备参与改革的知识和能力，是教育管理体制改革的领导者。同时，信息社会的到来，对教育管理者的素养提出了更高的要求。

（二）高校教育管理组织机构的变化

我们可以从以下几项对组织的结构进行评价：①责任性，组织的每个成员都应该对组织负责；②适应性，组织要经常随时间变化并进行革新；③及时性，要及时、迅速完成工作；④响应性，对组织外部环境需求，要及时响应；⑤效率，组织成员要可靠地完成任务，还要有最小的出错率，并且要考虑资源的经济性，简单说就是又快又好。但是目前的教育管理组织结构是一种官僚主义，我们要改变目前的这种结构，这样才能提高高校教育管理的效率。根据以上几项要求，需要一种扁平化的教育管理组织结构，对官僚制组织结构进行改革。高校教育管理是指要取消教学机构管理组织中的大部分中间管理层，加大管理组织的扁平化，达到减少中层管理团队的目的。在大数据环境下，教育管理组织的扁平化是有可能的，也是必要的。有以下几点原因：①对组织结构进行扁平化处理，有助于充分发挥基层管理人员的能动性，给他们以更广阔的发展空间；②大量烦琐的、需要人来完成的工作，可以由计算机或者自动化设备完成；③由于网络交互的特性，决策层和执行层的信息传递更加方便快捷，一些中间层管理机构可以取消，使得加强管理幅度成为可能。

（三）高校教育管理权限的重新划分

高校教育管理的组织环境下大数据趋于简化，但组织关系更为复杂，这是因为缩简机构、减少管理人员的数量，导致机构之间、管理人员之间以及机构和管理人员之间的关系更为复杂。

对高校来说，高校层面是宏观层面的管理，教学质量与高校层面的有效协调与控制有着密切的关系。因此，高校应对整个学校的所有专业进行管理，具体内容包括领导学校招生和分配工作，对全校教育管理的重大问题出决策，制定学校教育管理规章制度，建立科学合理的教学质量评价体系，制订合理的培训计划，制订或修订教学计划的要求，对实习进行安排、对公共选修课和文化素质课进行安排，对学生进行管理，加强教学科研所需的信息系统以及教学基础设施的建立。当然，在这些管理活动中，老师和学生的意见不容忽视。学校管理系统的职能首先是宏观管理，其次是为教学工作提供方便，最后是决策。这些管理活动在不同部门的分工不同，赋给各部门的权限也不同，怎么分工，如何赋权，值得探讨。学校（系）级各部门有着比较完整的教学管理组织结构，如有多个部门和相应的教学秘书，有教务处，对学生的工作负有特殊的责任，还有分配学校教育经费的权力、制订各学科的教学计划，负责部门课程安排、教师安排的权力；制定更加详细的专业教学，如组织的教学研究活动、教学质量评价、各种考试的组织、实验设计和实践安排；负责学院和学校的学生奖惩等处理以及院（系）、学校教学之间的协调问题；等等。在这一系列活动中，师生参与决策。

从高校教育管理涉及的系主任或部门负责人的教学，与相关负责人、副校长、主任及教职人员、教育管理人员、师生。如何将教育管理权进行合理分配？这里着重介绍老师和学生的权利。传统的教育管理权主要归校长和负责教学工作的副校长所有，教学活动在教学部门的领导下开展，老师听从院长的安排，按照同一教学课程标准对学生进行知识的传授。教师布置要学习的各种知识，学生学会如何学习，至于要学什么，在教育管理中，谁也没有发言权。也就是说，教育管理的权威掌握在学校的领导手中，教师和学生手上基本没这方面的权利。为了让教学活动变得既有效又有趣，应该将更多的权利和更多的自由给予教师和学生。首先，教师和学生在涉及教学层面的重大决策和决议，都有评价权、提案权甚至决策权，而且这些权力应该设立具体的规章制度，进行保障。其次，对于教师，他们可以选择教学对象，研究项目，并得出自己的结论；对于学生，在正确的方法指导下学习的前提下，具有选择选修课程的自由、选择相关的专业的自由、选择教师的自由和选择学习内容的自由，并且能够形成自己的自由思想，参与教育管理评价。

二、改革和完善高校教育管理

（一）引入先进的管理思想

只有在先进管理理念的指导下，教育管理才能发展起来。在教育信息化背景下，高校教育管理者除了要具备教育管理能力外，还应具备先进的管理思想：

第一，主动适应的思想。主动适应的思想是指教育管理工作应主动适应社会发展需要的人才培养，随时随地捕捉信息社会对人才的需求，及时调整教育管理思路，顺应时代的潮流。主动适应性思维将成为高校教育管理的指导思想，教育管理的主动适应性思维是强调适度分权，针对内部要素和外部环境的变化采用灵活的态度来应对。

第二，以人为本的理念。学校管理的中心工作是教育教学管理。以人为本的管理理念，首先体现在管理过程中强调人的主体地位，使得教师和学生在工作和学习的过程中，参与管理活动的同时，提高身心、能力、知识等。教师和学生的创新使巨大的潜力得以发挥。学生是学习的主体，教师是教学的主体，他们的创造性、积极性的潜力，对提高教育管理的质量起着举足轻重的作用。因此，在管理过程中要以充分发挥和调动教师和学生的创造性和主观能动性为根本，在所有的管理活动要注意到各个方面，才能提高教学质量。

第三，全面质量管理思想。从根源上说，全面质量管理的思想可以追溯到美国的管理思想。全面质量管理，按国际化组织（ISO）的定义是指"一个组织以质量为中心，以全员参与为基础，目的在于通过让顾客满意和本组织所有成员及社会受益而达到长期成功的途径"。

在高等院校的教育管理中实行全面质量管理，主要包括以下三方面。

（1）全过程的质量管理。要保证以教育目标为中心，有序地开展教育教学活动，要管理教育教学各环节的质量，并对各环节的"接口"进行管理，抓住教学教育过程的各个环节，确定各个环节达到预先设定的质量标准。

（2）全方位的质量管理。要进行综合性的管理，只要是影响或涉及教学质量环节和因素，就要考虑。比如，对后勤服务、管理等部门的工作质量进行管理，他们的工作都会影响教学质量和教学工作，这就是我国高校的实际情况。

（3）全员的质量管理。学校的各个部门、每位成员（包括全体教师和学生）都应该主动积极地参与质量管理，努力提高工作质量，以培养高素质的专门人才。

（二）利用信息化手段改革教学计划的管理方式

要深化教学改革，改革教学计划，好的教学计划才能保证好的教学质量。制订好教学计划，是建立教学体系、安排教学任务、组织教学过程的基础。教学计划一般是在国家相应教育部门的指导下，从教育全局出发，由教育学家或相关人员制定的、符合教学规律，一段时间内稳定不变，但从长远来看，也要不断及时调整和修正，能够适应社会的新发展、经济和科学技术的进步。

教育管理者要改变传统的教学观念，及时修改和调整教学计划。原因有以下几点：一是从社会对人才的要求来看，是因为当今科学技术和社会经济人才发展的要求越来越接近，要结合社会对人才的要求制订教学计划。二是从人才的成长来看，大学只是人生学习的一个阶段，是终身学习的重要组成部分，不是学习的终点。所以在大学阶段，既要学好专业知识，更要学会学习，还要学会生存，学会共同生活，学会做事，也要注意创新能力和创造能力的培养。三是从整个世界来看，中国已经加入 WTO，经济全球化的趋势发展迅猛，中国的人才要走向世界，参与国际竞争，中国教育也要注意国际化人才的培养。

信息化时代要求我们紧跟时代潮流，准确预测社会对人才要求的改变，培养符合国家要求的人才。要达到这一目标，我们应该充分利用信息技术，制订教学计划，并对其进行实时监控和及时反馈，制定对教学方案的评价标准，使高校毕业生满足社会的需求。

（三）大数据环境下高校教学计划的制订

第一，教学计划应该满足以下几点要求：①客观性。要尽量按社会主义市场经济的要求，设计多种人才培养模式，要尽可能多地考虑未来环境的变化，设计多种智能结构。②灵活性。学生要找到适合自己发展潜力的模式，学校要尽可能提供不同种类的多种模式，具体方法可以参考以下建议：学分制方面，可以采用完全学分制。随着信息技术的不断发展，远程高等教育也得到了长足发展，任何科目、任何内容，学生都可以借助网络进行学习，不限于时间和空间；安排教学时，信息技术应该被充分利用，学生有一个充分选择的空间，也要针对不同学生的不同特点设计符合其个性的教学过程；应该将学生培养成整体素质高，基础知识扎实，专业能力也不差，注重知识的全面发展，能借助网络拓宽自己的知识面，具有终身学习的能力的人才。必须承认大学生的各种类型的要求不可能有一个统一的标准，我们要鼓励自由发展。

第二，制订教学计划的一般程序。社会更广泛的调查，经济和信息技术中使用的人才技术发展的需求，对培养目标和业务类示范专业分析；了解有关文件精神和规定的注册研究；提出的意见和部门的学校教学计划的要求；（所）主持制定教学纲领，系（院）教学委员会进行审议，由学校教学工作委员会复审核查，核查签字后由执行校长签字确认。

第三，大学教学计划的内容，主要包括以下两个方面：确立合理的专业培养目标，设置合适的课程。因为专业培养目标的质量标准、课程的设置与人才的发展息息相关。本节主要研究专业培养目标的确立与课程的设置。在专业设置和专业培训目标的确立上，主要应用了调查的方法。调查的基本步骤包括：①凭借履历或理论分析提出若干备用的选项；②发放调查问卷，让被调查者在备用的选项中选择自己的意见或建议；③对调查结果进行统计分析，按照选择次数的多少对各个选项进行由多到少排列；④制定规则，看看哪个选项应该占的比重较大。在整个过程中，要充分利用信息技术，借助网络收集信息，收集完后可以借助计算机对调查信息进行统计分析，得出结果。同时还应注意以下几个方面：一是要进行可靠的预测，对毕业生的就业情况有一定把握，毕业生只有满足社会的要求，高校才能有较高的就业率。二是引入更多的优秀教师，完备实验仪器和必要的书籍，生活设施也应该尽量完善。三是要有尽可能放宽口径，形成宽口径专业教育模式。目前的情况是教学信息越来越容易获取，学习知识也变得更加容易，但是要进行知识的重组和创新变得比较困难，所以我们要重点提高学生的综合素质。四是要有学校自身的特点，学科建设要结合学校的地域优势和传统优势学科。五是考虑专业的冷热门问题，并及时调整，满足需求。

信息时代下，高校要实施教育教学管理需按照以下几点来做。在这之前首先要肯定的是，应保持相对稳定和严格的执行教学计划。为此可以制定以下两条准则：一是通过注册表或系统执行制备，将其分为学期教学计划和年度教学计划，制定工作表，安排好每个学期的教学任务、教学教室等；二是由相关部门制订教学组织计划，如社会实践计划、实习计划、实验教学计划、培训计划等。要制定适当的政策和环境以及保证教学基础设施，还有教育管理和教师、学生相配合，分别是教学计划顺利实施的内外部条件。在这个过程中要把握五个方面。

一是要切实维护教学计划的严肃性和权威性，严格遵守教学计划，可以适当调整；二是在具体的实施过程中，严格选择计划材料，遵照教学大纲的要求；三是加强教师群体的力量，确保教学第一线与教学计划一致；四是制订教学质量评价方案并严格监测执行，可以借助信息技术建立自动的监测和反馈系统；五是教学组织与管理要严格按照教学计划进行。

（四）改革学生的培养方式与管理模式

信息时代要求人才具有更高的素质，改革人才的教育方式和管理模式是必要的。信息技术为这项改革提供了条件，有学者认为数字媒体教育的真正贡献是，它具有弹性，使每个人都能找到适合自己的学习方法。它也使每个有抱负的教育家梦想成真，在未来的学习环境中，每个学习者都是特殊的。

大数据环境下改革学生的培养方式主要体现在以下三个方面：

一是在教学中促进"参与式"（也称合作教学或合作学习）的教学方法。这种教学方法以提问式教学、开放性内容为特征，问题无标准答案，作业、论文也很少甚至没有，能带给学生自由思考的充足时间和空间。利用网络技术和计算机技术收集相关信息来解答问题，通过对问题的解答来完成学习过程。在这个过程中，学生不仅掌握了借助网络解答各种问题的能力，而且学会了与"问题"有关的知识。同时，针对不同的学生，基础和综合研究推广，三层次的学习和培训，因材施教，针对学生自身的特点确立合适的培养目标，设计制订严格的学生学习计划，尽可能让每个人都能得到很好的发展。

二是努力培养学生的社会实践能力，加强实践教学。很多情况下实践和实验资源的不足会影响实践教学的水平。资源不足的情况下，我们可以利用计算机和网络，编制软件，这个软件具有虚拟实验室的功能，学生可以模拟操作。如利用计算机软件在虚拟实验室中解剖青蛙（数码青蛙）等。虚拟实验室的优点是成本低，而且实验失败，方便重来，学生可以反复练习，直到熟练掌握；也可以模拟实验现场肉眼不可见或实验过程非常危险或实验环境确实难以建立的情况，来尽量满足实验的要求。

三是鼓励学生跨学科学习，培养全面型人才。当今社会，随着信息技术的发展，新的学科不断涌现，这些学科大部分是由学科交叉形成的。建立交叉学科培养机制，培养学生跨学科背景。在基础学科和谐的高校中，打破不同专业教育壁垒，要创建跨学科教学的培养机制，可以借鉴国外成功的跨学科教学的经验。具体实现过程如下：以培养计划为基础，为学生选定必修课程，包括文学、理学、工学等多个领域，以此来培养学生的综合分析能力，激发学生的创新能力。要提供多种专业、多类课程、多个教师供学生选择，学生可以根据个人兴趣制定自己的培养目标，自主学习。让学生跨部门、跨专业、跨班。高校应完善相关课程，抓住交叉学科的新增长点，组织多学科的力量开展教学，配备必要的教师，形成跨学科的教学模式，培养学生的创新意识，引导学生探索新的领域，全面发展自己。

在学生培养模式改革的基础上，学生的管理方式也发生了很大变化。目前，大多数高校实行学分制，这是在计划经济时代就形成的管理模式，灵活性不够，刚性太强，共同约束力也太多。在当今大数据环境下，对学生的管理，我们更加提倡注重学生个性化的模式。教师管理系统以学生为中心，学生为主导，教师为辅助，建立学生服务中心。具体操作方法如下：一是建立心理咨询、急救救援、工作研究、学习指导机制，建立相应的社区管理部门；二是以学生宿舍为基础，取消班级，由8~15名学生与老师形成一个整体；三是由研究生或高年级优秀学生协助管理学生，为学生提供指导。这种管理模式可以实现学生的自我教育、自我管理、自我服务，有利于培养学生的综合能力，帮助学生积极发展。

（五）加强课程教学管理改革

从某种意义上讲，课程比专业更重要，因为课程体现了专业。我们要给学生制作一桌丰盛的"宴席"，不仅要开出个好的"菜单"，而且每种"菜"都至少得是爽口的。

在信息时代，知识变得越来越重要。高校课程体系优劣可以从以下几个方面进行评估：一是课程体系的整合，对不同学科之间的课程研究越深入，整合程度越大；二是课程体系的完整性，课程越多，内容越丰富，体系越完整；三是课程体系的可持续发展，是指科学技术的变化和发展，遵循社会课程体系，及时自我调整和自我更新；四是课程体系的平衡结构，课程是指原发性和继发性，层次结构和内部关系和相互之间的配合度。根据这些指标，在优化课程体系时，我们应该注意以下几点：

首先，注重更新教学内容，教学内容要具有思想性、科学性、前沿性和创新性。课程内容要及时更新，可以将最新的科学研究成果引入课程，激发学生的学习兴趣，进行课堂教学和网络教学相结合的方式，积极开展网上教学。

其次，要重视跨学科课程建设，重视理工科类和文学类学科的相互渗透，密切关注综合学科和交叉学科的创建。还应该注意教材方面的问题。目前的教材都是很久之前的老教材，教材的利用率不高，而且新教材很少。经过对教材展开调查，我们发现 5 年前编写的，在本科教育教学的比例占到 50%，3 年前编写的教材占 30%，新教材中的比例太小。为解决这一问题，高校教育管理者应制定相关政策，指导和支持新教材的建设和使用。在师资培训方面，应加强师资队伍建设。前哈佛大学校长科南特曾说："大学的荣誉不在于学校建筑的数量，而在其教师的质量。"

再次，要重视总结近年来课程体系改革和教学内容的成果和经验，并从中吸收有用的成分，积极扩展教学内容，进行教学改革。我们还应该增加课程的种类和数量。

最后，注重课程比例的合理设置。现今高校基本都实行学分制管理，学生的课程分为必修课和选修课，必修课和选修课之间必须有合理的比例。目前选修课的占比比较低，有待提高。同时也可以在必修课程中加入选课系统，选课义务机制引入课堂，使义务范围较大，如数学、物理、计算机应用、英语课程有不同的等级，在理论分析中的一些重点，在实际应用中的一些重点，学生可以根据专业方向和自己的兴趣选择相应的课程。

（六）教学评价体系的科学化和规范化的建立

教育评价中教学评价是至关重要的，教学评价就是依据特定的教学目标于一定的教学系统里收集信息、精确理解，再科学而全面地分析，从而使评价更客观，并使教学质量的提升有依托，也为改革提供凭据。教学评价的教学意义十分重要，它可以用来指导，也可以帮助决策，还能进行适当的反馈。基于提升教学品质的目的，中国多数高校进行了教学改革，并主动进行教学的评价。

依据高校教学的特点，教学评价的体系应当全面且多元化。最先要清楚并确定的是教学评价的对象和主体。一是教学评价的对象。按对象分有三种：整体教学评价、专业教学评价和教学评价。对一所学校进行教学评价要有宏观的观点，对环境质量、办学水平以及专业人才进行全面的评价；对专业的学校和教学水平深入而全面地评价就是教学评价，主要应注意教学质量和办学特色；对综合素质进行一个微观状态下的过程评价亦是教学评价，而较为基础和重要的是高校教学的评估。此处说的是关于课堂的教学评价。二是教学评价主体。主体多样才能更全面而深入，有自评和他评，去评价自己和教育对象，还有学科专家、管理干部、领导和社会来进行评价。依托现在的网络和计算机技术，使用软件对信息进行分析处理是现今通用的。

还应有不同的评价标准，施行多元的评价标准。就学生而言，不同情况标准应不同，如学校、专业和年龄等。可以由以下几个方面决定：

第一，个别学生的多样性。个别学生差别甚大，不仅与先天遗传因素有关，后天的环境和教育因素也起作用，每个学生对于自己的意识还有自己付出的努力不同，都形成了个独特的个体。

第二，不同来源的学生。高等学校的学生来自不同的地域，生活的环境、文化和年龄存在差异，人员素质也各不相同。因此，高校是否针对不同的学生制定不同的标准，比如年龄大的学生是否需要上体育课，学生是否可以在学习期间结婚并生育子女等。老年人要不要上体育课，学生可不可以成婚并孕育？

第三，信息化所带来的信息获取途径的多样化。"人类的教学信息的获取与交流已从重重力（Heavey gravity）的报纸时代和广播电视时代发展到零重力（Zero gravity）的数字信息时代，人们可以自由地进行信息交流，就像航天员在太空失重环境中身体可向任何个方向移动一样容易。"

以上使教师在评价时不能用相同的标准，应当各有标准。就考试制度改革现阶段的具体要求来说，考试是教学质量的证明，同样是考核的重要方法。临时抱佛脚死记硬背可能会取得好成绩，但平时底子好的学生也许就不能筛选出来，这样教学质量的审查就有些偏颇了，不能很好地检测学生的学习程度和能力。就教和学评价方面来说，在过去重视老师教授及学生获取来看，理应让学生学会创新并有实践的成果。考试制度在大数据条件下的革新应表现在：在考试内容方面，要侧重展现让学子的运用知识的能力，有其全面解决问题的方案；在考试记录方面，把握素质教育，不要使框架固定不变，一定情况下不用百分制进行评分；处于考试时注意比例的等级；对教学和考试系统的考试改革分离的实施，建立专门的检测中心，要把握好基础课的考核各个过程，不管是命题还是检阅试卷都要搞好质量的查验；检查考核的方式也应有创新，如采取写作，撰写研究报告、研究文献综述，产品设计等方式，这样有利于学生的思维能力以及创造能力的提高，如关于增加测试计算机课程实验教学内容设置综合性和设计性实验中，实验教学的考核侧重于基本操作测试。

教学评价方法。现今存在多种教学评价方法，如定性和定量评价、综合评价和专项评价、诊断性评价和总结性评价等等。不管哪种评价方式，都应该特别关注：一是评价和固定时期的评价综合考虑；二是综合评价和评价这三者的融合；三是定性定量评价相结合的评价；四是客观评价和自我组合评价；五是回顾和评价相结合的评价和展望；六是与毕业考核联系起来；七是评价与评估的全面考虑；八是评价成果要与教学结果挂钩。

三、建设一支高素质的教育管理队伍

有各种原因影响教育管理的质量，包括人力、财力、物力、信息等。具体有人、教师、学生、教学人员、教育管理、图书馆的工作者等。教育管理者是首要的，因为人是主体更是管理的第一位的因素，全部都要人来组织和实行。写出有关教学规划和纲要以及安排学习内容、课程安排、教材预订，包括学生的考试、毕业设计、实践等，各个阶段必须有教育管理者的加入。基于大数据时代的情况，教育管理质量日益受到多方面影响，其中信息更是关键要素，且各种原因日渐复杂。并且教育管理应该是管理的特别、管理的目标、管理的深度、管理的改革的精神，想实现管理的效能，高素质的教育管理队伍至关重要。怎样建立一支高素质的教育管理队伍？

从教育管理人员素质现状和教育管理队伍素质现状两方面分析教育管理团队的素质。

首先，教育管理现状。高校教育管理人员由不同管理人员构成，如研究生、普通全日制本科生、成人教育人员等。

目前教育管理人员素质方面的缺失：

第一，知识结构不完善。很多教育管理人员没有系统学习关于教育、管理及心理学的学科知识，甚至没有相关岗位的工作经验，还极少有深造的条件。在实际工作中，单单经过指导和实践一些经验，管理者自身深入了解及回顾概括得太少，没有涉及关于管理的知识，因而知识的结构不完善。

第二，知识不断更新。现在的知识逐渐陈旧，人们必须随时了解新的知识。人类社会进步越快，新旧知识更替越快。传统的教育管理理念在教学体系中起着教学的作用，教育管理人员只从事工作的事务，不需要相关的专业知识。这种思想的影响下，大部分的教育管理人员都不学习和改进自己的工作。他们中的一些人拒绝学习新的教育管理理论和网络技术，有些人想学习新的知识理论的实践，但由于各方面原因，如在学习企业的管理、不断提高自己的知识方面，跟不上时代的步伐。

第三，高校管理者较于老师，工作时间、薪酬、职称各不相同，导致很多管理者出现心理问题，特别是情绪差，幸福感缺失。教育管理者的创新能力相对较弱。

第四，信息管理意识淡薄，管理效率低下。人们不懂也不愿去提高现代信息技术的使用效率主要有以下几点原因：一是教学人员对信息技术了解的少，由于没有具体的使用要求，对于怎么使用信息技术无从下手，更谈不上利用信息技术；二是中层管理干部因为受时代的局限，很少懂得电脑技术，对管理信息不太关注甚至不喜欢，同时害怕自身权威的下降；三是管理人员习惯了一直以来使用纸张记载，在原先比较全面的信息管理系统下的信息发生变化，或者改变生活习惯，没有修改的内容感知的数据库信息系统，所以数据不准确；四是高校行政管理仍存在"大锅饭"现象，新技术的运用与管理人员自身权益没有较大关系，就没有压力感；五是就算信息管理系统相当完备，然而由于各高校软件应用不同，无法共享和交流，使得管理者的积极性降低。

第五，教育管理队伍现状。一是高校教育管理队伍整体素质低，流动性强。原因是高校管理者了解教育管理的重要性，在以往的教育管理中，高校领导干部基本上是从教学或研究前沿阵地转岗，从事行政工作和教学任务。他们不重视教育管理，管理业务不更新，对教育职称评定和科学教育管理有太多影响，没有好的待遇，流动性强，高校教育管理队伍结构不合理。目前，教育管理团队满足不了时代要求，教育结构不合理，知识结构和能力结构欠缺。

四、高校教育管理依托于大数据下的发展

（一）完善教育管理制度

教育管理系统是根据国家教育法律法规等，由上级领导部门决策并指示制定条例与规则，作为教育的重要手段，维护正常的教学秩序。

在高校的教育管理制度中主要有四个部分：关于教育材料的管理，如教学的计划、课程安排和总结等；关于学校学业进程的管理，如考试、教课进度、资料档案管理和课程的调换等；关于教师和教育管理人员的责任和奖惩制度；以及学生管理系统，如学生的代码、测试代码，本科实习要求等。

为了提高教学质量，不仅要有教育管理制度，立足于各校实际，还应设立新的制度：第一，对于教学工作应多开会讨论，会议制度要详细确立，使教学制度化；第二，要对领导加以制度化和规范化；第三，应合理安排考试，重视管理考试程序并制度化；第四，建立和完善毕业生就业质量评价体系，不仅要分析评价结业论文，还要进行后续跟踪，对毕业生多加关注；第五，应聘请专门人员做好监督工作；第六，研究革新教学工程体系；第七，职业教育的评价也要标准化；第八，教学结果的传送，如四、六级和全国计算机考试的合格情况、职称结构和教师资格、条件成熟时学校和社会问题。

依托于大数据对高校教育管理制度还要添加辅助的条例：从信息标准的角度出发，教育部在2002年和2003年分别出台了关于信息化标准的条例，并且高校教育管理信息化应建立在国内外的交流基础上。再从高校信息化相应体系出发，校园网络还有图书馆是校园信息传播的两项重点工作，因此要加强建设，要有配套的管理方法。聘请计算机技术专业

人员组成培训团队提供培训和指导，提高教师和教育管理人员的操作技能。教师和教育管理的人员对信息化的发展有极大的作用，两者的能力可以用来评价信息化水平的高低。

（二）发挥好校园网推动教育管理的作用

环境是基础，教育管理的基础就是校园网络平台的建设，如今的教学离不开信息平台。所以，一要特别注重校园里网络的作用，尤其多考虑整体的发展，合理计划，二要统筹设计，充分考虑并实行网络的开拓，软件开发和校园网建设应与实际相结合，做好网络接口，分阶段利用有限的资金，使效益最大化。三要软件、硬件两手抓。一般软硬件要结合起来共同建设，由于设计软件耗时长，在网络改进时耗费时间更长。教育管理的一个信息系统是由多方面组成的，因为教学过程是分阶段的，从管理到实施，再到结果的查询和意见的反馈。系统可以自主设计，也可以购买，但要注重软件合适性和公用性。四是专门的应用，三分技术，七分管理，如此才能达到最好效果。现今网络由于缺乏管理，使得网络的应用出现很多问题，甚至难以使用。学校方面，应该安排认真负责、技术过硬的老师去管理校园网，同时推动互联网的使用。五是增加深造培训。校园网影响全校教育管理人员、教师和学生的校园网络生活。学校应重视教师实施优化管理以及专业化的教育培训，合理制订规划，使教师、学生和管理人员能够充分应用校园网满足各自差异化的需求，产生对校园网的认同感，而不是对其抵触。六是加强使用。最终的目的是创造效益，只有加强对校园网的应用程度，加大对校园网的完善力度才能够真正发挥和增强其价值。

（三）教学要有足够的投入

如果没有丰富的物质资源作为支持，就无法保证价值的发挥。学校经费是教学运行的基础，好的高校一定有充足的资源。目前，我国高校教育管理存在如下问题：。首先，教学中经费不足的问题。我国高校经费一般由政府投入。然而，由于财政收入不足，投资是非常有限的，因此，教育经费存在短缺现象。其次，资源投入缺乏领导力。由于种种原因，校领导对教学条件和教师不够深入了解，造成了教学品质降低，教师与教育管理人才投入不足。最后，部分学生不够勤奋，不能在学业上投入充沛的精力。事实上，高校对人才的培养，不仅要求硬件资源还要求软实力的投入，只有两方面兼具，才能实现高效率的管理。为此，笔者提出以下几点建议：第一，不单单依靠政府投入，还应建立各种投资系统，从不同主体入手，寻找不同方法；第二，合理划分经费投入，有些校园管理层认为教学是重点，导致了费用的不合理分配；第三，提高教师的待遇，减轻教师后顾之忧，使教师专心致力于教学，改变教师短缺的现象；最后，加强学生管理，增强学生学习的动力和压力。

第五章　教育信息化背景下高校教学管理研究

第一节　数字化新媒体给高校教育教学管理带来的冲击

在高校教育教学管理过程中，教师通过数字化新媒体的使用不断发展数字化新媒体教学管理内容，通过数字化新媒体的服务属性提升高校教育的教学引导属性，现就数字化新媒体对高校教育教学管理带来的冲击及对策研究进行简单的分析。

随着我国新课程教学改革的深入、数字化新媒体的不断普及，越来越多的高校教育开始重视新课程教学改革的理念和发展思路。高校教育管理工作中对于新课程教学改革的研究也在不断深入。在这样的教学发展环境和背景下，数字化新媒体的发展速度和实践检验成果取得了一定的成绩，数字化新媒体的教学管理形式以及其教学模式固有的优点都在一定程度上利于其传播，变相提高了高校教学管理发展的效率。

一、数字化新媒体教学模式固有优势分析

数字化新媒体的发展和应用对于高校教育教学而言是一个全新的机遇。作为教育信息化背景下的产物，数字化新媒体凭借开放性、即时性和互动性等特征迅速实现了普及，在极大地提升信息传播效率的同时也丰富了信息资源的内容，提高了质量，使各行各业的人都能从数字化新媒体中获取有价值的信息。在高校教育教学管理工作中，数字化新媒体为其提供了海量的数据资料，也拓宽了教育教学管理的渠道，使之更加人性化和多样化。数字化新媒体主要以平台的形式出现，这是一种由光、电、声音相互结合而产生的适合不同时间、空间的人相互交流的虚拟场所，尤其适用于高校灵活多变的教育风格。数字化新媒体通过创造一种大学生乐于接受的教育氛围和情境，成功地在教师和学生之间架起了相互信任的桥梁，符合大学校园自由平等的理念，也便于教育管理者进行价值观输出和思想熏陶。正是因为以上种种原因，数字化新媒体教学模式才得以在高校中落地生根，而且目前已经发展到了新的阶段。

数字化新媒体教学模式从我国目前的高校教学应用和发展来看，其固有特点和优势在于通过数字化新媒体本身可以建立良好的公众平等交流平台。在这个平台上，学生与教师、

教师与教师以及学生与学生之间可以进行良好有效的交互式沟通，不仅可以表达自己对于不同事物和不同教学内容的理解，还能接受不同的教学信息和别人的认知理解。在这个开放的半社交平台上，还可以发现数字化新媒体教学模式的其他优势，比如，信息流通的速度远远优于传统的教学模式，而且通过数字化新媒体教学模式进行的信息传播往往可以实现新闻的时效性，从根本上提高高效教学管理的基础价值。相较于传统的教学模式来说，数字化新媒体教学模式的多元化内容是非常有价值的，越来越多的数字化新媒体平台开始出现在高校校园中，不仅提高了学生的学习资源丰富程度，还能在一定情况下实现平台之间的优胜劣汰，让高校教学管理从根本上进行完善和改革。

二、数字化新媒体给高校教育教学管理带来的冲击

在我国当前的数字化新媒体平台中，比较突出的有微信、微博等，高校学生从自身的使用情况可以看出这两个数字化新媒体平台的普及程度。学生之间每天都会通过数字化新媒体进行互动和信息交流，在平台中树立自己的形象，与他人沟通增加影响力。这些数字化新媒体平台所蕴含的信息交流价值是巨大的。

在教学内容管理上，数字化新媒体教学模式更是从根本上改变了传统教学模式的弊端，让教师在高校阶段的教学课堂中不再局限于传统的教学思路，在平台化的教学模式和教学发展中，教师有了更加多元化的教学手段和教学思路。从教师本身来说，数字化新媒体教学模式不仅可以帮助自身完善教学素养，提升自己的教学水平，还能最大限度帮助教师实现与学校教学教育发展的关联性。教师在不断实践探索的过程中挖掘自身的教学问题，通过数字化新媒体教学模式帮助整个科目教学建立良好的教学体系，而且数字化新媒体教学模式的公开性质教师不会因为传播途径受到负面影响，对于教师自身的教学水平和教学规划也产生了一定的推动作用。

数字化新媒体教学模式本身具有的平台价值对高校教学建设发展来说是具有非常大冲击力的，除了上文所提及的部分优势和发展方向外，数字化新媒体教学模式还在一定程度上为高校教学建设管理带来了负面影响，简单来说，数字化新媒体教学模式就是平台化教学的推广，在高校教师实践高校教育教学的过程中，平台的推广有可能使一些教学之外的内容进入学生的视野，不能保证这些信息对学生的影响都是正面的，学生接触的不利因素越多，对学生的影响但越大，比如，近几年影响特别恶劣的校园贷款等。

在师生关系上，由于数字化新媒体技术能够扩大学生与外部世界的广泛联系，学生可以利用网络等各种现代通信技术与其他学生、教师甚至学科专家交流，师生之间关系日趋平等，传统教师所固有的权威感逐渐丧失，只要教师授课稍不注意就可能受到学生的抵制或抛弃。

作为高校教育管理的重要组成部分，对大学生的思想道德教育的工作内容主要体现在树立大学生的社会主义信念和价值观上。目前，我国高等教育的思想道德教育的要求是让

社会主义核心价值体系成为青年思想行动的根本价值取向和行为准则。但在数字化新媒体时代，网络社会输出的不仅有各种信息，还有各种思想、观点和价值观念。显然，数字化新媒体时代的一大特征是信息传播的极度自由化。由于其极度自由化的特点，如果社会管理者无法对其进行有效的监控，就会导致诸如宣传暴力、迷信、赌博和色情信息的大肆传播，甚至宗教极端主义、分裂分子也可以肆无忌惮地大行其道。

在生活习惯上，数字化新媒体改变了现实大学生活中的许多模式、程序与规则。以网络为代表的数字化新媒体的虚拟性是一把"双刃剑"，既可以带给大家一个自由、平等的环境，但缺乏真实情景中的情感流露和人格感染，也会对人际交往产生较大的影响。而且，数字化新媒体教学模式的开放性使很多不良企业和不良商家发掘其中的商机，在煽动学生消费的同时利用学生的社交关系，引导学生产生变相的心理偏激。而且，很多高校学生在学习过程中喜欢用数字化新媒体来宣泄不满情绪，这些言论如果没有及时地把控和更正，就会对整个高校建设产生巨大的不利影响，带来严重的教育教学发展后果。

三、高校教育教学管理应对数字化新媒体冲击的对策

（一）重新审视数字化新媒体教学模式的应用现状

在数字化新媒体教学模式的实践发展过程中，高校教育教学应该伴随着数字化新媒体的渗透而不断前进，在日常的教学环境和教育建设中搭建更多有效的、多元化的教学数字化新媒体，通过数字化新媒体增强学生对学校建设的关注程度，提高学生对学校教育建设安排的认知程度。高校在建设数字化新媒体平台的过程中不仅可以提高学生的学习兴趣，还能从根本上改善数字化新媒体利用中的弱点。

高校建设的数字化新媒体教学平台，从本质上来说，首先是具有数字化新媒体教学平台的优点，传播速度快、信息包含广、平台公平公开性良好等。学生与教师在数字化新媒体平台中所能展现的自身价值更加明显。学生可以在高校学习的过程中将自己对学习的理解和习惯的养成发布到数字化新媒体中帮助其他同学，教师可以在数字化新媒体平台中展现自己多元化的教学方案和教学内容来帮助学生和其他教师。这样不仅可以有效地实现教育管理工作的全面提升，还能让数字化新媒体从根本上实现教育教学的利用价值。

但当前的数字化新媒体教学建设还有很多的不足需要广大教师和工作人员逐步改善。首先需要提及的就是数字化新媒体教学平台构建过程中平台的特性不足，微信、微博等数字化新媒体所能利用的价值是非常简单明了的，而教育教学在发展数字化新媒体技术的过程中所需要考虑的不仅仅是社交环节，更加需要关注的是教育教学内容的深入落实。这样就使高校建设的数字化新媒体平台不能很好地满足学生的兴趣需求。

教师在利用数字化新媒体教学平台的过程中往往很难实现其他平台固有的特殊属性价值，学生在高校数字化新媒体教学平台中的使用频率和使用黏性较低，而且其他数字化新

媒体平台的舆论引导和多元化信息对学生诱导能力是非常强的，就当前的高校数字化新媒体建设来看，还需要不断在数字化新媒体平台建设中树立良好的价值观，让学生可以正确解决不同的学习问题和生活问题。与此同时，教师应尊重学生的学习主体地位和个性发展，实现教育观念的转变。因为数字化新媒体环境下的现代人才标准已经逐渐体现为对学生素质的综合性、全面性的推崇，并延伸为注重学生的创新精神、实践能力与协作能力，注重学生的心理素质和竞争品质。将"以人为本"的观念贯彻到高校教育管理的日常工作中，在高校内进行人性化管理，让教育管理融入学生生活的每一个方面。要求学校的管理层关心学生的内在需求，通过合适的引导与教育来提升这些需求，并将这些需求引向一个更高的层次。

在数字化新媒体环境下，高校也应对传统教育管理的内容有所扬弃。在数字化新媒体盛行的今天，我国大学生的教育管理内容不应单单局限于传统意义上的教育内容，我们必须拓展教育管理内容的广度，赋予大学生教育管理更多、更丰富的内涵，将时代发展和大学生的全面发展诉求与大学生教育管理相结合，建立针对性和实效性强的开放、创新的大学生教育管理内容体系。为此，笔者认为，一定要从优化大学生教育管理的内容结构入手，全面提升当今教育管理内容的时代适应性，在提高教育管理者对数字化新媒体时代和数字化新媒体技术认识的基础上，加强虚拟环境中的精神文明建设，引导大学生认识网络世界的本质，认识到网络世界存在很多虚拟性和不真实性，培养他们在翱翔于多彩斑斓的网络世界时自觉控制好自己的言行，避免沉迷于虚拟的网络世界而无法自拔的情况发生。

保留和继承传统教育管理中有积极意义的东西，并把它发展到新的阶段也是我们开展变革的非常重要的任务。对此，我们应该把握住传统教育管理中的教师形象的实质，即便是在数字化新媒体的环境下，教师仍然要坚守道德模范的职责，作为教育主体，是德育教育过程的组织者，应起主导作用。教师的一言一行直接影响学生，是学生模仿的对象。教师自身的表率，教师的思想行为、作风品德、工作态度等无时不在感染、熏陶和影响学生，这是一种生动、直观、极具说服力和感染力的教育手段。

事实上，高校阶段的教育教学建设不仅需要广大教师通过实践共同努力来实现，还需要学生在使用过程中不断地尝试和提供意见，让数字化新媒体教学模式在高校教学管理中真正实现数字化新媒体平台的价值，为学校的活动推广进行宣传，成为学校特殊事件的引导平台，有效地实现学校的公益活动，帮助学生实现综合素质的培养和学习习惯的养成，同时还可以有效增加数字化新媒体教学平台的社会属性。

（二）制定具体措施以发挥数字化新媒体的价值

首先，高校应积极转变教育观念，尊重学生的学习主体地位和个性发展需求。数字化新媒体的发展使当今社会的人才衡量标准发生变化，越来越倾向于从综合与全面的角度考察学生的素质，并逐渐延伸至对学生实践能力、协作能力、创新精神及心理素质和竞争能力等的考察。在这样的背景下，高校教育教学管理必须整体上升到一个全新的层次，根据社会需求培养优质人才，只有这样才能最大限度地利用好数字化新媒体技术和平台。

其次，高校应及时完善教育教学管理评价体系，提高教育管理者的素养。数字化新媒体对高校的冲击迫使高校要重建大学生教育管理评价体系，并且要遵循"以人为本"的理念，将原来简单、粗糙的评价指标进行合理细化，从而对数字化新媒体时代下大学生的教育教学管理工作起到规范作用。要构建满意的评价体系，必须要求高校教育教学管理者相应地提升自身的数字化新媒体素养。准确地说，高校教育管理者应从基本理论入手，在掌握基本理论的前提下不断学习数字化新媒体技术以达到随心所欲的应用，这样才有可能在实际工作中发挥数字化新媒体的价值。

再次，高校应努力拓展教育教学管理的新阵地。数字化新媒体时代下高校教育教学管理平台必须与时俱进，开辟有利于大学生成长的"第二课堂"。对于学生而言，开拓"第二课堂"有利于其形成独立的人格，促进其综合素质的提升。而"第二课堂"本身又便于提供丰富多彩的课外活动，这些活动的开展可以反过来帮助教育管理者及时掌握学生的思想行为动态。长此以往，教育管理双方可以在深层接触的过程中增加彼此的感受和认同，无论是对大学生的成长还是教育管理者的工作都具有积极意义。

最后，高校必须对传统教育教学管理的内容有所扬弃。在高校全面实施数字化新媒体教学模式的同时，在教育教学管理的内容上也应该进行合理取舍。传统意义上的教育教学管理内容无论是深度、广度还是指向性都较为不足，亟须注入更丰富的内涵，建立更加具有针对性、时效性和开放创新的大学生教育教学管理内容体系。具体而言，高校可以从优化大学生教育教学管理内容结构入手，从整体上提升内容的时代适应性，进一步加强虚拟环境中的精神文明建设，引导大学生认识数字化新媒体的利弊，避免其沉迷在网络世界中而丧失思考能力和现实沟通交流能力。此外，高校也应对传统教育教学管理中的有价值内容进行保留和继承，甚至可以考虑利用数字化新媒体将其发展到新的阶段。当然这一过程离不开广大教师的努力，作为教育教学管理的主导者，教师要坚守自身道德楷模的职责，将数字化新媒体化作一杆"旗杆"，撑起社会主义和时代精神的大旗，带领学生走向光明、美好、健康的未来。

我国的数字化新媒体建设在世界上也属于一流，就数字化新媒体平台在高校教育教学的管理发展过程中如何实现其特殊的价值和意义的问题，还在不断探究、发展与思考的过程中，这个过程需要广大教育工作者共同努力，在不断实践的过程中发现数字化新媒体教学建设的特点，针对传统高校教学管理的弊端在数字化新媒体教学模式中寻求解决方式，让数字化新媒体教学模式真正成为新时代具有特殊教学价值的模式。

第二节 数字化新媒体时代高校教学管理体系的改革

教学管理体系是高校的重要体系之一，是提高高校教学质量、教学水平的重要保障。在信息时代到来的今天，高校的信息管理体系应该利用信息技术进行创新，从而更好地服务师生，培养学生。本节将阐述现阶段高校信息管理体系存在的问题，并在此基础上对数字化新媒体时代高校教学管理体系改革与创新的措施进行研究分析。

高校教学管理体系关系着整个高校的稳定运行和健康发展。随着数字化新媒体时代的到来，网络技术也渗透在人们生活的方方面面，高校教学管理体系应顺应趋势，利用数字化新媒体技术进行改革与创新，更好地提高教学管理水平、提高学校的教学质量、促进学生综合素质的发展。可见探究数字化新媒体时代高校教学管理体系的建设有着很大的现实意义及理论意义。

一、高校教学管理体系面临的困境

（一）高校没有意识到数字化新媒体技术的重要性

在数字化新媒体时代，网络信息技术应用于各行各业，带来了新的生机与活力，社会的各个行业也都在加强信息技术的建设。然而，高校却未意识到数字化新媒体技术对教学管理体系的重要性，未利用数字化新媒体技术对教学管理体系进行改革与创新。高校缺乏信息化建设的硬件设施，也未对管理教师进行信息技术的培训，忽视了信息化技术建设的意义。高校的教学管理体系仍处于落后的局面。这在很大程度上阻碍了高校教学质量的提高及教学管理水平的进步。

（二）高校教学管理观念落后

高校教学管理理念是教学管理体系的基础。然而，现阶段我国高校教学管理理念落后，严重阻碍了高校教学管理体系水平的提高。当前，高校的教学管理仍过分强调集体精神的重要性，忽略了学生的个性发展，教学管理水平较低。此外，许多高校的教学理念缺乏创新性，仍旧采用以往的教学管理经验来管理学生，管理效率低下，学生的抵触情绪较强。另外，高校的教学管理缺乏预防机制，只重视问题的事后处理，忽视了建立相应的预防机制，管理水平低下。

二、数字化新媒体时代高校教学管理体系的改革与创新

（一）以信息化管理理念为导向，改善高校教学管理思想

传统的教学管理体系信息交流缓慢，渠道单一，管理效率低下，阻碍了高校工作的正常开展，教学质量的下降也不利于学生的全面发展。数字化新媒体时代的到来，给高校教学管理体系带来了机遇与挑战。高校应当摒弃落后的教学管理思想，创新教学管理理念，以信息化管理理念为导向，认识高校教学管理体系信息化的重要性，并借助先进的数字化新媒体技术，对高校教学管理体系进行改革与创新。高校可以开展座谈会或进行相关培训，让教师了解学习信息化技术的便利性，教师之间可相互探讨交流，对高校教学管理体系的信息化建设发表看法及建议，并鼓励高校教师参与教学管理体系信息化建设，改善教师高校教学管理思想，为顺利开展高校教学管理体系信息化建设奠定坚实的基础。

（二）强化高校教学管理设施建设，构建信息化的教学管理体系

高校应利用数字化新媒体技术构建信息化的教学管理体系，提升教学管理水平，提高教学管理的质量。高校应利用数字化新媒体技术建设信息化的教学管理数据平台，将高校的教学计划、教学大纲、教学教材、师资情况、学生及教师的档案等进行数据化整理，方便查询及管理，极大地提高管理工作的效率。此外，高校应加大对信息化教学管理体系的投入，借鉴其他的成功经验，引进先进的信息化技术，加大对信息化教学管理体系软件的开发及维护，促进高校教学管理体系的改革与创新。另外，要想实现教学管理体系的有序运行，就需要有完善的教学管理制度。因此，高校应当结合信息化的管理体系建立健全教学管理制度，使教学管理体系向标准化、程序化及规范化发展，提升教学管理质量，促进学生的全面发展，推动高校工作正常有序运行。

（三）全面提高高校教学管理队伍的素质

要想实现高校教学管理体系的改革与创新，人才是关键，因此高校应当注重教学管理队伍素质能力的培养，加强管理队伍的培训，提升队伍的信息化专业水平，并将信息化技术的学习及实践引入考核机制，激励管理队伍不断提升与进步。高校也可以在校外聘用专业的信息化技术人才，以丰富的管理经验、超前的创新意识等影响管理队伍，提升高校教学管理队伍的整体素质，促进教学管理体系的不断完善与发展，给学校、教师及学生提供便利，提高教学管理质量与管理水平，为我国高等院校教育改革的可持续发展奠定坚实的基础。

第三节　数字化新媒体环境下教学档案管理

随着信息技术和互联网的不断发展，人类已经进入"互联网＋"时代。随着数字化新媒体广泛应用在教学过程中，教学档案也逐渐趋向数字化、信息化。教学档案是教学中的主要参考资料，也是在以往教学活动中的经验积累，受各种因素制约，在当下的教学档案管理中还存在一些问题。本节将结合实际情况，对数字化新媒体环境下教学档案管理的发展和应用进行简要分析。

"数字化新媒体环境"这一概念的提出是相对于传统媒体环境所提出的新型大众媒体传播环境。这种数字化新媒体环境主要以计算机和网络技术为支持，以手机和电脑等移动终端设备为传播载体，具有时空虚拟性、资源共享性及交往互动性的特点。在这种环境中，教学档案的管理必须结合数字化、信息化技术的发展，提高档案管理的效率和质量，促进教学档案管理的可持续发展。

一、数字化新媒体教学档案发展优势

（一）丰富档案载体和传播形式

在传统媒体环境中，教学档案管理一般都是以纸质管理为主要载体，以收集内容和登记记录为主要服务方式。这种档案管理方式不仅容易导致档案内容单一，限制了档案管理的质量和水平。在数字化新媒体环境下，通过计算机技术和互联网技术，能够构建一个资源非常丰富、传播方式多样化、传播速度快的信息系统，并且能够全天候、不间断地接受和传播各种最新信息。这样，教学档案信息就有了巨大的信息来源，同时还能将档案以文字、图片和影音等方式进行存储，丰富教学档案的载体。

在以往的教学档案管理中，文本文件和教学声像文件一般都是分开管理。这种管理模式有一个弊端，容易制约档案管理的效率及档案价值的发挥。在数字化新媒体技术环境中，可以将教学档案中的文字信息、声音信息和视频信息进行统一处理，并对教学档案进行精确的归类，集中管理。这种管理措施既能确保档案信息的完整性，也能进一步提升教学档案的应用价值，促进教学档案无纸化管理实现。一直以来，纸质化是教学档案的主要形式，随着数字化新媒体技术在教学过程中广泛应用，可充分利用信息技术对教学档案信息进行处理、存放，以实现教学档案的无纸化管理。

（二）档案管理注入新活力

在数字化新媒体发展环境中，不仅可以丰富教学档案的内容和服务形式，还能提高全校师生的档案意识，提升档案人员的服务意识，从而为高校档案管理工作注入新的活力。

而且，随着档案使用人数的不断增多，人们对信息的需求也不断增加，促进了高校档案管理人员主体地位和主体意识的养成，极大地调动了档案管理人员工作的积极性和主动性。在数字化新媒体的大环境下，网络信息的覆盖，为档案管理人员的创新提供了条件和动力。随着信息技术的应用，学校的各个管理部门可以在短时间内进行教学档案的调取、查阅。在传统教学档案管理模式下，管理人员面临的工作量较大，需要花费大量时间和精力，进行教学档案的收集、归类等，同时在利用教学档案的过程中，也需要花费大量时间和精力，进行文件查询和检索。在数字化新媒体的技术下，可充分利用相应的软件功能，进行图像、声音编辑，对传统教学档案信息进行随意分析和组合，并利用计算机设备对信息进行录入或输出，从而使教学档案工作的管理、查询、检索等工作变得比较简单，减少了档案管理人员的工作量。

（三）拓宽档案空间

在传统媒体环境下，教学档案管理无论是馆藏内容还是服务对象都相对比较独立，同时还容易受到时空的限制，导致教学档案管理效率低下。而在数字化新媒体环境中，档案管理人员可以将内容输入网站中，实现对档案的信息化管理。同时，教学档案管理部门可以创建校友聊天室、信息反馈等栏目，实现全校师生共同交流思想、传播信息，这样教学档案管理工作就可有效地打破时间界限，及时掌握外界的动态，并随时与档案使用者进行沟通交流，从而有效扩大教学档案管理空间。

在拓宽档案管理空间的同时，加强了教学档案的保密性。在人工传统管理模式下，很容易受多种因素的影响，导致泄密的情况出现，造成严重的损失。而在数字化新媒体环境下，通过电脑信息技术的应用，可将教学档案进行处理，使其成为电脑数据，最大限度地避免传统信息管理模式下信息泄露的情况，提高了教学档案信息的管理能力。在传统的人工管理模式下，学校的档案部每年要收集大量的教学信息，虽然不会花费大量的时间和精力，但是对档案信息进行归类整理同样需要耗费一些时间和精力。但是在数字化新媒体环境下，信息处理部门可利用信息技术，随时随地将教学档案传递到教学档案部门。而档案工作人员会根据档案的实际情况，利用数字化软件和程序，对档案资料进行精确的归类和存储。

二、数字化新媒体发展利用措施

应用新技术，针对当前的教学档案数字化管理中存在数字化程度较低的情况，可采用以下几种方法促进发展：首先，教学档案虚拟现实技术的应用。在未来教学档案管理中，对于档案文件的管理方式已从最初的真实管理方式逐渐转变为真实与虚拟并存的管理方式。这种情况下，可充分利用虚拟显示技术，促使教学档案走向虚拟完全三维化。这种虚拟现实技术的应用可最大限度地减少教学档案管理过程中出现泄露、被盗、被毁的情况。其次，多媒体保安监控技术的应用。在这项技术中，报警处理是监控技术的核心，通过报警这一环节，产生一系列的连锁反应，进而利用语音提示等环节，将提示具体的位置，促使相关工作人员采取相应的措施，保证教学档案信息的完整性。同时，多媒体教学档案的信息检索系统，是通过多媒体将数字视频、音频、通信等多种先进技术，与计算机技术融合在一起，促进教学档案的数字化发展。在数字化教学档案中，检索系统具备了非线性结构信息和多媒体形式信息，完善了教学档案的检索系统。

在数字化新媒体环境下，档案管理人员必须明确数字化新媒体的出现对档案管理工作的积极影响和消极影响，在此基础上对档案管理工作采取相应的改进措施，同时借助数字化新媒体技术，不断提高档案管理效率和管理技术水平。

第四节　数字化时代探究式公共管理案例教学

随着改革实践的深入和现实条件的完备，公共管理案例教学作为成熟模式极大地提升了教学质量，在取得成绩、积累经验的同时，瓶颈期存在的诸多不足和出现的若干问题制约了效能发挥和功能提升。依据案例教学的内在特性和项目改革的目的，推广探究式成为必然选择，而"互联网＋"时代日益普及的数字化新媒体提供了相关有利条件。开展探究式公共管理案例教学必须树立全新原则，发挥多主体的积极性进行教学全过程改造。

在重视培养学生分析问题、解决问题能力的现代教学理念下，如何开展公共管理案例教学，把内涵丰富的公共管理理念与规律、模式、方法高效传授给学生，引导学生走出课堂，在广阔的公共管理实践中加深对理论知识的理解，形成对公共管理实践的认知，对公共管理现实的考察与审视，提高公共管理学科的培养质量，都是公共管理学科教育研究的重要内容。因此，在公共管理专业中推行案例教学既是当前教学方式的革新和潮流，也契合公共管理的专业性质和人才培养目标的要求。

一、公共管理学科案例教学的基本流程

所谓"案例教学法"，是指在学生掌握了有关基本知识和分析技术的基础上，在教师的精心策划和指导下，根据教学目的和教学内容的要求，运用典型案例，将学生带入特定事件的模拟现场进行案例分析，通过学生的独立思考或集体协作，进一步提高其识别、分析和解决具体问题的能力，培养正确的管理理念、工作作风、沟通能力和协作精神的教学方式。

案例分析法非常适合公共管理学科，因为公共管理学科的重点不在抽象的推理，而是以问题和案例为基本导向，展开讲授、研讨、模拟训练、案例分析及社会实习，这是公共

管理培养方式的基本特色。在大学本科阶段，案例教学一般作为理论教学或原理讲授的辅助手段，明显有助于减轻"纸上谈兵"的弊端，有利于吸取前人的经验教训。一般通过基本操作流程解决传统教学存在的问题。

首先，设立公共管理案例教学的基本假设。任何一种教学理论、模式和方法都有其自身的预设前提。传统教与学模式的基本假设是：教学过程是单向流动，即从教师流向学生，教师是知识、真理与智慧之源，学生通过教师获取知识是唯一高效而可行的方式。而公共管理案例教学的基本假设是：学习主要靠学生自己积极主动地参与案例的讨论与分析来进行学习，通过摸索、体验和领悟来学习，所学的知识、技能与经验是直接的、第一手的，学习不仅是个人的单独活动，更是一个群体的成员之间进行互动的集体活动过程；教师的职责是激励学生学习，在课堂上创造一种良好的学习环境。

其次，明确公共管理案例的分类特征。按照内容标准，公共管理案例包括用来记述和说明公共事业管理实践中发生的事件、政策和决策全过程的说明型；以政府决策者为服务对象和为特定问题提供来龙去脉、不同见解、结果评估的政策咨询型；提出理论假说、进行经验检验和创新认识的理论发现型三大类。在选择案例进行教学时，必须特别注重案例选择。

所选案例的内涵具有多种维度和典型性，涉及政治学、管理学、经济学、社会学等多门学科，也可能涉及政府、企业、民众等众多方面，与一般的故事、事件不同，案例具有特殊情境里的普遍意义。所选案例要具有概括性与可讨论性，不能仅仅停留在"流水账"上，同时案例的层次要清晰简洁。所选案例应该具有问题导向性，问题的形式可以多种多样，或者是开门见山，明确提出问题让学生思考、分析；或者曲径通幽，将问题隐藏在一般描述中，引导学生通过深入思考发掘问题。

最后，掌握公共管理案例课堂教学的操作技巧。简单案例，如芝加哥式（芝加哥大学首先开发使用），即"案例研究"。一般是在讲课过程中给学生分发案例，让他们研讨。师生一起站在局外、旁观者的角度客观地讨论问题的发生及解决，并找出管理的一般原则和原理。复杂案例，如哈佛式（哈佛大学首先开发使用），即"案例分析"要按一定程序进行，比如问题是什么？事实和原因在哪里？对策是什么？其目的在于提高学生解决问题的能力和判断力，重点放在解决问题的过程上，所使用的案例多是现实中发生的相当复杂的管理问题。哈佛式和芝加哥式的重要区别在于，不是以客观的局外人的立场，而是以主观的当事人的立场来分析，参加者要把自己当作案例中的领导者或参与者，身临其境地进行分析和决策。

二、公共管理学科案例教学的主要误区

虽然公共管理是实用性很强的学科，但其产生、发展及应用都是有一定理论体系的。理论和知识是一般性东西，是发现问题、分析问题的原则和指导，如果缺乏专业基础理论

知识，则难以深入或仅停留于就事论事，获益不大。因而，案例教学须以理论教学或"原理"的讲授为前提或基础。因此在操作中，若案例过于简单、浅白，则价值也不高。

教师对案例教学的内涵及目的认识不到位，对案例教学进行简单化理解。根据小劳伦斯·E.林恩的观点，案例教学的目标：激发学生对一个主题或问题的兴趣和求知欲；增进学生对不熟悉问题或材料的了解；传达基本事实、信息；加强对理论的理性理解及应用；提高批判性、分析性和推理性技能；促进作为一种智力技能的决策能力；参与者互相分享经验；提高行为性和社交性技能；使参与者倾听和尊重他人意见并力争达成共识；增强个人信息和促进提出观念（思想）的意愿；改变对一些问题、观点、组织或特殊人物的态度；提高作为一种社会性或政治性过程决策方面的技能；促进制度的转变和改进，以及解决社会问题的愿望，提高解决社会问题的能力。

适合我国国情的高质量公共管理案例较为匮乏，案例更新速度慢，没有形成体系化的案例库，教学案例编写紧迫而重要。公共管理学科的课程取向包括慎思明辨的思维能力，重视分析视角和思维角度，注重公共管理学科的形而上分析；关心社会公共事务的热情，即要求学生对国事、天下事，事事关心；崇尚民主法治的精神，即对学生进行现代公民素养的熏陶和灌输公平、正义、平等的理念；掌握解决公共问题的技术和方法，即培养掌握公共管理需要的专业技能，能综合运用各种技术和方法解决公共管理与公共政策问题，适应社会主义市场经济发展和依法治国、依法行政需要的高层次、应用型专门人才。

在现实中，由于对公共管理案例教学特性缺乏深入认知而出现如下几种看法：一是无用论，认为学生之间通过交流不成熟的意见学不到任何东西；二是低效论，认为案例教学是低效的，要花费太多的时间才能涉及主题；三是错位论，认为学生付费是为了听教师讲，而不是听其他学生讲。

传统观念认为，案例教学就是在课堂上使用一两个案例证实课堂上所要说明的理论观点就是案例教学，没有必要进行专门的案例教学培训。其实，这是对案例教学的一种误解，真正的案例教学是一种没有固定答案的、学生广泛参与的、师生互动式的教学方式，其中包含丰富的理论和教学技巧，需要教师经过自学、培训、相互交流、教学观摩等形式才能更好地掌握。

当前，案例教学在公共管理专业普遍而广泛地开展，在进行多样化教学探索、丰富案例库建设的同时也存在标配化和教学手段、方法上的制约。在网络信息时代，学生的学习方式、思维方式和信息获取方式发生了重大而全新的变化，案例教学更应顺应教育发展的新趋势，吸取全新的教学理念和教改经验，准确把握公共管理案例教学的基本特征，明确教师和学生在公共案例教学中的角色定位和素质要求。

三、数字化新媒体时代公共管理案例教学的完善

为了尽可能地提高公共管理案例分析课程的实际教学效果，必须在科学选择案例的基

础上，使情景模拟式、专题研讨式、师生互动式等教学方式方法自然贴切地融入案例教学中，并做到：以案例教学为主线，以相关理论为支撑，以课堂教学为载体，以师生互动为桥梁，以教学评估为依据，以提高素质为目的。

推进探究式学习智能化教学手段的应用。一是建立智能化的互动学习平台。根据课程内容难度以多样化的方式实施个性化分层，创建不同的小组组合方式。针对不同类型的学生，制订不同的教学计划，设计不同的教学任务。学生在平台的每一次交互都能及时得到反馈。二是推进微课导学。丰富微课制作的素材，拍摄、录制合适的脚本并进行制作，利用互联网云服务平台与学生共享资源。三是结合探究式学习的特点优化课程教学 PPT 设计，更多体现其在学生探究式学习中的引导作用。

首先，以自主性为核心组织教学活动。在教学过程中认真思考如何使课堂"活起来"、学生"动起来"，解决学生被动参与、不能全程参与和参与不足的常见问题。学生在主动参与中以自己的经验和知识为基础，经过积极的探索和发现，亲身的体验与实践，用自己的方式将知识纳入自我认知结构中，并尝试用学过的知识解决新问题，教师在这个过程中只是一个组织者、指导者和参与者。由于受探究内容和课堂教学时间、任务的限制，在具体设计探究活动的过程时，要站在整体和全局的高度用系统的观念进行有意识的设计，逐级推进，系统安排。

其次，以实践性为主线改革教学模式。探究式学习特别强调学生的感知、操作和语言等外部的实践活动，强调学生的直接经验和间接经验的交融、统一，使认知活动建立在实践活动的基础之上，用学习主体的实践活动促进学习者的发展。在课题研究中，需要解决传统教学模式重理论、轻实践的问题，体现实践教学在总学时中应有的比重，强化学生问卷调查、面对面访谈、试点调查、文献调研的能力。

再次，以过程性为标杆创新教学方法。探究式学习追求学习过程和学习结果的和谐统一，并且注重学习过程中潜在的教育因素。在课题研究中应思考如何创新教学方法，尽可能地让学生经历一个完整的知识发现、形成、应用和发展的过程。

最后，以开放性为原则完善教学环境。公共管理分析本身的学习目标比较灵活，没有专业基础课明确而具体的学习要求，因此，公共管理分析的课堂教学内容是开放的，探究式学习的过程也是开放的。那么，如何才能打破传统教学封闭的教学环境呢？这也是该课题研究亟待解决的问题。教师应尽可能地提供有利于学生大胆创新、实现自我超越的学习环境。学生在探究学习的过程中，能够大胆地提出问题，探讨解决问题的方案，对不同的结果进行分析，培养创新意识和创造能力。

第五节　数字化新媒体的实践教学过程管理和质量考核

实践教学环节是工科院校培养学生实践能力、创新能力和工程素质的重要教学手段，也是学生入职前接触实际生产、获得工程师基本训练、受职业道德熏陶的重要环节。科学的管理和质量考核体系对实习效果具有非常重要的影响，但目前参与"卓越工程师"培养的各大高校关于实践教学培养模式的文献比较鲜见，对传统模式教学反思不多，对数字化新媒体改进实践教学环节的研究仍旧空白。

一、"卓越工程师"课程体系中的实践教学

2010年，教育部启动了"卓越工程师教育培养计划"（简称"卓越计划"），是促进我国由工程教育大国迈向工程教育强国的重大举措。

（一）实践课程在工程教育课程中的地位

"卓越计划"旨在培养和造就一大批创新能力强、适应经济社会发展需要的高质量各类型工程技术人才。这需要通过课程改革满足"卓越工程师"成长所需要的知识、能力和素质要求。传统工科院校的教学方法以课堂理论知识讲授为主，学生缺乏自由探索、自主学习、主动实践的环境，难以适应"卓越工程师"培养的新要求。

实践课程作为"卓越工程师"培养的重要途径，在工程类教育课程体系中的地位不断提升。学生所学的理论知识可在实践课程中得以巩固与加深；学生在实践课程中运用知识，提高实践能力、设计能力和创新能力；学生在实践课程中，有机会发现、分析和解决问题，处理现实工程领域的复杂问题，提升综合素养。更重要的是，实践课程提供的体验式学习方式，有利于改变学生被动的学习方式，发挥学生的主体性。

（二）传统的实践教学亟待变革

组织学生赴工程现场参与实习学习，是工科教育课程体系中实践课程的核心内容。但传统的实习已难以适应"卓越计划"的新要求。宁宝宽等总结了土木工程专业的理论学习和生产实习现状（大多普通高校采用分散和集中相结合的形式，即大多数学生几人组成一个小组，自己或学校帮助联系一个施工现场进行实习）；徐雷等结合西安建筑科技大学土木工程专业的现状指出，目前我国高校土木工程专业生产实习存在实习场所难以落实，实习管理制度不甚严格，选题制度不健全，总结与管理工作不够细致，执行相对滞后等问题；邓夕胜等以西南石油大学的实习现状为例，总结了实习单位接收容量有限，学生真正参与生产的机会少等实习过程中存在的具体问题，并提出改革人才培养方案实践环节、实现校企合作、加强自联实习等改革建议；历广广与王新武为解决高校土木工程专业传统教学模

式存在的教学方式和手段滞后、课程相对独立、理论与实践结合度低等问题，提出多方式授课、多层次教学、多专业结合的"三多"综合教学模式；朱运华认为毕业实习过程中，要充分发挥学生的主观能动性，不断培养学生的创新能力和动手能力，才能使学生灵活运用所学基础理论知识解决实际问题，并结合近年来指导学生毕业实习的经验，就土木工程专业本科毕业实习阶段的创新目标制定、思想动员和考核制度建设问题展开探索；周林聪和柳志军基于土木工程专业实践教学的培养目标，从教学内容、组织方式、考评方法三个方面分析了目前土木工程专业实习教学存在的主要问题，在此基础上探讨了土木工程专业实习教学模式改革的主要途径和方法；卢文良分析了桥梁工程毕业实习的特点以及学生的知识储备情况，从实习时间、实习内容、实习现场、实习管理等角度分析了实习问题存在的根源，剖析了问题存在的原因，提出了优选实习工地、建立实习基地、强化现场讲解、补充实习讲座、完善视频资源等改进措施。

（三）实践教学课程管控面临的挑战

在实践教学的课程组织与过程管理上，传统方式也面临着挑战：一是学习容易浅表化，以走马观花式的参观为主，难以深入思考；二是互动性较弱，学生被动地看和听，互动机会少；三是过程管控存在盲区，集中式实习教师难以一对一兼顾，分散式的学习缺乏统一监管；四是质量评价难以精细，实习考核流于形式，实习报告抄袭、应付了事，难以达到预期效果。

因此，加强对实践教学模块的科学设计与过程管控，成为"卓越工程师"培养课程体系中提高实践课程效能、激活学生的主体性、培养学生能力与素养的重要保障。随着互联网信息技术的发展，信息素养成为当代大学生必备的综合素养，为优化实践教学的过程管理提供了新契机。

二、掌上"互联网＋"变革大学生专业实习

（一）"掌上数字化新媒体"的普及

当代大学生已是信息时代的"原住民"，微信、手机QQ、微博、App、BBS等数字化新媒体形式日益丰富，成为学习的重要辅助。研究显示：86%的大学生认为数字化新媒体可以拓宽自己的专业视野，43%的大学生认为可以提高专业学习成绩，30%的大学生认为数字化新媒体有助于改善学生的学习态度和学习动机，34%的大学生认为有助于丰富和改进自己的学习方式。

信息技术深度渗透教育领域，同济大学土木工程学院在教学改革中提出，以"互联网＋"为驱动，探索、实践课内外结合的嵌入式教学、翻转课堂等教学模式，增强学生学习的自主性。

（二）海量信息环境中的主动学习

数字化新媒体突破了传统实践教学等特定场景的局限，利用手机网络发布公告、传递信息、播放新闻，学生可以随时搜索、补充现场资料，请教、讨论热点难点问题，分享学习心得。主动求知，学生成了学习的主体。数字化新媒体以其互动性、多元化、即时反馈等特征，为提高实践教学的过程管理与学习效能提供了更多可能。

（三）即时互动中的深度学习

在数字化新媒体环境中交互性的社交平台很多，学习变成了师生、生生多方互动交流的过程，改变了传统教学信息提供的主从关系。多渠道互相回应，将学习讨论不断推向深化。

在一项调查中，70% 的学生认为网络互动可以增进与同学之间的交流，56% 的学生认为可以拉近与教师的距离。受访者中有部分大学生经常访问教师的 QQ 空间，浏览内容并参与互动。此外，大学生还通过数字化新媒体进行自我反思，如通过撰写日志用以记录或反思等。

（四）自动记录学习过程

数字化新媒体交流平台多为图文形式，方便即时记录学生的学习过程与成果。微信平台中，朋友圈有每日"签到""打卡""点赞"等功能，可以随时记录每个学生的学习过程。通过文字、语音等多种方式，在"晓黑板"讨论区限时记录学生的学习收获，为开展科学的过程性评价提供了可能。

第六节　数字化新媒体背景下高校多媒体教室的管理

教育技术飞速发展，高校的教学工作技术化水平也日益提高，多媒体教学逐渐成为主流，做好多媒体教室管理工作，为教学提供完善的保障变得意义重大。然而，当前高校多媒体教学实践中，教师对多媒体技术服务的质量并不满意。其中的原因是多方面的，而无论何种原因，目前的情形都影响了教学效果。要走出目前的困境，多媒体教室管理部门应该从制度建设、设备条件、管理手段及人员培训等方面，全方位地提升服务质量，保障教学的顺利进行。

随着数字化新媒体技术的飞速发展，人们的生活已经被彻底改变，在网络的世界里，微信、微博、QQ 为人们重新建立了活动和沟通的空间。在教学领域同样如此，新技术为教学提供了更丰富的教学手段，为教学带来了无限可能。目前，板书逐渐淡出了教育者与受教育者的视野，取而代之的是多媒体课件。以多媒体课件为载体的多媒体教学，凭借对人们感官的全面刺激，迅速抓住了教师和学生的心理，在高校教学中成为主流。然而，技术是一把"双刃剑"，在给教学带来便利的同时亦带来了一定的困扰。这一点在高校多媒体教室管理部门与教师之间的表现尤为突出。为解决这些困扰，为多媒体教学扫清障碍，让技术真正为教学服务就成为当务之急。

一、高校多媒体教室管理现状

高校多媒体教室管理，其本质是服务于人的一项工作。管理人员承担着多媒体教学的支持服务工作，因而，有效评估多媒体管理人员的服务质量，是研究高校多媒体教室管理的主要议题，是保障多媒体教学顺利进行的关键，也是深化创新教学改革的保障。

为此，有学者尝试通过量表（SERVQUAL）的方式对多媒体教室管理人员的服务质量进行科学、准确的研究，设计了包括教学环境、业务素质、服务态度、信任程度、个性服务等5个维度共32个题项的问卷并进行了严谨的调研。其研究表明，教师对多媒体教室管理人员服务期望平均值较高，而实际感受平均值很低；多媒体教室管理人员服务质量直接影响着教师的未来行为选择，提高服务质量能够有效减少教师的不满情绪、抱怨次数和投诉的可能性。

由此看来，使用者尤其是教师对高校多媒体教室管理的现状并不满意，目前多媒体教室管理人员所提供服务的质量亟须改善，以师生满意为中心、提高多媒体教学支持服务水平刻不容缓。

二、高校多媒体教室管理问题分析

（一）管理手段滞后，信息反馈不及时

多媒体教室管理工作，看似简单，而事实上这项工作并不容易。因为多媒体管理部门要协调数百间多媒体教室、管理数百件多媒体设备，同时还要处理大量教师的同时授课，工作量是极大的。做好这些工作，管理手段显得尤为重要。而当前，多数高校多媒体教室的管理方式还停留于纸笔记录、口头传达。用这些方式来管理多媒体教室已经暴露出了很多问题，比如，每日的维修记录信息不容易被完整记录、汇总和分析；设备的状态信息无法被及时查看；教师对设备的反馈信息不容易被及时收集和吸纳；因获取信息不便，导致调换设备或教室的效率低下；等等。相关的问题还有很多，都是由管理手段滞后造成的。

（二）缺乏专业且结构合理的管理队伍

总体来讲，高校多媒体教室管理部门不是很受重视，决定了他们无法形成一个专业且结构合理的管理团队。首先，很多高校多媒体教室的管理人员主要由一到两名计算机专业人员和很多临时工组成，学历普遍偏低，业务能力无法紧跟多媒体技术发展的步伐。其次，由于地位较低，很多高校在对多媒体教室管理人员培训、进修、晋升职称等方面有所欠缺，挫伤了多媒体教室管理人员的工作积极性和进取心。因此，多媒体管理人员很难形成结构

合理的管理队伍，无法保证提供高质量的教学支持服务。

（三）设备条件相对落后于教学软件的发展

随着信息技术的发展，各种教学软件层出不穷，每个教学软件的版本更新迅速。教师时常为了教学需要，临时安装一些新的软件，而这些软件对计算机的配置提出了更高的要求。这就造成两种情况：一种是当前的计算机配置无法支持新软件的使用，教师因无法安装新软件会对多媒体教室管理人员提出强烈的意见；另一种是很多教师都按照自己的需要去安装新软件，使计算机的内存严重不足，导致计算机运行缓慢，继而引起没有安装新软件的教师的不满。在这两种情况下，教师最终都会将矛头指向多媒体教室管理人员，造成两者之间的矛盾加深。

（四）任课教师欠缺教育技术能力，误操作现象频发

多媒体教室的各种设备最终是由任课教师来操作使用的。因此，教师能否正确使用，直接关系教学效果的好坏。现实的情况是，任课教师经常忽视教育技术的学习，对提供的培训也不屑一顾，而在使用多媒体设备过程中他们又经常发生操作不规范或是错误的现象，导致设备无法正常运行甚至发生损坏。发生这种情况既耽误了正常上课，又增加了维修量，甚至有的教师还将责任推到管理员身上，无形中增加了管理员与教师之间的矛盾。此种现象在学生社团活动与招聘宣讲中也频繁出现。

（五）设备数量大、变更频繁，导致资产管理难度大

随着多媒体教学的普及，每个高校的多媒体教室都在尽可能地增长，设备数量越来越多。而在日常的维修中，设备变更（如主机交换、备用设备替换等）经常发生，整体而言设备的流动性较大。如果多媒体教室分布在不同的楼层上，信息更新不及时，很容易造成设备的账物不符，给固定资产管理增加难度。

三、多媒体教室管理问题的对策探讨

（一）与时俱进，引入信息化管理手段

大数据时代，管理手段的信息化，是任何一个管理部门最终都绕不开的议题。多媒体教室管理部门，作为一个信息技术部门更是如此，引入信息化管理手段来统筹管理多媒体教室设备、方便快捷地处理设备使用者反馈的信息成为必然。

信息化管理手段不必一味追求技术先进，因为最先进未必是最实用的，而且成本也是一个很大的问题。结合目前的有益经验和实践中的一些成功案例，笔者认为，信息化管理手段应该包括以下两大功能模块。

1. 面向使用者的功能模块

对于使用者而言，首先，应该了解设备的使用和维护常识。应该有关于设备的使用说

明（可图文并茂，有条件的最好进行视频解说）、相关的管理规定、应急预案。此外，为方便使用者申请教室，还应该附上关于教室的申请说明。其次，要提供专门的教室申请功能，目的是避开走纸质程序时的低效，节省使用者宝贵的时间。同时，使用者申请教室需要查询相关的信息，因此应该提供实时的多媒体教室占用信息、教室容纳人数信息及教室分布地图。最后，为便于使用者与管理员之间进行更融洽的沟通，还应该向使用者提供反馈意见的窗口。

2. 面向管理员的功能模块

多媒体教室管理人员对该系统的需求主要分为前台和后台。前台部分，管理员应该能够准确记录设备报修信息。后台部分，是整个系统的重头戏，也是与当今的大数据背景十分契合的，主要承担数据管理和统计分析功能。具体而言，首先，应该能够对前台添加的维修记录进行统计分析；其次，应能对教室设备信息进行动态记录；再次，应与教务系统进行对接以提供实时的多媒体教室占用信息；最后，应该能对使用者提供的教室申请信息进行审核和处理。

有了合理的功能模块，还应该有合适的载体。在信息化时代以及只能手机的普及，多媒体教室管理系统与手机绝缘是不现实的。所以，在构建系统时，必须同时开发手机版本以适应时代发展的需要。

（二）加强教师的教育技术能力培训

为了使任课教师能正确地使用多媒体设备，掌握多媒体教室设备的操作规程，对教师进行教育技术培训是十分有必要的。要保证培训的质量，必须建立相应的培训制度，多媒体教学管理部门应该与教务处、人事处合作共同把培训工作做好。如规定必须至少参加一次培训，培训合格后发放相应的证书，没有合格证书就不能申请多媒体教学，将教育技术考核纳入教师的年终考核。在培训内容上应该涉及多媒体教学的发展史、多媒体教室的使用流程、多媒体教室的组成及多媒体教室常见问题的处理方法等。培训时间放在每学期开学初，以便教师及时地在实践中内化所学习的技能。

（三）加强制度建设和人员培养

高校多媒体教室的管理和维护工作实际上是一个教学服务工作。表面上面对的是机器，实际上面对的是全校的教师和其他教职工。建立健全的多媒体教室管理制度，将使多媒体教室管理工作规范化、可视化，有利于接受使用者监督以更积极地改进工作，继而有利于处理好与多媒体设备使用者的关系。

无论什么性质的工作，人员的培养和团队的组建都是关键。相关部门应该更多地重视多媒体教室管理部门，提供专业的技术人员进行多媒体技术梯队的建设；改进多媒体教室管理部门的考核方式，给他们提供更多的晋升机会，提高其工作的积极性。同时，重视多媒体教室管理部门的人员培训，多提供学习和培训的机会（如可定期组织多媒体教室管理人员和各厂家进行技术交流和学习），全方位提升管理人员的专业技能。

（四）提升硬件水平，合理配置资源

为紧跟教学软件更新换代的步伐，努力提升硬件设备的质量是一件十分紧迫的事情。要做到始终能完全满足教师对设备配置的要求是很难的。所以，一方面要在设备采购时要有长远规划；另一方面要根据数据分析的结果，对现有资源进行合理的分配。在采购设备时，把眼光放长远，即在综合考虑成本和现实要求的前提下，着眼于教育技术发展的趋势，采购具有扩展性和延续性的设备，尽量延长多媒体设备的使用寿命。对资源进行合理配置，即根据课程特点、教师使用偏好信息等，对设备按照需要进行统一的资源配置。如将高配的设备调整到需求最强烈的课程中。

多媒体教学已成为高等教育的主要教学方式，因此，其重要性是不言而喻的。相应地，作为多媒体教学的唯一支持服务部门，多媒体教室管理部门也应获得足够的重视。不仅外界要重视多媒体教室管理部门，其自身也要对自己的地位和重要性有清醒的认识。有了重视和认识，多媒体教室管理部门应该尽快从硬件、软件、管理手段及制度建设等方面全方位地提升服务质量，做高校教学工作最坚强的后盾。

第七节　高校数字化新媒体建设管理办法

随着数字化新媒体技术的不断发展和成熟，数字化新媒体在高校教学科研、思政教育、管理服务过程中发挥着越来越重要的作用，本节通过领导重视、搭建平台、完善制度、丰富内容、形成机制等五个方面阐述体系化的高校数字化新媒体建设管理办法。

数字化新媒体以传播速度快、覆盖范围广等特点，在新闻传播和舆论扩散方面发挥重要的作用。数字化新媒体主要包括微博、微信、公众号、QQ、易班网、易信、人人网、今日头条、App、网络视频、移动电视等各类数字化新媒体平台。高校数字化新媒体在提供信息服务、展示学校形象、传播校园文化等方面发挥着越来越重要的作用，做好高校数字化新媒体工作可以内聚人心，外塑形象，做好宣传工作，需要统筹谋划、全员参与、多方联动。为进一步加强校园数字化新媒体建设管理，充分发挥各数字化新媒体平台在展示学校形象、发布新闻信息、网络舆论引导、网络文化建设和提供社会服务等方面的作用，本节探索提出了一套高校数字化新媒体建设管理办法。

一、领导重视，统筹规划

学校党政要高度重视新闻宣传工作和学校数字化新媒体建设，积极构建新形势下"人人参与、人人有责"的大宣传工作格局；定期召开学校层面的宣传工作总结和计划大会，

对先进集体和个人予以表彰，并成立专门的新闻工作组织，统筹做好学校新闻宣传工作；组织系列新闻宣传专题培训，定期做宣传工作技巧培训和工作交流。

二、搭建平台，组建队伍

开通学校官方微信公众号等网络平台，以"互联网＋思政"为主线，发布与学校师生密切相关的信息，作为学校各单位、各班级、学生组织等突出个人、突出事件的宣传展示平台，分众化、对象化服务全院师生学习生活、工作发展，讲好校园故事，传递学校声音。同时，要以微信公众号为依托，成立新闻工作站学生组织，专门进行微信编辑、后台维护和公众号宣传等工作。

为提升各学院、专业、班级、学生组织层面数字化新媒体宣传工作实效，应组建以班级宣传委员为主体的学生信息员队伍，强化班级宣传意识，畅通学院、专业、班级、学生组织信息上报机制，构建班班参与、人人有责、全校联动的宣传工作网络体系。通过信息员 QQ 群和微信群，将每天的信息推送及时转发至各班级的 QQ 群和微信群。

三、完善制度，畅通机制

"无规矩不成方圆"，规范的工作制度是各项工作顺利开展的有力保障。高校数字化新媒体建设需要建立包括以工作机制、组织纪律、审核发布制度、工作站成员考核等为主要内容的新闻工作章程；以信息员的工作职责、信息上报流程、投稿须知、考核评优机制为主要内容的信息员工作制度；以坚持正确舆论导向、内容创作、审核校对、领导签发为主要内容的信息审核签发制度等在内的多个工作制度。

四、有理有趣，内容丰富

在"内容为王"的数字化新媒体时代，想要吸引更多的人关注，就必须从内容上下功夫。高校数字化新媒体建设需要本着"有理有趣"的原则，通过创作有思想、有品质的网络作品，讲好"校园好故事"，传播"学校好声音"；主要发布内容包括以思想政治教育体系中诚信教育、安全教育、防骗教育、文明礼仪教育等线上教育为载体的"思政专题"模块；以学校党委、各党支部、团支部活动为依托的"党团活动"模块；以重大纪念日、学习宣传"习近平新时代中国特色社会主义思想和二十"大精神为主要内容的"时事政治"模块；以优秀个人为代表的"个人风采"模块；以班级、学生组织为主要内容的"集体展示"模块；以学校教学科研、管理服务动态为主要内容的"学校动态"模块，具体来讲就是"言之有物""言之有趣"。

言之有物是指日常发布内容要丰富。通过创作有温度、有思想、有品质的优秀网络思政教育作品，分众化、对象化加强学生网络思政教育，同时为学院各班级、学生组织和个人提供宣传展示平台，服务师生学习、工作、生活、发展，凝聚师生情感，宣传学校发展成就。以图文并茂的形式展示时政新闻、集体活动、个人风采等丰富多彩的内容。

言之有趣是指推送内容在形式上要有趣味性。通过将当代大学生喜闻乐见的表情包、漫画、微视频等新元素融入防诈骗教育、宿舍用电安全教育、大学生文明礼仪教育等主题推送中，寓教于乐。

五、形成机制，应对舆情

做好高校学生舆情收集工作。做好高校学生舆情收集相关工作是舆情危机分析工作和建立预警机制的基础，只有及时、准确地掌握真实、全面的信息，才能准确做出判断分析。舆情收集机制的建立关键在于要畅通信息收集来源，构建由学生干部等骨干学生组成的覆盖点、线、面的全方位信息渠道，全面、准确且及时收集各类信息，建立舆情搜集情报网络。建立舆情员制度，及时收集学生网络舆情，便于及时准确预判，将问题解决在萌芽阶段，防患于未然。

形成网络舆情定期分析制度。要对舆情形成定期分析制度。通过舆情搜集、引导、分析机制，统筹谋划，按照搜集的舆情信息，分类汇总、定向预测、定期反馈，增强分析评判的针对性和有效性，重视舆情的调查核实，形成有价值的专题舆情分析报告，为学校决策提供准确信息。

建立高校网络舆情引导机制。高校网络舆情影响学校的正常教学科研，甚至影响社会稳定。因此必须加强预警、有效预防、妥善处置，建立科学规范、行之有效的舆情引导工作机制。一是要明确责任，落实责任主体；二是要健全制度，建立完善机制；三是要完善手段，强化技术管理；四是要培育网络评论员，让立场坚定的学生骨干及时进行相关热点信息的发布传播和舆情引导，多措并举保持校园的和谐与稳定。

做好高校数字化新媒体工作，需要多学、多看、多做，积极推动工作平台从"传统"向"新兴"拓展，从现实环境向虚拟网络延伸，让工作插上"信息化的翅膀"。通过建立线上组织和平台，把线上活动与线下活动结合起来，发挥好互联网为思政教育工作提供信息宣传平台、教育管理、互动交流、密切联系学生等作用。主动占领互联网舆论传播制高点，加强对互联网热点问题的引导和应对，关注校园生活，宣传校园文化，加强政策解读，回应学生关切，掌握网上舆论主导权，不断发现问题、分析问题，更好地发挥数字化新媒体工作在立德树人、服务学校发展中的作用。

第六章 教育信息化背景下高校人力资源管理

第一节 高校人力资源管理信息化的内涵

一、高校人力资源管理的内涵与特征

（一）人力资源管理的内涵

人力资源是指在一定范围内的人口总体所具有的劳动能力的总和，或者是指能够推动整个经济和社会发展的具有智力劳动与体力劳动能力的人的总和，或者表述为一个国家或地区的总人口减去丧失劳动能力的人口之后的人口。人力资源也指一定时期内组织中的人所拥有的能够被企业所用，且对价值创造起重要作用的教育、能力、技能、经验、体力等的总称。

人力资源管理分为宏观管理和微观管理。人力资源宏观管理是对社会整体的人力资源的计划、组织、控制，从而调整和改善人力资源状况，使之适应社会再生产的要求，保证社会经济的运行和发展。从宏观上来说，人力资源管理是指运用科学方法，协调人与事的关系，处理人与人的矛盾，充分发挥人的潜能，使人尽其才，事得其人，人事相宜，以实现组织目标的过程。人力资源微观管理是通过对企业事业组织的人和事的管理，处理人与人之间的关系，人与事的配合，充分发挥人的潜能，并对人的各种活动予以计划、组织、指挥和控制，以实现组织的目标。

20 世纪以后，国内外从不同侧面对人力资源管理的概念进行阐释，综合起来可以分为四大类。第一类主要是从人力资源管理的目的出发解释其含义，认为它是借助对人力资源的管理来实现目标；第二类主要是从人力资源管理的过程或承担的职能出发进行解释，把人力资源看作一个活动过程；第三类主要解释人力资源管理的实体，认为它是与人有关的制度、政策等；第四类从目的、过程等方面出发综合进行解释。在企业中，人力资源管理是指根据企业发展战略的要求，有计划地对人力资源进行合理配置，通过对企业中员工的招聘、培训、使用、考核、激励、调整等一系列过程，调动员工的积极性，发挥员工的

潜能，为企业创造价值，给企业带来效益。要确保企业战略目标的实现，企业必须进行一系列人力资源政策的制定以及相应的管理活动。这些活动主要包括企业人力资源战略的制定、员工的招募与选拔、培训与开发、绩效管理、薪酬管理、员工流动管理、员工关系管理、员工安全与健康管理等。即企业运用现代管理方法，对选人、育人、留人、用人等方面所进行的计划、组织、指挥、控制和协调等一系列活动，最终达到实现企业发展目标。

（二）高校人力资源管理的内涵

高校人力资源特指高等教育机构中具有工作能力的教育工作者，是指能够促进高校教育事业进一步发展，能够为国家和社会在政治、经济、科技等方面做出贡献，为培养高素质人才发挥作用的员工，主要包括高校的科教人员、管理人员、后勤人员等。

高校人力资源管理是运用科学方法，遵循人才发展规律，结合高校当前任务，对学校各岗位人员进行合理规划与组织，对人事关系进行指导、协调与控制，做好教职工的聘用、培训考核、工资福利等工作，以实现高效率与高效益的利用人力资源的目标。

（三）高校人力资源管理的特征

人力资源管理是高校管理中的重要一环，根据高校人力资源自身的特征，高校人力资源管理方式也应该随之改变。随着国内外形势发生的深刻复杂变化，在当今社会不断变革和新时期人才市场竞争的环境下，高校人事管理的概念和管理机制已发生重大变化，正在由传统的人事管理向人才管理方向发展。

高校人力资源的主要特点是知识型教职员工占主导地位。高校教师绝大多数都接受过系统的教育，知识能力相对高于社会平均水平，对精神层面的需求也更高。高校教师在教书育人和科研创新的过程中，寻求自我价值的实现，从而获得社会的承认和事业上的发展。然而，受传统教育体制和计划经济的影响，许多高校的人力资源组成复杂，高校教职工在知识、能力、教育背景等方面存在较大差异，因而高校人力资源管理较为复杂，需要采取差异化管理方式，充分挖掘各类型人力资源的积极性和潜力。高校人力资源类型多样、工作内容和社会角色重要，与企业相比，除了合理配置高校人力资源、加大人力资源开发力度、激发人的积极性和创造性等人力资源管理共同特征以外，高校人力资源管理还具有自身独有的特征。

1.高校人力资源的创造性与优质性

高校是各类高水平人才的聚集之地，高校教师具有很强的创造性、智能性和创新性。在经济范畴中，与效率一般的普通工人相比，效率较高的工人的劳动一般会有30%~50%的余量。而在知识经济范畴中，劳动的创造性和智力性是劳动价值的主要体现方式，知识型技术人员的劳动价值一般是普通工人的5倍。此外，在经济社会中，同质劳动力的可替代性很强；而在信息社会中，人才技能的特殊性和独特性使得其替代的可能性明显降低。

2. 高校人力资源的激励性

基于高校教师优质性特点，根据马斯洛需求理论，高校教师的精神追求和心理需求具有明显的特点，同普通员工相比，广大高校教师比较注重工作环境氛围和自由的工作时间。主要表现为：第一，注重自身劳动价值和劳动成果的被认可。第二，注重劳动结果的完美度，高校教师一般都具有很强的自我满足意识，将完成挑战性的工作视为实现自身价值的方式，这使他们产生持久、强大而相对稳定的进取精神，力求呈现完美结果。

3. 高校人力资源的时效性与再生性

高校人力资源具有极强的时效性。一位教师无论具有多高的学术水平和人才培养能力，也只能代表他在特定时期具有较高的人力资本积累。如果这位教师无法做到与时俱进，紧跟知识和科技发展的潮流，其人力资本价值也会相应降低。同时，人力资源也具有一定的可再生性，被耗损的人力资源在一定程度上是可以再生的，教师的人力资本再生是通过持续学习实现的，不是通过一次性的投资产生的。因此，想要实现教师素质和能力的提升，需要对教师不断培养和投入，以维护他们的内在人力资源价值。

4. 高校人力资源的流动性

人是人力资本的载体，人力资本会随着人的流动而流动，因此流动性是人力资本和实物资本的重要差异之一。高校的人才流动是必然的现象，21 世纪的竞争是人才的竞争，高校间的竞争也不例外。竞争过程中有序合理的人才流动是市场经济发展的必然结果，有利于激发人才的最大价值，也有利于实现社会人力资源的优化配置，这是社会进步的体现。

二、高校人力资源管理信息化的概念

人力资源管理信息化的概念是以信息技术为手段，以人力资源管理信息系统为平台，达到降低管理成本、提高管理效率和全员参与管理的目的，提升人力资源的战略地位，形成新的开放的人力资源管理模式。依据人力资源管理信息化的概念，我们可以把高校人力资源管理信息化理解为人力资源管理信息化在高校中的应用。具体来讲，高校人力资源管理信息化就是为了实现高校的战略发展、提高科研水平和教学水平，运用先进的信息技术，建设基于校园网的高校人力资源管理信息系统，提高高校人力资源管理水平的一套完整解决方案。高校人力资源管理信息化是以先进的信息技术为支撑的先进的管理思想与理念的体现，是一种新型高校人力资源管理模式。

从宏观上讲，人力资源信息化管理是高校转变管理模式、创新管理理念的重要举措，更是信息时代高校发展的必然需求。高校人力资源管理负责人已经难以完全脱离信息技术开展工作，从人才招聘、人才筛选、薪酬体系制定到组织结构调整的各个环节，都需要信息技术作为辅助。具体而言，高校人力资源信息化管理目的有以下几点：第一，降低管理成本。人力资源管理中的逐级沟通、意见反馈等活动都能够在信息技术的支持下完成，突破了传统时空限制，降低了组织管理各项成本。第二，优化工作环境。不断改善教职员工在高校的工作体验，提升高校行政体系运转效率，优化高校工作的环境，吸纳更多高素质人才。第三，优化管理流程。减少高校在人力资源管理过程中的负担，建立人力资源信息数据库，提升人力资源业务项目流转速度，促使高校在新时期的综合竞争力不断增强。第四，科学评估绩效。信息系统能够将人力资源的激励、测评、考察等工作智能化，帮助高校人力资源负责人甄选出匹配度更高的人才，并且能够科学分析、考察现有人才绩效水平，激励教职员工在本岗位上开展教学科研等活动。

三、高校人力资源管理信息化的作用

高校人力资源管理信息系统是以校园网为基础，对高校人力资源信息进行收集、传递、存储、加工、维护和使用，并与其他高校管理信息系统能够无缝连接，共享信息的人机系统。高校人力资源管理信息化的作用体现在以下几个方面。

（一）提升高校人力资源管理的运作效率

高校人力资源管理信息化最重要的作用是提高高校人力资源管理的工作效率，主要表现在人力节约、人力资源业务办理速度提高、差错率下降等方面。高校人力资源管理的日常工作会进行大量的文档、表格处理和数据统计，其中大部分信息内容能够通过规范、统一的数据标准和各种预设的计算工具进行处理，高校人力资源管理信息系统中的相应功能模块，可以大大提高这部分工作的处理效率和数据的准确性。高校人力资源管理信息化使高校人力资源管理工作者从纷繁复杂的基础信息处理工作中解脱出来，从而有更多的时间考虑高校及教职上的需求。另外，高校人力资源管理信息化优化了高校人力资源管理的流程，提供了更多有价值的信息，为高校的战略发展提供支持。尽管高校的人力资源管理工作与企业不尽相同，但是国外绝大多数高校实施人力资源管理信息化项目后都实现了工作效率的提升。从文献分析中，我们可以看出中国高校实现人力资源管理信息化后工作效率也得到了提高。

（二）有效改善高校人事部门的服务，推进全面人力资源管理

高校的人事工作关系着学校的每一位教职工，不仅仅是高校人事部门的事情，还需要高校的校领导和院系领导、教师以及其他人员的共同参与。基于校园网的高校人力资源管理信息系统，可以对用户进行角色划分，分别授予不同的操作权限，有效提高高校全体教职工参与人力资源管理的程度，扩大人事部门的服务范围，提高服务质量。

（三）增强高校人力资源管理的流程控制

一些高校的人力资源管理工作具有很大的随意性，存在外来干扰因素多、主观性强的问题。在招聘、用人、调配、绩效考核、工资分配等环节上，缺乏严格的操作流程，受管理者个人影响较大。即使拥有人力资源管理制度和流程，也可能会受到高层领导或其他利益相关者的干涉，影响高校人力资源管理的专业化和质量。另外，高校人力资源管理的各

项工作受人事部门工作人员的影响较大，人员变动将引起业务水平发生很大变化，各项业务的可持续性较差。

高校人力资源管理信息系统拥有严格的流程和权限控制，系统根据预设的流程运行和监控，以时间和流程推动人事工作的运行。用户不符合流程规定的操作，系统会自动报警，并屏蔽非法操作的影响。因此，高校人力资源管理信息系统可以一定程度上排除外来的和主观的干扰。

（四）提高高校人力资源管理解决方案的执行力

当前，高校人事工作面临着许多人力资源管理的难题，如优秀教师流失，教师的教学和科研工作评价机制不健全，工资分配不平衡、不合理和教职工的激励不足等，这些难题影响着高校教职工的工作积极性，也制约着高校的战略发展。为了解决这些问题，高校做出了很多努力，制定了一些解决方案，但是这些方案大多遇到了执行不力的情况。因为缺乏方案实施的平台和工具，所以这些方案难以推行。深入地看，传统的手工操作方式不能适应以精确化和定量化为特点的现代人力资源管理模式，高校的人力资源管理工作必须从手工方式转向信息化方式。高校人力资源管理信息系统拥有强大的业务处理功能和先进的管理工具，可以嫁接多种业务解决方案，具有适应不同业务方案的柔性。

（五）高校人力资源管理信息系统可以突破时空限制

基于校园网的高校人力资源管理信息系统，采用了 B/S 结构，高校的各类人员可以通过互联网随时随地地登录人力资源管理信息系统，处理学校或院系的人事工作。同时，高校人力资源管理信息系统能够支持多人同时操作系统，也可以让多人同时获得系统的服务，真正实现了移动办公。由于突破了时间、空间、人数的限制，高校各类人员可以在出差或假期时处理相关的人事业务，减少了业务的处理时间，能够及时完成工作任务。

（六）提高高校人力资源管理相关决策的质量

高校实施人力资源管理信息化项目后，高校的人事工作达到定量化，人力资源管理信息系统可以提供更多有效的数据，使高校管理者在进行决策时做到有据可依，有利于减轻工作人员手工工作负担，降低人为的失误操作，减少工作中的错误。在提供更方便和更准确服务的同时，高校人力资源管理信息系统还可以促进业务流程的顺利对接，改善人力资源管理工作的品质。高校人力资源管理信息系统可有效提高人事部门和高校领导获取信息的效率和质量，为各级决策者提供基于信息的分析和决策支持，有效避免因信息不全、数据不准、时效不高而可能带来的决策风险。

（七）促进高校人事部门与其他职能部门的协作

高校的人事部门管理所有教职工的数据信息，不仅定期制作报表向上级部门汇报，还需要向学校其他管理部门提供人事数据信息。学校的教务、科研、资产管理、发展规划、工会、后勤管理等部门，工作与人事工作有很强的关联性，需要大量的人事数据信息。人事部门向学校其他管理部门提供人事数据信息的任务是繁重的，职责是重大的。在这种情况下，高校人力资源管理信息系统能够将日常提供人事数据信息的工作规范化、网络化和效率化。例如，通过开发高校人力资源管理信息系统的网络分析和报表功能，通过对其他部门提供授权的方式或者建立中心数据库的方式，使其能够自动获得最新的人事数据信息，并可以在网页上打印，实现了学校不同管理部门间的人事数据共享。

（八）实现高校教职工的自助服务

高校的教职工可以通过校园网或者互联网在其他地方访问人力资源管理信息系统，获取自身的有关信息，也可以在线提交培训、请假等申请以及在线学习学校的人事规章制度和文件，甚至可以通过人力资源管理信息系统的职业生涯规划功能进行自身的职业生涯规划和分析。

四、高校人力资源管理信息化的发展阶段

由于我国高校进行人力资源管理信息化建设起步较晚，并且不同高校之间人力资源管理信息化建设的水平存在着巨大差距，高校使用的人力资源管理信息化软件没有出现明显的整体阶段转换，因此我国高校人力资源管理信息化的发展阶段并没有较为清晰的划分界限。下面主要论述国外人力资源管理信息化及高校人力资源管理信息化的发展历程。

（一）人力资源管理信息化的发展历程

人力资源管理信息化起源于信息技术发展较早的美国，最早应用于企业的工资管理。20世纪60年代初提供工资服务的公司采用计算机技术，开发了自动化的工资系统，并在20世纪70年代初期进入欧洲。

在20世纪80年代前期，微型计算机得到了快速发展。许多企业和高校可以使用微型计算机制作工资系统。信息技术的发展为提高人力资源管理的效率、降低人力资源管理的成本提供了机会，计算机技术和数据库技术等为企业和高校提供了自动化的工资和个人税务系统。同时，计算机软件系统在管理领域普遍应用，国外的一些高校和领先的应用软件企业开始对人力资源管理信息化进行研究。最初的人力资源管理信息化是针对人力资源管理中最复杂、最繁重的业务进行的，这项业务就是薪资的计算。在这个阶段，计算技术是整个人力资源管理信息化的关键技术，另外电子表格技术也是当时人力资源管理信息化的重要技术。

20世纪80年代后期，很多企业已经不再满足于功能单一的、孤立的人力资源管理信息化状况。为了改变这种情况，人力资源管理信息化的研究者和企业等开始关注网络技术。网络技术的优势是让信息不再被地域所阻断，对管理信息系统来说，这是非常重要的。网络技术逐渐成为各类信息化系统的关键应用技术，人力资源管理信息化也不例外，在此期间大量的网络版人力资源管理信息系统出现。网络技术带给人力资源管理的不只是一种技

术的简单更新，而且是一种全新的管理革命。互联网推进了人力资源管理信息化的发展。互联网与日益成熟的数据库技术使各项人力资源管理业务相继实现了信息化，招聘、薪酬福利管理、绩效管理与评估等都集成到人力资源管理信息系统中。

20 世纪 90 年代开始，人们逐渐认识到人力资源管理工作不仅是组织内部的一种辅助的管理行为，而且是组织生存和发展的关键。越来越多的人力资源管理方法和理念开始在管理实践中被采用。人们不再仅仅关注日常的人力资源管理工作，而是开始考虑如何提升人力资源管理价值和改善组织内部的人力资源管理状况。这种管理思想的变化，逐渐影响人力资源管理信息化的研究。出现了新的人力资源管理信息化模式即电子人力资源管理。信息技术的迅猛发展和人力资源管理理念的变革促使 e-HR 这种新的人力资源管理信息化模式的出现。

进入 21 世纪，人力资源管理信息化在各类组织中得到快速普及，并在各类组织中了广泛应用。而且 e-HR 逐渐成为组织的基础管理信息系统，并与组织的其他管理信息系统进行集成，形成数据和信息充分共享与流通的整合管理信息系统。

（二）高校人力资源管理信息化的发展阶段

高校在实行人力资源管理信息化方面比企业稍晚，大致可以划分为四个阶段。

第一阶段：高校人力资源管理信息化的原始阶段。

高校人力资源管理信息化的发展历史开始于 20 世纪 70 年代。在二十世纪七八十年代，许多高校纷纷向企业学习，在人事管理工作中以计算机代替手工完成一些业务。在这个时期，高校主要把教职工的基本信息存储在计算机的硬盘中。我们可以称这个阶段为高校人力资源管理信息化的原始积累阶段。

第二阶段：高校人力资源管理信息化的初级阶段。

20 世纪 90 年代初期，高校利用网络技术和数据库技术，开发了简单的人力资源管理信息库，开始了内部信息管理阶段。信息技术的发展促进了高校人力资源管理信息化的建设。除工资等人事信息外，人事档案信息、培训信息、招聘信息和人员调配信息等都可以通过网络进行查询和下载，这个阶段可以称为内部信息管理阶段。当前，大部分高校已经完成了这一阶段，基本建立了高校人力资源管理信息系统，开发了人事部门的网站。

第三阶段：高校人力资源管理信息化的中级阶段。

20 世纪 90 年代中后期，高校人力资源管理信息化迎来了新的发展机遇。人力资源作为第一资源、战略性资源的观念逐渐得到高校的认可，人力资源作为高校核心竞争力的关键来源也成为共识。在"以人为本"等管理理念的指导下，人力资源管理从传统模式走向了新的以绩效考核评估、人才测量评价和激励约束制度为核心的人力资源管理模式。高校人力资源管理模式的转变必然影响高校人力资源管理信息化的规划和设计。在这个阶段，高校人力资源管理信息化主要是构建面向对象的校园网与互联网结合的人力资源管理信息系统。因此可以将这个阶段称为面向对象的网络化信息管理阶段。基于网络的高校人力资源管理信息系统的界面更加友好、操作更加简便，管理信息系统和数据库都部署在服务器上，使用浏览器即可进行访问和管理。高校人力资源管理信息系统更具有人性化的特点。但是网络安全问题，即如何保护人事数据也成为高校人力资源管理信息系统设计和维护的重要内容。

第四阶段：高校人力资源管理信息化的高级阶段。

21世纪以来，信息技术得到了迅猛发展和广泛普及与应用，通信技术、电子商务技术、互联网和高性能的计算机技术等深刻影响着各国的经济、社会和生活方式等。高校人力资源管理信息化也开始进入战略整合阶段，即高校人力资源管理信息化不再仅是高校人事部门的工作，不再是部门自发地进行建设，而是改为自上而下的瀑布式管理，人力资源管理信息化建设的形式和内容都是以高校人力资源管理规划以及高校战略发展目标为基础的。具体来讲，就是从学校的使命和战略目标出发，制定人事部门的发展目标和人才队伍建设规划，并以此为指导，对现有的高校人力资源管理信息系统的结构和功能进行反思和改造。同时使高校人力资源管理信息系统与教学管理信息系统、科研管理信息系统、财务管理信息系统等其他职能部门的管理信息系统实现信息共享，使各个管理信息系统之间实现无缝连接，从而使人事数据信息为其他部门提供更方便和快捷的服务。可以将这个阶段称为高校人力资源管理信息化的战略化阶段。这个阶段具有系统集成、设计先进、数据统一、结构完整和系统开放等特点。

五、高校人力资源管理信息化的主要模块

高校人力资源管理信息化的主要模块可以分为三类：第一类是高校人力资源信息管理模块，主要包括教职工信息管理模块、组织结构与岗位信息管理模块和政策法规信息模块；第二类是高校人力资源管理业务模块，主要包括招聘管理模块、工资管理模块、社会保险与福利模块、考勤管理模块、考核管理模块、岗位聘任管理模块、培训开发模块、职业生涯管理模块、教职工异动模块和合同管理模块等；第三类是辅助支持模块，主要包括系统权限管理模块、系统查询模块和统计分析模块等。

（一）信息管理模块

（1）教职工信息管理模块可以分为在职教职工信息库、退休教职工信息库、调出人员信息库和临时人员信息库，主要功能是采集、管理和维护教职工的基本信息、学历学位信息和岗位情况等信息，并且可以导出人事花名册。

（2）组织结构与岗位信息管理模块的主要功能是对高校内不同类别的、不同层次的工作岗位进行分析，形成高校内各院系、各部门的岗位信息库，并根据组织机构和岗位的变化维护组织结构与岗位信息库。组织结构与岗位信息库包括高校的院系等部门信息和岗位信息，部门信息包括部门人员编制和岗位数量等，岗位信息包括工作说明书、岗位规范和岗位图谱。

（3）政策法规信息模块的主要功能是内置国家关于人力资源和社会保障的法规制度、地方性法规以及高校自身制定的人事制度，对这些制度进行分类管理，还可以更新已过时的政策法规和发布新法规。

（二）人力资源管理业务模块

（1）招聘管理模块分为空缺岗位信息、招聘计划制订、招聘信息发布和招聘结果通知等子模块。空缺岗位信息子模块的主要功能是高校各院系各部门根据岗位情况报送缺岗信息；招聘计划制订子模块的主要功能是根据空岗信息自动生成招聘计划表及相应的招聘条件；招聘信息发布子模块的主要功能是把经过批准的招聘计划发布到校园网上，供求职者投递简历，并自动进行初步筛选。招聘结果通知子模块根据最终录取情况，向求职者自动发送录取通知的电子邮件。

（2）工资管理模块主要包括工资设计、工资管理和工资统计分析等子模块。工资设计子模块的主要功能是设定工资的结构和类别，工资的结构一般包括薪级工资、岗位工资、职务补贴和岗位津贴等，工资的类别是按照教职工的工作内容分类，如教师类工资、行政管理类工资、其他专业技术类工资和工勤类工资；工资管理子模块的主要功能是确定每位教职工的工资，并对其每月工资进行计算；工资统计分析子模块的主要功能是可以分类别、分时间地统计分析教职工个人、院系等部门和高校整体的工资情况。

（3）社会保险与福利模块主要包括社会保险与福利设计和社会保险与福利缴费计算两个子模块，社会保险设计子模块的主要功能是根据国家法律规定与学校规定生成社会保险与福利管理的基本结构，包括养老、失业和医疗等保险福利项目，为各类保险和福利费用的缴纳设定计算公式；社会保险与福利缴费计算子模块的主要功能是在高校缴纳保险与福利费用时，可以与工资管理模块关联，迅速准确地计算出每位教职工的缴费数额，并能进行统计和查询。

（4）考勤管理模块的主要功能是根据国家及学校对于病假、探亲假和学术假等规定实现对假期申请、所在部门审批和人事处等部门审批的网络化管理，并可以对考勤信息进行记录、统计和查询。

（5）考核管理模块可以分为年度考核和聘期考核两个子模块。年度考核子模块的主要功能是每位教职工在网上填报考核表，经所在部门及人事部门填写审核意见后，进行电子存档，并提供打印，用于纸质考核表存档；聘期考核子模块的主要功能是对每位教职工一个聘期内完成的工作与其所聘岗位的职责进行对比，从而得出考核结果。该模块需要与学校的科研及教学管理系统进行数据交换。

（6）岗位聘任管理模块的主要功能是根据组织结构与岗位信息库的内容发布岗位信息，教职工填报岗位应聘表，岗位聘任结果公示。该模块要与考核管理模块关联，根据考核结果进行岗位聘任。

（7）培训开发模块的主要功能是发布培训信息，受理教职工培训申请，并能记录、查询和统计教职工的培训信息。

（8）职业生涯管理模块主要为教职上在教学科研等方面提供规划信息录入，并由院系等部门对教职工的职业生涯规划进行评价和反馈。

（9）教职工异动模块包括校内调动、退休和调离三个子模块。校内调动子模块的主要功能是对教职工在学校内各部门之间的变动进行处理；退休子模块的主要功能是制订教职工退休计划，发送退休通知书的电子邮件，并把退休教职工的信息转到退休教职工信息库；调离子模块的主要功能是记录教职工的调出去向和调离时间，并把教职工信息转到调离教职工信息库。

（10）合同管理模块的主要功能是建立在编教职工的聘用合同及临时人员的劳动合同的模板上，记录合同的变更、续签等情况，提供合同到期的自动提醒，记录合同的解除与终止情况，实现教职工合同信息的查询与统计。

（三）辅助支持模块

（1）系统权限管理模块的主要功能是为了保障教职工信息的安全，根据教职工身份的不同进行权限分配，如部门领导可以查询本部门的教职工信息，审批本部门教职工的假期申请等；人事处的工作人员可以操作所有模块，而一般教职工只能操作某些模块。

（2）系统查询模块的主要功能是根据不同权限为教职工提供本人信息查询，为部门领导提供本部门人员信息查询，为校领导提供全校信息查询等。

（3）统计分析模块的主要功能是对高校人力资源管理信息系统中的各类资料进行有选择的汇总和统计，并生成相关的图表，进行分析和输出。

第二节　高校人力资源管理信息化的一般实施过程

一、我国高校人力资源管理信息化的原则

信息化是人力资源发展的趋势之一，是指利用信息技术手段提升人力资源管理效率的过程，有助于推动人力资源信息共享，优化人力资源管理流程，提升人力资源管理水平。高校人力资源管理信息化建设是一项人力、财力、物力投入大，持续时间长，影响范围广的系统工程，是一项关系高校发展全局的战略措施，关系高校的管理理念转变、组织结构设计、组织文化改善和业务流程优化等。要成功有效地进行高校人力资源管理信息化建设，必须遵循一定的原则。

（一）系统规划原则

系统规划是高校人力资源管理信息化建设的第一个环节，又是高校人力资源管理信息

化建设必须遵守的原则，因此系统规划是非常重要的。高校人力资源管理信息化建设涉及高校的教学科研等方面，影响所有的教职工，具有综合性、系统性和整体性，因此必须进行统一规划、统一投资、统一标准、统一建设和统一管理，以实现高校主要人力资源管理业务的电子化和信息资源的高效利用，高校人力资源管理信息化建设进行系统规划可以有效防止重复投资，避免进行孤立的系统设计或某项业务的信息化而形成的信息不能共享问题。

（二）循序渐进原则

高校人力资源管理信息化是一个动态过程，是随着国家法规政策的变动、高校的发展、信息技术的进步以及高校人力资源管理的发展而不断变化的。国家实施新的法规（如社会保险法）就会造成高校人力资源管理业务的改变，而业务的变化就会改变高校人力资源管理的业务需求，进而改变高校人力资源管理信息系统的设计与功能。另外，中国高校的人力资源管理水平不同，业务的需求层次也是不一样的，同时高校人力资源管理的新需求也不断出现，新出现的需求加大了高校人力资源管理信息化建设难度。高校进行人力资源管理信息化建设，在总体规划的基础上，既要坚持科学性、适用性，又要兼顾先进性和前瞻性，循序渐进，量力而行，要有条不紊地逐步完善。

（三）讲求实效原则

高校人力资源管理信息化建设必须从实际情况出发，充分考虑高校的管理水平和人力资源管理信息化的业务需求，突出重点，注重实际效果。高校人力资源管理信息化建设一定要以高校人力资源管理的实际情况为基础，以信息化的实际应用为着眼点，将先进信息技术与管理创新相结合，以此设计实施高校人力资源管理信息化的解决方案。高校人力资源管理信息系统的功能模块必须与实际应用紧密结合，必须具有实用性和针对性，中看不中用的功能模块不能进行设计与开发。

（四）纸质文档保存原则

高校人力资源管理信息系统的日常运行，必然会产生大量的电子人事信息，而这些信息都是以数字化的形式存储在系统的后台数据库中。这些电子文件中包含许多需要进入教职工个人人事档案或者学校档案的文件，如教职工的考核表、工资定级表、聘用合同书、相关的人事制度政策以及某些特殊问题的处理意见等。因此，对国家法律规定要保存的重要人事信息以及具有保存价值的人力资源电子文件，一定要将其转成纸质文档保存到教职工个人的人事档案或者学校的档案室。同时人力资源电子文件也要按照其记录信息的保存价值进行物理归档，转化为电子档案，保存到学校的档案信息系统中，并按规定进行相应的安全管理。也就是说，高校人力资源信息系统产生的电子人事信息要试行双轨制的归档管理，即数字化的文件和纸质载体的文件同时作为档案保管。

（五）信息安全原则

高校人力资源管理信息化建设必须高度重视信息安全问题。高校教职工的人事信息具有一定的机密性，要严加管理，要以严格的管理制度、有效的监督措施和先进信息安全技术，实现确保高校人事信息安全的目的。高校在实施人力资源管理信息化过程中必须严格遵守国家的有关信息安全的法律规定，制定适用教职工人事信息等方面的规范要求，高度重视互联网的安全威胁，采取必要措施，建立有效的信息安全保障机制，确保高校人事信息安全。

高校人力资源管理信息系统必须与互联网等公共信息网络实行物理隔离，涉密的教职工人事信息要存储在与公共网络相连的服务器或存储设备上，要采取彻底的防范措施，保证高校人力资源管理信息系统的基础运行环境、校园网的安全。高校人力资源管理信息系统在设计和开发的过程中必须进行严密的安全体系设计，采用基于角色的口令管理和权限管理。系统管理员的口令要采用严密的算法进行加密，防止盗用或破解系统管理员口令与密码的现象发生。不同用户的权限要进行系统的逻辑严密的分类与划分，通过详细的系统日志记录不同用户对系统的操作。

（六）信息共享原则

高校校园信息化建设中不仅包括人力资源管理信息系统，还包括教学管理、科研管理、财务管理和学生管理等许多职能部门的管理信息系统。因此，高校人力资源管理信息化建设要从校园信息化的全局出发，充分利用已经建成的基础网络环境和信息系统，在学校主管信息化建设的部门指导下，加强与其他职能部门的协调，采取切实可行的信息技术手段和管理制度，努力实现人力资源管理信息系统与其他管理信息系统的互联互通和信息共享，避免出现各个管理信息系统的信息孤岛现象以及信息标准不一致等问题。

二、高校人力资源管理信息化的实施过程

第一步：高校人力资源管理信息系统规划。

高校人力资源管理信息系统规划是高校校园信息化规划的一个重要组成部分，是人力资源管理信息系统开发的首要步骤和基础工作，是实现信息技术与人力资源管理业务之间的有机融合，从而促进高校规范化管理的必要前提。高校人力资源管理信息系统规划是根据高校的战略发展规划和师资队伍建设规划，在确定高校人力资源管理与信息技术的融合关系以及高校资源情况的基础上，通过制定、实施、评估和调整高校人力资源管理信息技术战略，实现高校人力资源管理的自动化和系统化。高校人力资源管理信息系统规划主要是调查分析高校的现状、未来的发展战略和任务、高校的党政组织结构、学校与院系的二级管理结构、人事部门的组织结构和业务以及当前学校人力资源管理存在的问题等。

有效地进行高校人力资源管理信息系统规划可以增进系统与学校及人事部门的关系，做到人事信息资源的深化应用和系统经费的减省节约，帮助高校梳理人事工作，发现能够改进的地方。

第二步：高校人力资源管理信息系统需求分析。

高校人力资源管理信息化项目是把高校人事工作的业务需求进行信息化实现的工作集合，能够掌握全面真实准确的需求，是高校人力资源管理信息化成功的基础。需求的不清晰和不准确会造成高校人力资源管理信息系统设计开发困难或错误，需求变更频繁会造成建设系统的经费增加等。许多高校人力资源管理信息化项目的失败都涉及需求问题。

在高校人力资源管理信息化项目建设之前，高校必须弄清楚三个问题：

第一，高校人力资源管理信息化的需求是什么？这个问题的实质是高校当前有什么需求，高校是否清楚地利用人力资源管理信息系统解决哪些人事管理工作上的难题。

第二，高校人力资源管理信息化的需求是什么？这个问题的实质是高校未来的需求是什么。在未来的动态环境中，高校之间的竞争会更加激烈，高校的战略目标和师资队伍规划会发生变化。为应对将来的变化，人力资源管理信息系统将面临何种需求。

第三，高校人力资源管理信息化应该是什么？管理信息系统的核心是管理，信息技术必须为管理目标服务，不能只追求技术上的先进性而忽视管理目标。因此，高校人力资源管理信息化的理念必须科学合理，使用的工具要适合高校的需求。高校人力资源管理信息系统应该是一个科学管理的平台，应该把可行的、科学合理的需求纳入系统中。

高校进行需求分析，需要注意以下的问题：

第一，需求是不断变化的。人力资源管理的很多业务处于不断的变革中，需求也随着发生变化，因此人力资源管理信息系统要具有灵活性。

第二，有些需求是模糊的。大多数需求开始是模糊的，高校虽然能够意识到但不能清楚地表达，因此专业人员要把模糊的需求变成描述准确的需求说明书。

第三，需求冲突。高校人力资源管理信息系统的用户包括很多人，如学校领导、其他职能部门、院系等，这些使用者都有需求，因此会出现需求冲突的情况。

第三步：高校人力资源管理信息系统的设计。

高校人力资源管理信息系统设计的主要任务是确定系统的总体设计方案，分析人力资源管理工作的业务流程，划分系统的功能模块，确定数据的流程，进行具体详细设计。

系统设计包括高校人力资源管理信息系统总体网络结构的设计、数据库的设计和功能模块的设计等。

总体网络结构的设计是指选择 B/S 结构还是 C/S 结构，或者两者混合。数据库的设计包括数据库表、字段等的设计。功能模块的设计是指高校人力资源管理信息系统所具有的分工协作的业务模块，如招聘模块、工资管理模块、培训管理模块、福利保险模块、绩效考核模块、系统查询模块、统计分析模块等。

第四步：高校人力资源管理信息系统的选择。

高校在进行人力资源管理信息系统设计后就进入了系统选择阶段，在此阶段，高校可以采用两种完全不同的实现方式，即自主开发还是外部购买，当然高校也可以采用两种相结合的方式，如选择软件系统开发商进行联合开发或者选择某一产品进行二次开发等。自主开发是指高校依靠自身的技术人员，根据需求和系统设计，开发人力资源管理信息系统。外部购买就是指高校购买专业软件开发商的产品。高校选择自主开发，往往基于这样的考虑：选择外部供应商的成本较高，担心外部供应商的后续服务和升级能力。高校选择自主开发的主要难题是信息技术部门的人员不熟悉人事部门的工作，缺乏既掌握信息技术又深入了解人力资源管理业务的复合型人才。

大部分高校不具备自主开发的条件，因此只能选择外部购买。高校要选择软件供应商，必须从供应商的经营状况及性质、开发实力、实施水平、服务能力以及产品的功能价格等方面评估供应商及其产品。

第五步：高校人力资源管理信息系统的安装。

在高校自主开发出系统或选择好软件产品后，高校就进入人力资源管理信息系统的安装阶段。在安装阶段，高校要准备好人力资源管理信息系统的硬件环境，如服务器、网络交换机和计算机等，还要在硬件平台上安装好相应的操作系统和数据库等，如 UNLX、Windows2003.Linux 数据库等。软硬件环境的准备是这一阶段的重要工作内容。软硬件环境准备就绪后，高校就可以进行数据库和人力资源管理信息系统的安装。系统安装之后，技术人员要为系统设置共用的系统参数、基础数据及相关的文档。共用参数和基础数据是全局性的，要进行认真核对，确认无误后进行数据备份。

第六步：高校人力资源管理信息系统的测试。

系统测试是保证高校人力资源管理信息系统质量的关键，是对需求分析、系统设计、系统选择和系统安装的最终审查。在高校人力资源管理信息化的前五个阶段，不可避免地会产生一些差错，编程中也可能一些问题。这些问题必须在高校人力资源管理信息系统运行前发现并解决，否则会在系统使用后造成非常严重的后果，改正的难度也会增大。在高校人力资源管理信息系统运行前，必须对其进行测试。

系统测试主要是对高校人力资源管理信息系统的完整性、集成性、易用性、灵活性、开放性和安全性进行测试。系统的完整性是指人力资源管理信息系统是否全面涵盖了人力资源管理的所有业务功能，并对每个业务功能基于完整的、标准的业务流程进行设计；系统的集成性是指人力资源管理信息系统是否将其所含的功能模块进行拆分使用，同时又能将拆分的功能模块集成为一个完整的系统；系统的易用性是指人力资源管理信息系统是否有简洁、友好的人机界面，是否能直观体现人力资源管理的业务；系统的灵活性是指系统的用户能否根据用户的需求进行个性化的改造；系统的开放性是指人力资源管理信息系统是否提供了强大的数据接口，是否实现了各种数据的导入、导出以及与外部系统的无缝连接。系统的安全性是系统测试的最重要指标，一个安全性高的系统必须对数据库进行加密管理，有严格的权限管理和角色设置，还要建立日志文件记录用户对系统每一次操作的详细情况，建立数据备份机制并提供数据灾难恢复功能。

第七步：高校人力资源管理信息系统的培训。

系统测试完成后，必须对系统的管理员和用户进行系统操作和管理的培训。实现高校人力资源管理信息系统的良好运行，系统的管理员必须深入了解系统的设计方案，掌握系统的安装与调试、软硬件环境的配置、基础数据的定义、系统的安全管理和数据备份、系统运行维护及系统常见问题的解决。对于系统的一般用户，培训的主要内容是高校人力资源管理信息系统的基本操作和一些简单问题的处理。

第八步：高校人力资源管理信息系统的维护。

系统在上线运行后，主要的工作就是人力资源管理信息系统的日常管理和维护。系统日常管理的目的是让系统长期高效地工作，包括机房环境和服务器等设备的管理，更重要的是对系统每天运行状况、数据输入和输出情况，以及安全性与完备性进行及时记录和处理。系统的维护是指人力资源管理信息系统使用后，为了使程序时刻处于最佳的状态，使系统中的各种设备处于正常的运行状态，或者满足新的需要而进行修改和维护系统的过程。

系统维护是一项系统工程，主要涉及四个方面：软件维护、硬件维护、数据维护和代码维护。软件维护是指软件在使用后，为了保证软件正常使用和满足新的需求而对软件进行修改的活动，是系统维护中最重要的工作；硬件维护是指为了保证所有计算机和网络系统处于良好的运行状态，对计算机网络设备及其附属设施等进行的保养与检修工作；数据维护是系统投入运行后不断对数据文件进行评价、调整和修改；代码维护是指对各种代码（如程序处理中的代码等）进行增加、删除和修改等操作。

第三节 教育信息化背景下高校人力资源管理机制构建路径

一、高校人力资源信息化管理的价值分析

（一）提高工作效率

高校的人力资源管理涉及的事务比较琐碎复杂，在高校人力资源管理过程中利用计算机、数据库、网络等智能化的设备，高效地完成人力资源信息的收集、整理、加工、存储、传播和使用等工作，可以将管理人员从复杂、繁重、无序的手工式信息管理工作中解放出来，提高工作效率，将更多时间与精力投入高校人事改革及长远发展的战略思考等更高层次的工作中。同时，将信息化技术引入高校人力资源管理中，可以促使人力资源管理的各项流程系统化和规范化，提高管理效率。

（二）提供高效、优质的服务

高校人力资源管理涉及全体教职工，并且与教职工方方面面的切身利益相关。如果管理不善，就会引发教职工的不满情绪，影响相关工作的开展。通过人力资源管理信息化建设，简化各项事务的办理流程，化繁为简，可以为教职工提供高效、优质的服务，使教职工在办理业务时能提高效率，避免等待和浪费时间，提高教职工满意度和工作热情，为高校健康发展提供保障，提高高校核心竞争力。

（三）信息共享，提高资源利用率

传统人力资源管理的信息收集通常以纸质为载体，不利于统计处理和共享。同时，由于保密等要求，往往有需要时才来查阅，数据信息使用频率低，通过人力资源管理信息系统将各种文档资料以电子化、数字化的形式统一收集存储，便于教职工本人和管理者实时查阅和传递信息，实现信息资料的综合利用，并且在确保安全的同时实现信息共享。借助共享信息，可以快速便捷地对相关信息进行梳理和归类，提取有效信息并开发出新的应用功能。

（四）提供科学的决策支持

高校每一项决策的制定都离不开大量的前期调研和数据资料的支持。传统的数据统计方式存在效率低、信息数据滞后等缺点。通过人力资源管理信息系统建立准确、高效的数据库，需要时可以从系统中快速准确地提取有效数据信息，并在数据信息的基础上加工、分析，得到可靠的统计信息，节约人力、物力和时间，为决策者提供科学的数据支持，促进高校的可持续发展。

（五）规范人力资源管理流程

一直以来，人们都会将高等院校的人力资源管理工作看作人力管理。近年来，高校的发展速度不断加快，其内部人力资源管理工作理念也在逐渐更新，其管理职能在不断拓展，逐渐向教师培训及团队创新等方向发展。因此要求此项管理工作在培养机制、整体规划以及用人制度等方面采取规范化、科学化的管理流程。在实现人力资源信息化管理以后，人力资源的管理工作就能够更加重视运作体系，高效地完成相关管理工作。高校的相关部门必须采取有效的措施积极地制定完善的人力资源管理发展规划，并且在培训流程及人才引进流程等诸多方面进行进一步的优化与完善。通过信息化管理可以让管理职能得到进一步的细化与明确，在此基础上使各项业务流程更加完善、更加规范。

二、教育信息化背景下高校人力资源管理机制的构建路径

针对我国高校人力资源管理信息化建设中出现的各类问题以及为了优质高效地完成高校人力资源管理信息化项目，笔者认为教育信息化背景下高校人力资源管理机制的构建路径如下。

（一）转变管理理念

高校人事部门首先要从自身转变开始，积极接受新的人力资源管理理念并在实际工作中加以实践。高校人事部门不能沉浸于以往的成功经验中，人力资源管理工作是不断变动的，并且当前我国高校也处在变革中，在实际工作中高校人事部门会经常遇到新情况、新矛盾和新问题。高校人事部门不能因循守旧，要以积极的创新精神，接受和实践创新的人力资源管理理念，创造和采用新的人力资源管理手段和管理方法。

就高校人力资源管理工作而言，无论是学校的管理人员还是行政教职员工，都应当通过集中培训、加强宣传等方式使其认识到信息化转型的必要性和现代化智能人力资源管理的诸多优势。一方面，从高校管理人员的角度来说，人力资源信息化建设能够提升高校行政工作运转效率，让行政人员从重复性、机械性的工作中解放出来，开展更多创新性工作，加速高校体制改革的步伐；另一方面，从高校教职员工个体的角度而言，人力资源信息化能够减少行政事务处理时间，将审批、打卡等业务流程转移到线上、转移到移动通信设备上，有助于促进教职员工智慧办公，提高工作效率，能够更好地专注于学术科研等专业性工作。

高校人事部门是高校人力资源管理信息化建设的中坚力量，是人力资源管理信息化项目的推动者与实施者，是人力资源管理信息系统的管理者。因此，高校人事部门要从转变自身的管理理念开始，认真学习高校人力资源管理信息化的相关知识，积极推进人力资源管理信息化建设，大力推广人力资源管理信息系统。

（二）提高重视程度

高校领导层对高校人力资源管理信息化的认同与支持是高校人力资源管理信息化建设的有力保障。高校人力资源管理信息化建设不只是人事部门的工作，涉及学校内部的所有部门和教职工，需要投入大量的人力、财力、物力，还要与学校的网络部门、教学部门、科研部门和财务部门等进行协调。这就要求高校人事部门必须争取学校领导层对人力资源管理信息化的重视，让学校领导层认识到人力资源管理信息化对学校发展和提高管理水平的重要性，以取得学校领导层的大力支持，使学校领导层能够从学校的大局出发领导人力资源管理信息化建设，协调好各职能部门的关系以及职能部门与院系之间的关系，同心协力，有效调度建设人力资源管理信息系统的各种力量，为人力资源管理信息化提供必要的保障。

（三）培养人才队伍

人才是高校人力资源管理信息化建设取得成功的关键因素，是人力资源管理信息系统建成后正常运行的重要保障。高校人力资源管理信息化要对人事部门的各项业务进行需求分析，对每笔业务的处理流程进行优化，因此，高校人事部门在进行人力资源管理信息化建设时，一定要动员全体工作人员积极参与到人力资源管理信息化项目中，在实践中培养人力资源管理信息化建设的人才。在高校人力资源管理信息化项目实施过程中，人事部门的工作人员最了解其所负责的业务，他们的积极参与，可以提供详细的业务需求，可以提供改善业务流程的建议，还可以参与信息系统的设计。通过参与高校人力资源管理信息化项目，人事部门的工作人员能够熟悉人力资源管理信息化的实施过程，了解人力资源管理信息系统的设计理念，能够快速掌握人力资源管理信息系统的操作方法，并能够在系统运行后做好管理与维护工作。

（四）严格执行实施过程

高校人力资源管理信息化必须严格按照高校人力资源管理信息化的一般实施过程进行，做好从系统规划到系统维护的每一个步骤。高校人力资源管理信息化项目都是受到时间和经费等限制的，要想人力资源管理信息化项目能按时投入运行，取得良好的效果，必须科学合理地为项目的每一个实施步骤分配时间及相应的人力物力，并严格按照项目进度进行管理。高校人力资源管理信息化建设既不能过于拖沓，使信息化项目不能按时完成，也不能太紧促，以致忽略或草率地完成某一步骤，使信息化项目不能取得预期效果。

（五）保证信息系统的正常运行

在高校人力资源管理信息系统的程序开发与设计阶段，开发人员应该按照软件质量保证的技术方法保证人力资源管理信息系统的程序质量，尽量防止编程中的错误，减少软件系统的缺陷。在校园网中，机房的管理人员以及人力资源管理信息系统的管理人员要严格遵守安全管理制度，采取有效措施防止病毒与黑客的攻击，保证基础网络环境的安全，为高校人力资源管理信息系统的正常运行提供良好的环境。

（六）加强基础建设

为了提高高等人力资源管理信息化建设水平，必须从基础抓起，积极地做好基础建设工作。首先，对人事部门的工作人员进行培训，通过培训与学习掌握更多科学前沿的信息技术与相关知识，能够使其业务水平不断提升，能够熟练地了解各种操作技巧。其次，要积极聘用优秀的具备较高专业知识素养与技术水平的新人，在岗位职责以及招聘条件方面不断优化与创新，这样才能够为部门招聘到更多优秀的人才。最后，要充分结合人力管理工作者的素质水平，结合当前运用的信息技术体系的实际状况实现技术的更新，结合院校的发展现状，对新技术进行科学合理的选择与应用，使得技术能够适合学校的发展。不能盲目跟风，只有充分发挥新技术的应用价值，才能提高学校的管理水平。

（七）加强统筹规划

首先，要全面掌握学校人事制度的近期规划，了解其长远的目标，将近期的规划与长远的目标有机结合。要结合学校的实际状况，制定更加科学、完善的人力资源管理信息化决策，从而使得决策能够更加科学、高效，更加具有前瞻性，更加能够促进未来的长远发展。其次，要全面考虑人事工作的整体格局，要从整体出发做好统筹规划工作，完成信息化建设工作，确保人力资源管理信息化决策的全面性和准确性。再次，要全面了解人事工作的开展现状及信息化程度，进行科学定位，制定出更加准确、科学的策略。要创建完善的数据处理以及数据采集的标准体系，使得信息资料通用、共享，充分发挥其协同作用，使得学校的各个部门都能够积极合作、共同进步。最后，不同科室间要团结协作，能够实现数据的共享，共同解决难题，使得更多的数据信息可以在不同部门同时使用，提高数据信息的应用价值。其他部门要提供大力支持，积极地配合，更好地推动人力资源管理信息化建设工作的顺利实施。

　　总之，随着时代的发展，信息技术与网络技术已经渗透人们生产生活的各个方面，有效推动了社会的不断发展与进步，提高了人们的生活水平。在此时代背景下，为了有效地实现高校信息化的改革，有效促进各方面工作的顺利开展，高校要实现对信息技术的合理应用，在人力资源管理中积极地加强信息化建设，更好地完成相关的各项工作，充分发挥高等院校的重要作用，为社会培养出更多优秀的人才。

第七章　教育信息化背景下高校教学管理创新路径

第一节　数字化高校教学管理创新的必要性

高校教学管理是一项重要又复杂的工作。近年来，随着教育体制的深化发展，对高校教学管理进行不断创新已是必然趋势。本节以高校教学管理创新的必要性为切入点，重点对高校教学管理创新的对策做出详细探究，从而保证高校教学管理迈上一个新台阶。

建设创新型国家是我国提出的新型战略方针。如何实现创新型国家，关键在于创新型人才的培养与储备。高校作为创新型人才培养的重要阵地，对创新型人才的培养成为高校教育教学管理的重中之重。

一、高校教学管理创新发展的必要性认识

随着教育体制的不断深化发展，培养创新型人才成为高校的首要教育工作。高校教学管理的创新不仅是时代的发展需要，更是国家建设的需要。另外，受市场经济体制的影响，高校不断发展进步，必须进行教学管理的创新工作。新时期高校教学管理创新的必要性主要包含以下三方面内容。

（一）高等教育大众化发展的迫切需要

近年来，我国各大高校每年招生规模不断扩大，我国高等教育从精英教育向大众化教育发展。因为招生规模不断扩大，高校面积不断扩张，使原本简单的教学管理工作变得越来越复杂。但是，对现阶段的高校教育来说，这是新时代发展的必然产物，也是社会不断进步的体现，为了使高校教育跟上时代的发展，必须对高校教学管理不断创新与发展。受市场机制的影响，其中部分高校只追求学生数量的扩大，忽视对学生质量的提高，导致其发展速度远远跟不上高等教育大众化的发展速度，最终导致其课程教育、教学等都与社会发展需求相背离，培养人才技能结构过于传统。虽然近年来大学生毕业人数不断增加，但是真正就业步入社会后，一些高校学生所学的专业无法和社会需求相匹配，不仅学生的就业质量得不到保障，还造成教育资源和人力资源的浪费。

（二）高校自身发展变化的迫切需要

近年来，我国大部分高校不断加大招生力度，校区规模不断扩张，许多高校，在本校区以外建立分校区，教学管理工作只能跨校区管理。如此一来，想要实现规范统一的教学管理有一定的困难。教学资源分散，管理难度增加，管理效率低下，诸如此类问题的存在，成为高校教学管理创新工作中必须解决的内容。传统教学管理模式与经验已然不适用于现今的跨校区、多校区教学。新时期新背景下，对高校教学管理创新发展已成为高校自身发展的必然需求。

（三）高素质、创新型人才培养的迫切需要

自 21 世纪以来，世界各国综合国力的比拼越来越白热化，而有效提高综合国力的关键在于科技实力的提高和创新型人才的培养。高校作为培养人才的主要场所，学生的创新教育成为重中之重。因此，高校首先应该改变思想，重新审视传统的教育理念，重新定位创新型人才的培养目标；其次要从教学管理制度入手，对专业设置、人才培养目标重新进行创新性定位，优化现有的教学管理制度，制定满足培养学生实践能力、创新精神和创业能力的教学管理制度。高校教师在教学过程中要充分考虑并尊重学生的个性差异，因材施教。还要注重学生的个性化发展，培养学生的自主学习能力，并为学生自主学习创造有利的环境和氛围，采取灵活多变的教学方式，充分为学生的实践活动提供指导，从单一的课堂教学转变为教学竞赛一体化的教学模式，充分发挥学生的主体作用，把教学的主体从"教师"向"学生"转变，为社会培养出更多的创新型人才。

二、高校教学管理创新性对策研究

教学管理工作作为高校工作的重中之重，若要实现高校教学管理的创新就要立足全面分析问题，并从整体入手进行优化，既要坚持传统行之有效的管理模式与经验，又不排斥学习引进先进的管理方式。笔者提出以下四点建议，完善高校教学管理的创新性改革。

（一）坚持"以人为本""以学生为本"的指导思想

理念是行为的主导，正确的理念能够引导人们在正确的道路上前进。对教育实施者的行为产生影响，对教学内容、课程设置、教学方法、教育目的乃至师生关系也产生影响。高校的教学管理创新，归根结底是教学管理理念的创新，革新教育管理理念是根本。其科学发展的核心就是"以人为本"，国家发展是这样，高校教学也是如此。在高校教育过程中，坚持"以人为本"就是"以学生为本"，所有教学管理工作都要秉承"一切为了学生，为了学生的一切，为了一切的学生"的管理原则，将人文关怀渗透日常教学与管理活动中，尽可能凸显教育方法的开放性与灵活性，最大限度地保留大学生的个性差异，让他们在高校中培养出强大的自主学习意识和创新创造能力，使学生成为社会发展与国家进步所需要的优秀创新型人才。

（二）加强教育者自我学习，提升整体管理能力

加强对高校教学人员的管理，不断提高管理人员的整体工作水平主要包括以下三方面内容。第一，思想政治修养的加强。高校作为文化传播的重要场所，肩负着培养人才、发展科学和社会服务的重担。因此，高校教学人员要具备高度的责任心，用严谨、认真、负责的态度对待工作，这才是高校教学管理创新性发展的前提。第二，掌握现代教学管理的理论知识。为了提高高校的教育管理水平与教学质量，每一位高校教学人员都应该全面掌握现代教育理论知识，尤其对教育心理学、教育管理学等方面的学习，还要对教育教学管理制度有充分的了解，才能保证教学管理工作顺利开展。第三，高校教学人员应该具备创新能力和创新意识。为了高校更好地发展，教育不断改革，具备创新能力和创新意识是不可忽视的重要内容，只有具备这两方面的能力，才能为高校献言献策，提出新的发展方向，为高校创新性发展提供实践理论基础。只有在创新的道路上不断前进，找出适合自身的发展道路，才能使学生的个性化发展得到保证，才是不断提高学生学习积极性的基础。在"互联网＋"的时代背景下，对高校教学人员提出了更高的技能要求，网络、电脑、智能手机等都成为教学管理工作的重要工具。这就要求高校教学人员在工作中自觉地学习，积极发挥创新意识，多掌握一些网络技术，不仅工作效率能得到保证，而且能保证各项教学工作的准确率。

（三）充分发挥"双效激励机制"

充分发挥"双效激励机制"，该激励制度不仅是教师积极参与教学管理的基础条件，同时还是激发学生主动学习的动力。其一，"双效"是对教师的激励机制。高校要进一步完善针对教师所实施的各类福利政策，让教育者毫无后顾之忧地投身教学工作。一方面要不断加大课时津贴、教学奖励等福利政策的实施力度，另一方面要鼓励高校教育者将个人兴趣融入教学活动中，改变重科研、轻教学的倾向，做到教学与科研两手抓、两手同时抓，为教师努力营造出公平合理的教学管理氛围。其二，"双效"是对受教者——学生的激励机制。充分发挥对学生的激励机制，是提高学生学习积极性与创新性最行之有效的措施。首先，引导学生提高自主学习能力及创新能力。高校要给学生营造出良好的学习氛围，引导学生树立正确的世界观、人生观和价值观。其次，高校要多途径、多方面为优秀学生搭建创新平台，学生接受教育的场所不再单一地局限于课堂，通过诸如课程实践、实习、竞赛等多途径为学生的发展提供机会。最后，建立学生参与教学的管理制度，让学生通过正规途径充分了解学校、学院在教学管理方面的创新性工作，更好地发挥学生的主观能动性。面对新时期的高校发展，建立"双效激励机制"已是必然趋势，支持教育者与受教者的工作与学习，让教与学在高校教学中发挥出最大的功效与潜力，达到教学目标的最优化。

（四）深化教学管理体制创新

为了满足新时期我国经济体制的发展需求，教育体制要适时地进行相应的改革与创新。

学校主要进行宏观政策、机制上的调整，进行相应评估检查，各个学院的主要职责是对教学过程和教学质量进行监管。因此，高校教学管理重心要下移。首先，高校要改变传统专业课程的设置模式，让全体教师主动参与教育教学的改革、学生课程培养方案的优化工作，从而不仅发挥出教师的各自优势，还能节约高校教育资源。其次，完善高校教学管理中校、院两级分级管理模式，重点强调院系教学管理的主体地位，明确其中的权利与责任。最后，建立更加科学的学分制度，努力促进高校教育思想、教育观念、教学模式、教学内容与方法的变革。

高校教学管理创新工作是大势所趋，必须凝聚国家、高校和社会各界的力量共同完成，秉承"以人为本"的科学发展理念，努力提高自身的管理能力，充分发挥"双效激励机制"，努力深化教学管理体制创新，为高校教学管理创新迈上新台阶奠定坚实的基础。

第二节　数字化时代下高校教学管理创新发展探索

高校教学管理创新发展是时代变革发展的必然趋势。高校教学管理现状主要表现在教学管理工作认识程度不够及教学管理数字化程度相对薄弱。建立"以人为本"的现代高校教学管理理念，构建高校教学管理网络信息化运行机制，开展"精细化"高校教学管理模式是高校教学管理创新发展的有效途径。

随着我国"科教兴国"战略的推进实施，高等教育事业实现深刻变革与巨大发展。适应时代发展需要，是我国高等教育改革与发展的基本目标与要求。高校教学管理工作是高校管理工作的核心内容，是高校培养高质量人才，服务社会的重要保障。根据现阶段我国高等教育发展的实际情况和发展特点，国家教育相关管理部门对高校的教育管理已经提出了新要求，尽管我国高等教育发展过程中对教学管理做出了相应的改革，但在应对新形势下高校教育教学中面临的问题还存在着部分限制解决因素，在一定程度上影响了教学质量的提高。因此，改革创新教学管理模式是我国高等教育适应时代发展的现实要求。

一、高校教学管理创新发展的必要性

（一）高校教学管理创新是时代变革发展的必然趋势

步入 21 世纪后，社会改革发展使社会政治、经济、文化及教育等方面都发生了巨大变化。高校作为社会发展输送人才的主要阵地，根据时代变革特点打破原有的教育管理模式，提升教育质量是高校教学管理创新发展的基本原则。相关资料数据统计，与改革开放初期我国专业教师人数相比，现今的师资数量及结构发生了巨大变革，中年教师及青年教师成为师资结构的主要组成部分。随着时代的变革与发展，如此庞大的教师队伍是高校教学管理进行创新改革所要考虑的重要层面。早在 2016 年，教育部就印发了《关于中央部门所属高校深化教育教学改革的指导意见》明确指出，提高人才培养质量是高等教育的核心任务，深化教育教学改革是新时期高等教育发展的强大动力。当前，在高校教学管理中深入推进信息技术与教育教学管理深度融合是时代变革中教学管理创新发展的必然趋势。

（二）互联网技术普及应用为高校教学管理提供新契机

随着互联网信息技术的不断发展，当前社会已经进入信息时代，互联网的普及已经成为社会发展的趋势并逐步应用于各领域。因此，建设以互联网应用为基础的网络信息化管理是高校教学管理改革的重要途径。互联网技术的应用使管理方面更为精准化、人性化及集约化，高校在教学管理中运用互联网进行多种信息传播将更为技术化，在操作过程中精准程度将大幅提高。同时，在劳动强度方面也极大地减少了工作人员的工作量，提高了日常教学管理的工作效率。高校通过互联网技术与高校管理服务体系的深度结合，利用互联网带来的公共数据资源的开放获取优势，可以形成在线"一体化"公共服务体系，将服务资源有效整合，实现数字化及智能化的高校教学管理服务模式。

二、高校教学管理创新发展的有效途径

（一）建立"以人为本"的现代高校教学管理理念

"以人为本"是胡锦涛同志提出的科学发展观的核心，体现了中国共产党全心全意为人民服务的根本宗旨。高校教学管理的本质就是在教师从事教育教学过程中尽可能地进行辅助服务，"以人为本"的现代教学管理新理念的核心就是围绕教师和学生通过使用科学的管理模式对学生及教师开展教学管理工作，与传统的管理模式相比弱化了以理性为中心的管理工作，是当前高校教学管理改革发展的必然趋势。一方面，高校管理人员通过加强自我服务意识，对学生及专业教师的个性化需求给予最大化的满足，在教学、科研及服务管理过程中做到规范管理、人性管理和民主管理，切实做到以人为本，突出人性化的教育管理理念。另一方面，要重视学生的地位。学生是高校教学管理内容的重要组成部分，通过发挥学生的主观能动性可以激发学生的学习兴趣，提高教师的教学效果，最终达到人才培养的目的。

（二）构建高校教学管理网络信息化运行机制

"互联网 +"与高校教学管理工作的紧密融合使信息资源高度共享得以实现。高校网络信息化运行是提供服务于学生及教师办理日常事务的最简化途径。应用教学管理信息化系统是高校进行网络化办公的主要方式。提高高校教师及学生对教学管理信息化系统的使用效率是构建高校教学管理网络信息化运行机制的根本目的。积极引导高校学生正确、快速地使用高校教学管理系统，减少现场办公环节，可以对提高高校教学管理工作的效率起到积极的作用。同时，在完善教学评价过程中，网络信息化提供的大数据可以及时分析教

学过程中的各类问题，教师通过数据分析结果及时调整教学内容，最终会促进整体教学效果的提高。高校教学管理在大数据的支撑下可以从宏观向微观转变，对群体的分析与观察逐步转向个体，在分析具体学生的反馈数据基础上进行实时跟踪，以实现高校教学管理质量的显著提升。

（三）开展"精细化"高校教学管理模式

"精细化"管理模式主要是通过细化分工实现最佳管理效果的一种职责明确化方式。在高校的教学管理中，开展"精细化"教学管理是高校教学管理创新发展的有效途径。高校的"精细化"管理模式主要是通过对正常运行的教学管理的各个主要环节进行合理策划、精心组织，紧扣管理中的实际情况，依据"以人为本"的主要原则加大管理力度，实现教学管理从量的改变到质的提升。一方面，通过"精细化"管理加强高校管理工作人员的素质提升。制订"精细化"的教学管理工作人员素质提升计划对其展开培训。利用聘请专家进行专业化讲座及参观培训的方式，对"精细化"管理相关实践技能开展有效学习，逐步掌握流程化的管理技巧。另一方面，构建"精细化"考核监控体系。通过"精细化"的管理考核体系激发高校管理工作者的工作兴趣，调动其积极性和主动性，同时在不断完善的奖惩机制过程中，激励教学管理人员不断改革创新。

第三节　数字化时代高校教学管理的创新

随着网络信息技术的发展和高校教学改革的不断深入，高校教学管理信息化建设在资金、人员、教学管理软件以及教学评价标准方面都跟不上发展的速度。高校要想进一步提升教学管理的科学化和现代化水平，就要在电子教务管理系统、管理人员信息素养、筹资渠道、教学管理软件、教学评价机制、可持续发展等方面积极探索教学管理信息化建设的新路径。

高校教学管理信息化是高校利用先进的计算机、数据库和网络技术，实现教学信息的资源共享，使传统的教学管理向规范化、科学化、数字化和网络化发展，最终形成与高校教学管理发展并存又相互作用的虚拟教学管理系统。近年来，随着现代信息技术的飞速发展和网络基础设施的不断完善，高校教学管理信息化建设取得了重大进展，采用信息技术运行的各种教学管理信息系统更是得到了广泛的应用，促进了从宏观到微观的高等教育管理体制的改革与创新。

一、数字化时代高校教学管理信息化建设的背景

随着科学技术的进步和全球经济的飞速发展，人类社会已进入一个崭新的信息革命时

代，即数字化时代，21世纪对高校人才的培养也提出了更高的要求。当前，高校教学管理工作面临着网络新时代发展背景，具体体现在以下三个方面。

第一，数字化时代高校教学管理面临的新问题挑战。21世纪是一个信息技术高速发展的时代，以计算机技术、网络技术以及各种新媒体手段为核心的信息技术纷纷出现，并被广泛应用于社会各领域中，成为拓展人类能力的主要工具。在这样的信息化环境下，高校的教学管理工作面临着新的机遇和挑战。一方面，高校可以充分利用现代化的信息教育手段开拓教学管理工作的新局面，促进教学管理理论和方法的创新，提高教学质量，探索与发展全新的教学管理模式。另一方面，高校教学管理在运用各种现代化信息技术教育手段的同时，也面临着科技新发展所带来的各种挑战。例如，各种新媒体及网络技术的购买和维修成本高，对高校的经费投入提出更高的要求；新教学设备的维护工作对专业的技术支持人员提出新的要求。

第二，高校大力推行教学管理改革运动。近年来，我国高等教育事业获得快速发展，学校办学规模不断扩大，在校学生人数持续增加，入学率不断提高。我国高等教育已经逐渐由精英教育向大众教育转变，给高校教学管理工作带来了前所未有的压力和挑战，如何确保高等教育教学质量，防止教学质量滑坡已成为社会各界重点关注的问题。显然，高校过去的传统教学形式和管理体系已经难以适应大众化高等教育的发展。为了应对这种挑战，国内很多高校进行了以选课制、学分制、弹性学制为核心的教学管理改革运动。选课制是学生在一定的规则范围内，自主选择所修的课程。学分制与学年制相对应，以学分考核学生的学业完成情况，用规定的毕业最低总学分来衡量学生的学习量和毕业标准。弹性学制是学分制的另类发展和表现，是指学生可以根据自身的条件和特点来安排学习，其最大特点是学习时间的伸缩性、学习过程的实践性以及学习内容和学习方式的选择性。这些教学管理改革运动在一定程度上配合了高校教学管理信息化建设的需求。

第三，21世纪对创新型人才的需求。21世纪是知识经济的时代，是全球政治经济一体化、文化多元化的时代，社会、科技和经济等各方面的发展对人才的培养提出了更高的要求。创新能力越来越成为各国衡量人才的首要和关键标准，高素质的创新型人才成为推动社会各领域飞速发展最重要的推动力，能够有效地推进创新型组织及创新型国家的建设。自1995年我国提出科教兴国战略以来，创新人才培养成为国家人才战略的核心，而实施科教兴国和人才强国战略，就必须加强科技创新和教育创新，在社会的各个领域培养出具有国际竞争力的创新型人才已成为我国教育事业的首要目标。清华大学教育研究院发布的"以学习者为中心"的研究报告显示，和美国的研究型大学相比，我国的"985"高校在激发学生自主学习的愿望与能力、提供创新性学习方面表现不佳，"填鸭式"教育在我国高校仍未得到根本性改变。因此，在高校建立创新型人才的教学培养模式是目前我国亟待解决的问题。因此高校要顺应21世纪教育创新发展的需要，实行高效以及操作性强的教学管理新模式，注重对学生创新能力和综合素质的培养，充分运用信息技术手段进行教学管理，提高教学管理效率，实施个性化教育，培养创新型人才。

二、数字化时代高校教学管理信息化建设存在的问题

在当今的数字化时代，虽然高校教学管理信息化在我国越来越受到重视，但是目前大多数高校还处于起步阶段，发展不完善，在资金、人员、教学管理软件以及教学评价标准等方面还存在很多问题。

（1）资金投入不足。教学管理信息化需要有完备的教学设施。虽然高等教育信息化建设的重要性越来越受到各高校领导的普遍认可，但是资金投入不足仍是制约高校信息化发展的因素之一。究其原因，一是由于高校扩大招生规模，高等教育日益大众化，单一的国家财政拨款远不能满足高校发展的需要，教学管理信息化建设上的投入也就相对不足；二是近年来各高校都在加速建设的步伐，将主要经费投入校园建设、人才培养、教学项目等方面，忽视了教学管理信息化建设；三是教学管理信息化建设中所运用到的多媒体及网络技术的购买和维护成本较高，资金投入总量较大。此外，由于我国区域间经济实力发展的差异，导致不同地区的高校教学管理信息化发展水平极不平衡，那些经济发展水平较高，经费投入多的高校，教学管理的信息化程度较高，建立了完善的电子教务管理系统。而一些地方性院校、中西部高校，由于经费投入不足，教学管理信息化的进程严重滞后，有些地区甚至缺乏基本的网络教学设备。

（2）相关技术人员队伍建设滞后。高校教学管理信息化的建设过程离不开高素质的专职技术人员的支持，主要表现在教学硬件的维护以及教学软件的研发等方面。然而，高素质的专门技术支持人才的匮乏成为我国高校教学信息化发展的又一障碍。在实际工作中，由于受人员编制、资金投入等因素的影响，在职位设置上，各高校普遍没有专门的技术支持人员岗位，导致信息化的教学设备维护的技术水平较低，教学管理系统的稳定性和安全性得不到保障；在具体教学过程中，经常出现教学设备突发故障时没有专门的技术人员及时进行维护的情况，导致正常的教学活动受到影响；在教学管理软件的研发上，许多高校由于缺乏自身技术支持人员，往往单纯依赖外部专业的程序开发人员规划和设计教学软件和系统，导致设计出来的软件和系统出现功能与实际不符或者操作不便等诸多问题。需要引起关注的是，教学管理的实践证明，高等教育信息化的建设速度越快，技术支持的问题越突出。

教学管理人员是高校教学管理工作的组织者和实施者，在具体教学活动中起着至关重要的作用，直接影响着教学任务的完成。如今信息化的教学管理环境对教学管理队伍的综合素质提出了更高的要求，信息技术素养越来越受到重视。但是，在招聘教学管理人员时对其素质要求不高，录用后又忽视对他们进行系统性的培训，加之自身传统教学观念的落后，导致高校教学管理人员的信息技术素养普遍偏低，不熟悉计算机和多媒体技术的操作，不善于使用网络技术、计算机、互联网等现代信息技术手段获取、分析、反馈信息以及处

理繁杂的日常事务性工作，缺乏学习和应用新技术的积极性和主动性，工作效率低，这些都制约了高校教学管理信息化建设的进一步发展。

（3）缺乏完善的教学管理软件。目前，我国很多高校学籍管理、考务管理、教材管理等信息管理软件已经在实践中得到了应用，在成绩、选课、学生基本信息管理等方面发挥了一定的作用，大大提高了高校教学管理的效率。但是，这些软件大都属于教学管理信息系统的某一局部应用，其开发时间、使用要求以及应用水平都呈现出不均衡性。此外，这些教学管理软件大多是各个高校委托专门的技术公司研制或是自主研制开发的，缺乏信息化平台建设统筹规划性。在信息化建设过程中，忽视了教学管理信息化的核心地位，数据共享和传递困难，难以实现资源统一管理的目的。

（4）缺乏支持教学管理信息化的评价标准。随着学生对网上教学平台和电子课件利用率的提高，自助式教学在我国很多高校越来越受到追捧。然而，支持高等教育信息化的教学评价标准尚不成熟，自助式教学的效果如何检验、教师网上答疑和多媒体课件制作如何，以及计算工作量等一系列问题不断涌现，亟须解决。众所周知，教师在教学过程中使用信息技术要花费教师更多的时间，会成倍地增加教学工作量，虽然提高了课堂效率，但很多高校的人事考核还没有对这种额外劳动进行科学的评价和物质奖励，影响了教师运用信息技术进行教学的积极性和主动性。此外，信息技术与教学的结合涉及教学模式的改变和学生学习效果的评价，这种教学评价工作的执行也需要以统一的标准为参考依据。

三、高校教学管理信息化建设的新路径

数字化时代，高校教学管理信息化在高等教育改革和发展中起着越来越重要的作用，为了进一步提升高等教学管理的科学化和现代化水平，各高校要在电子教务管理系统、管理人员信息素养、筹资渠道、教学管理软件、教学评价机制、可持续发展等方面积极探索教学管理信息化建设的新路径。

建立信息化电子教务管理系统。高校要根据自身的实际情况，利用现代信息技术，建立以信息化为平台支撑、完整统一和技术先进的电子教务管理系统，实行以信息化为平台支撑的教学管理改革，实现智能性、互动性、个性化的教学管理。建立信息化的电子教务管理系统，高校要从以下具体方面着手：一是建立完备、可靠的教学信息处理系统，在各教务管理部门间实现统一的信息浏览、成绩管理，通过对学生基本信息的高速共享，促进教学管理部门之间的高效协作；二是建立集教务工作自动化和信息化为一体的先进的电脑网络系统，通过电子化、无纸化、信息化，实现教学管理的规范化，提高教学管理效率；三是随着教育资源管理系统、课程管理系统、课程制作系统、智能答疑系统、作业与考试系统等的相继出现，推行以选课制、学分制、弹性学制为核心的教学管理改革，实现个性化教育和创新人才培养。此外，高校要利用网络技术，发挥互联网的优势，建立教育资源库和校园门户网站，为学生和教师提供方便的网络教学平台，为师生构建网上协作学习的

良好环境。

提高教学管理人员的信息技术素养。高校教学管理信息化建设对教学管理队伍的综合素质提出了更高的要求。提高教学管理人员的信息技术素养和信息管理能力是实现教学管理信息化的关键。首先，在新任教学管理人员的招录上要针对信息技术素养设定录用标准，通过现代化信息教学设备的实际演练和操作进行能力考核，择优录取。其次，要对新任教学管理人员进行信息技术培训，根据岗位特点，有针对性地加强信息管理知识的培训，提高计算机技术、网络技术和多媒体技术的应用水平，扫清技术和操作上的障碍。最后，对在职的教学管理人员进行年度性的信息素质考核，通过制定有效的惩罚和奖励机制，促使教学管理人员主动适应信息化社会发展的需要，不断提高自身的综合素质，不断积累计算机技术、网络技术、多媒体技术等方面的知识，更新和拓宽自己的技能领域，熟练驾驭现代信息教学技术。通过这三个途径最终打造一支具有教学管理经验和创新能力，能熟练应用基于网络技术的教学管理信息系统的高素质的教学管理队伍。

多渠道、多元化筹集资金。长期以来，我国高校形成了以财政拨款为主要经费来源的筹资格局，虽然自20世纪80年代以来国家财政和各级地方财政对教育经费拨款逐年增加，但是由于高等教育规模的不断扩大以及物价指数的飞涨，单一的国家投入远不能满足高校发展的需要。因此，要借鉴发达国家高校教学管理信息化的经验，结合市场经济的发展特点，通过广泛的社会服务和参与，形成以国拨经费为核心，多渠道、多元化的筹资体制，充分发挥中央政府、地方政府以及高校在教学管理信息化建设中的集资作用。中央和地方政府除了每年向高校提供固定的财政补助外，要通过制定相关税收优惠政策，鼓励和支持各种社会团体、企业和个人参与高校信息化建设，通过引进技术和资金，更新落后的教学管理硬件配套设施，建设性能优异的电子教务管理系统。高校要结合自身的实际情况通过各种合法手段获取办学经费。

开发优质的教学管理软件。优质的教学管理软件是实现教学管理信息化的重要条件。目前，我国不少高校都是委托校外某个公司或机构来完成教学管理信息软件和系统的程序设计与开发，而学校教务管理部门本身并不参与或很少参与这个过程，导致开发出来的教学管理软件和系统在实际应用中存在很大的局限性。因此，各级教育主管部门、各高校要组织本校既懂现代信息技术又懂教学管理的人员共同开发研制质量高、适用性强的教学管理软件，而教务处的系统规划者也必须全程参与开发过程。在具体的开发过程中，要采用国家标准和教育部对教育信息化管理的规范，充分考虑上级教育主管部门对学校和下级管理部门的要求，实现数据的完全共享，提供完整的信息指标体系，使其内容能够满足各种类型高校的需求。

建立教学管理信息化的评价机制。科学的教学管理信息化评价和激励机制可以有效地促进教学工作水平和教学质量的提高。为了有效促进高校教学管理信息化建设的发展，各高校要根据不同层次和类型的教学工作要求，制定科学、合理的评估指标体系，采取切实可行的评估方法，对各层次和各类型的教学管理工作进行科学、客观的评估，为今后改进教学管理工作提供科学的依据。此外，要建立支持教学管理信息化的教学评价标准，对教师因运用信息化技术进行教学而增加的额外工作量进行合理评估，并建立与之相对应的物质奖励机制或课时抵用的合理计算方法，从而提高教师进行信息化教学的积极性。对信息技术与教学的结合而产生的教学模式和学生学习效果的改变也要建立一套合理的评估体系，支持高校教学管理信息化建设的进一步发展。

促进教学管理信息化建设的可持续发展。高校教学管理信息化建设是一个长期而曲折的过程，要努力使其实现可持续发展。具体要做到以下三个方面：一是实施教学管理信息化的全面、协调发展。教学管理信息化的实施不仅要体现对学校教学工作的重要支持，还要体现对科研、行政管理和社会服务的支持，要让教学管理信息化带动高校整体信息化的协调发展。二是对教学资源进行优化配置、合理利用与保护。教学管理信息化系统是一个较为复杂庞大的管理系统，包括硬件设备、应用软件以及管理人员等各种资源，在具体的教学管理工作中，要对这些资源进行优化利用和配置，同时也要做好这些资源的维持和保护工作，发挥它们的长期效用。三是加强各级教学管理人员的信息技术能力的培养，通过提升教学管理人员的信息技术素养，不断深化高校教学管理信息化进程。

总之，高校教学管理的信息化建设是当今高等教育发展的大势所趋，也是适应当今数字化时代对创新人才培养的要求，各高校要充分利用现代信息技术，探索新的教学管理模式，促进高校教学管理信息化建设的发展，进一步提高教学管理的科学化和现代化水平。

第四节　大数据背景下高校教学管理创新

在互联网技术的迅速发展及影响下，我国已经进入了大数据时代，大数据的信息使人们的生活、工作、学习发生全新的改变，也受到了教育管理者的推崇与使用。其中，高校的教学管理工作也在适应着时代的发展需求，不但摒弃了以往落后陈旧的教学管理方式，而且充分利用了大数据信息对教学管理模式进行了创新改革。目前，将大数据的信息与高校对于学生的管理模式有机结合，不仅能彻底摆脱低效落后的管理手段，也能大大提高高校对于学生开展管理与服务的工作效率。但是，在大数据背景之下高校教学管理工作中依然存在着很多问题，如何高效解决这些问题且采取相关策略推进高校管理工作的顺利开展是十分值得我们探究的。

高校是学生接受教学培育以及日常生活的主要阵地，因而需要制定有针对性且有效的教学管理制度，并且只有充分运用教学教育的管理手段，才能高效实现对于学生的教学管理目标。大数据的普及运用，给教育行业带来了新生，很多高校慢慢脱离了过去传统陈旧的教学管理模式，同时为了适应大数据时代的发展趋势及当前的教学管理实际需求，高校对于教学管理工作实施了一场创新改革，取得了明显的效果，但是由于经验不足，在一些方面还存在问题，如何更好地将大数据信息技术与高校教学工作进行结合，是高校当前面临的挑战。

一、大数据技术的概念内容

大数据技术就是涵盖海量数据的整合，无法在一定的范围与有限时间内开展信息内容的收集与高效管理的数据形式。通过整合与处理海量的大数据信息资源，能够对企业、事业单位的相关工作进行相应的决策指导，优化大量信息数据的管理过程，并且推进不同种类无形资产的快速增长。大数据技术的运用，其最终目标并不是搜集大量的数据信息，而是处理巨大的数据资源，通俗来说，就是整合使用多个数据信息库，再对数据库中覆盖的大量信息资源进行"加工"，能够在原来的基础上促使数据信息增值。

二、大数据背景下高校教学管理中存在的问题

高校教学管理工作中收集与整合数据缺少明确的目标。当前，很多高校运用的大数据技术依然处在我国信息化建设工作的起始阶段，大数据在高校教学管理中的使用方向相对较少，并且缺少清晰明确的工作目标。高校的相关管理部门对学生数据的收集，没有按照日常学习与活动的数据要求进行。而是对高校学生的所有信息开展收集管理，包含图书借阅、课外活动、课堂学习、兴趣爱好等信息，致使高校对于学生的数据信息管理缺乏规范、科学、明确的实行目标，搜集到的学生数据信息也是杂乱不齐，其中很多数据信息根本没有存储价值，可是重要的学生数据信息又会出现漏采或没有记录的情况，这样就会造成高校的教学管理工作出现失误和偏差的现象。

高校的数据化教学管理与实际人才的需求存在脱节的现象。在大数据时代，高校获取及存储的信息数据，基本都是将不同种类的信息数据区分开来再存储到不同的数据管理库。所以，在高校不同的数据管理库存在着差异化的信息数据，各种各样的教学资源信息存在着"孤岛效应"。很多高校数据信息库之间没有建立内部联系，导致无法共享资源信息，同时社会与高校之间也缺少直接的数据交流途径。在各种数据资源独立与不相连的情形下，高校的教学管理能力自然大大降低，并且高校对于学生进行的一系列教学活动也无法满足社会企业对于人才的实际需求。因此，当下高校的教学管理数据库建设，依然处于利用信息数据的过渡时期，挖掘和分析的数据信息内容不够全面、统一，数据信息资源对指导高校开展教学活动也起不到突出的作用。

三、大数据背景之下高校教学管理的创新策略

增强高校教学应用数据信息技术的管理意识。当前，大数据不但是高校教学管理的无

形资源，也是高校不同部门进行教学管理决策的关键性依据。目前，很多高校教学管理部门，教师对于学生的数据学习缺少敏感性，在运用多种信息数据对学生进行管理的效果很不理想，根本无法实现专业化、精准化的教学管理。因此，从大数据信息技术的分析和研究的教学角度出发，高校教学管理的相关部门工作人员要增强自身数据化管理的工作意识，创建对学生进行教学引导的信息化平台，对高校的各种数据资源信息进行统一整合，深度挖掘与学生心理教育及课程教学有关的数据信息内容，以此真正实现大数据对高校教学管理的有效服务。

创建数据信息的统一管理标准，实现共享数据。构建统一的高校教学信息管理的相关标准，能够大大减少采集信息时出现过多无用的数据，有助于充分保障收集、存储及利用有用的数据信息，也能减少工作量，提高管理效率。另外，各个高校建立统一数据收集与管理的相关标准，能够使不同的云端存储平台形成有机的衔接，而且通过互联网平台共享和交流各种数据信息资源。高校可以利用服务器和数据库等相关硬件设备，通过互联网平台共享互通学生的数据信息资料，再筛选出有用的信息进行深度的挖掘。例如，高校的相关管理部门可以将学生的考试成绩、得奖情况、挂科情况、参加社会实践活动、课堂表现等信息进行整合，在学期末根据这些信息对学生进行综合性考核，给予相关的奖励与惩罚，对于表现好的学生发放奖学金、发放优秀学生的荣誉证书、保研等，而对于表现差的学生可以实行记过，甚至留级的对应惩罚。

第五节　慕课背景下的高校教学管理创新

在高等教育信息化背景下，MOOC 浪潮席卷全球，对高校的教学管理提出了挑战。本节将分析 MOOC 对高校的教育生态、教学理念、教学管理制度、科层管理模式、基于专业的教学管理范式、传统的教学模式等方面的挑战。探索 MOOC 背景下，应对这些挑战的高校教学管理创新策略：积极推进 MOOC 本土化，优化师资队伍，更新教学理念，建立新型的教学团队，建立、完善 MOOC 发展的规范与标准，由科层管理转向共同治理，建立"课程管理"的教学管理范式，创新混合式教学模式。

一、研究背景

高校教学管理，是高校教学行政人员为完成教学任务，提高教学质量，运用的一定原理和方法，通过一系列特有的管理行为，组织协调和指挥、控制教学工作，实现教学目标的过程。教学工作是学校的中心工作，而教学管理是教学工作正常运行的基础，科学合理的教学管理是提高教学质量的保障，能够促进教师不断发展，直接影响学校的人才培养质量和育人目标的实现。高校教学管理的主要内容有教学计划管理、教学质量管理、教学运行管理、教学评价以及课程管理、教材管理、专业管理、教师管理、学生管理、教学管理制度等。

信息技术对于教育发展具有重要影响，要促进教学内容、教学手段和教学方法的现代化，应充分利用优质资源、先进技术，创新运行机制与管理模式，优化整合现有资源，构建先进、高效、实用的数字化教育基础设施。高等学校要利用信息技术创新教学管理方式，将教学管理与信息技术相融合，提高教学管理的水平，从而提高教学管理质量。

大规模开放在线课程（Massive Open Online Courses，MOOC），是一种基于计算机技术和互联网应用，通过网络平台，把课程的教学录像、课程简介、教学大纲、参考资料、作业、重点难点指导等教学活动必需的资源全部上传到网络平台，学习者通过在线学习和互动交流，达到获取知识和技能的教学活动。慕课这种大规模的在线课程掀起的风暴开始于 2011 年，美国《纽约时报》将 2012 年称为"MOOC 元年"。随着美国 Udacity、Coursera 和 edX 三大 MOOC 平台的相继组建和更多课程的在线发布，MOOC 的发展态势呈现井喷式。2014 年 5 月，"爱课程"网的"中国大学 MOOC"正式上线，我国高等教育开始进入 MOOC 时代。MOOC 的规模庞大，资源丰富，由很多国家的著名高校提供，发布 MOOC 的教师多为业内权威教师，教学经验丰富，课程门类众多，内容精致，参与MOOC 的学生规模庞大，来自世界各地的成千上万名学习者可以在线学习，互动交流。MOOC 将课程资源发布在网络上，学习者根据自己的喜好和需要，选择适合的课程。课程内容公开透明，形式多样，时间和地点不受限制，学习者的身份和人数也无要求，因此，只要有时间，人人都可以自由学习。MOOC 实现了以学习者为中心的学习方式。教育的作用体现在教师的教是为了学生更好地学，MOOC 真正还原了学的本质，体现了师生互动、生生交流，重视学生的学习体验，对知识的认识和理解在互动交流的过程中逐步加深。MOOC 基于互联网平台，没有了师生之间的面对面交谈，更多的是人机对话，缺少监督和约束机制，难以判断学习者本人是否在学习，作业是否抄袭，学业水平的真实性无法考证。因此，MOOC 对学习者的自主性和自我约束力提出了更高的要求。MOOC 在很大程度上促进了信息技术与教育的融合，加快了教育信息化进程，并为跨国界校际交流与合作提供了桥梁与纽带，推动了全球优质教育的资源共享，有利于促进教育公平，养成终身学习的理念。

二、MOOC 与高校教学管理在理论层面的关系梳理

结合国内外优质高校 MOOC 平台的成功实际操作经验以及学界研究者的相关研究可知，MOOC 与高校教学管理存在着相互影响、相互作用的关系。MOOC 为高校教学管理模式的改良与创新提供了新的方向与思路，与此同时高校教学管理工作的有序开展也保障了 MOOC 在高校的可持续发展，因此二者的有机结合势在必行。MOOC 应用为高校教学管理带来的影响体现在教学目标管理、教学过程管理、教学质量管理、教师管理以及学生

管理各个教学管理环节的顺势变革改良过程当中。对比传统教学模式下我国高校教学管理与 MOOC 模式下高校教学管理的各个环节，MOOC 为我国高等教育带来的不仅是教学方式的转变，还是对高校教学管理改革创新的推动。

（一）教学目标管理的转变

教学目标管理为高校教学管理创造了优质的条件，针对传统高校教学过程而言，教学目标是教学管理工作取得成效与否的重要判断指标。

传统模式下普遍设定学生的知识习得为根本教学目标，立足于学生的知识获取，以确保教学工作的顺利开展。基于高校教学模式，大多数教师都会考核特定目标，通过严格化考试形式对教学效果进行检验，所以教学目标的评价具有极大的局限性，对推动学生全面发展和提高学生创新水平的作用不是很大。

MOOC 应用使得传统教学管理模式实现了进一步的创新，提供了发展的空间，使高等教育从记忆性教育向创造性教育转型。在 MOOC 应用中，学生在熟悉基础学科知识的基础之上，也可以通过先进技术不断提高自主学习水平，教师也从传授专业知识的定位逐渐向教授学习方法的定位转型。

MOOC 的应用推动高校教学管理模式的顺势变更，这就对新时期高校教学管理工作者提出了更为严格的标准：首先，思维模式的不断革新。与时代发展脚步相统一，提升管理观察的敏锐度，制定"互联网＋教育"模式下全新的人才培养目标，让教师制定清晰的教学目标，确保教学目标可以早日完成，此外在实施教学目标期间全面贯彻落实监督管理环节。其次，培养和提高学生能力。当下，高校学生的思想观念在时代不断发展的同时而产生了翻天覆地的变化，单一的课本知识已经无法满足学生的需求，学生希望通过高等教育提升自我能力。因此，高校教学管理者对于学生创新能力的培养不能仅流于形式，在日常工作中应当注重学生创新能力与实践相互结合，真正完成高校教学目标管理从知识获取转变为能力增强。然而关注学生能力增强并不代表着专业知识习得可以放在次要位置，高校教学管理人员需要积极发现有效的方式实现两方面的协调发展，促进高校学生的全面发展。MOOC 的应用，使高校教学目标管理由"学生的知识习得"向"学生自主学习能力的提升"转变。

（二）教学过程管理的转变

教学过程管理是高校教学管理的核心环节。教学过程管理不仅包括对教师教授课程这一过程的管理，也包括对学生知识习得这一过程的管理。

在传统的教学管理过程中，通常由教师作为课堂活动的主导者，单方面对学生进行知识灌输式的教学，在此过程中，学生往往缺乏主动表达的途径，仅仅是教师教学活动中的一部分，课堂活动的内容、主题、形式由教师主导把控。因此，在传统的教学过程管理中，对于知识传授的过程较为重视，忽视了对学生学习情况进行管理，没有给予学生独立思考的充分的空间。

MOOC 的应用逐步转变了传统的教学过程，将以学生为主体的管理理念得以充分体现。教师更多的处于咨询者地位，是学习动机的激发者。MOOC 的全面落实，可以增强师生互动的时效性，对创造性结果的产生具有很大的帮助，还对学习内容的掌握也有良好的促进作用。学生作为教学活动主要参与者的定位更加突出，凸显了以学生为主体的教学管理理念。在 MOOC 模式下，学生与教师之间的交流渠道更加畅通，教师的角色定位不再局限于基于传统模式的主导者，而逐步向学习动机的激发者、学习困惑的解决者转型，这有助于学生创造能力和自主学习能力的提升。MOOC 的应用，使高校教学过程管理由"以教师为中心"向"以学生为中心"转变。

（三）教学质量管理的转变

教学质量管理对保障高校教学管理起着至关重要的作用。教学质量管理在教学的各个环节进行质量控制，教学评价可以直接体现教学质量，也可以增强教学质量管理的有效性。

中国高校在传统高校教学质量管理模式中，面临着一个较为明显的教学评价问题，这一问题主要体现在教学质量评价的过程、方式以及主体上。我国高校在进行教学评价的过程中对结果评价过于关注，忽略了过程评价的重要性；从评价方式角度来看，大部分高校都采取通过期中、期末考试的形式对学生展开结果性评价；中国高校教学评价的主体单方面是任课教师评价学生，通过这种方式评估教学质量，该行为没有统一规范标准，客观性和公正性有待考证。

MOOC 的应用，使高校教学质量管理这一环节在一定程度上从成果管理转变为全面管理。MOOC 模式下，教学管理相关工作者对于教学质量管理环节的评价包含了四个部分：教师对学生学习内容进行的考核、授课教师对学生学习情况做出的评价、学生对自身学习情况的自我评价以及课程学习者之间的互评。MOOC 的应用使得教学质量管理的评价维度得到进一步延伸，教学质量的评价依据更加细化、更加全面，科学性有所提高。与此同时，MOOC 应用也使得教学管理工作者认识到评教环节对于提升教师监督作用以及提高教学质量的重要性。MOOC 的应用，使高校教学质量管理由"'重结果'的学习成果管理向'重过程'的全面管理"转变。

（四）教师管理的转变

教师管理是高校教学管理的关键。高校教师的素质直接影响了高校的科研能力以及教学水平，为了提升高校的科研能力和教学质量，必须对高校教师进行科学有效的管理。

在我国传统的高校教学管理模式下，对于教师的管理普遍以教师个体为单位，对于教师自身的道德品质、教学行为、教学质量、科研成果等进行评价。这样的个体化评价与管理方式，忽视了高校教师之间的联系与相互促进作用，使教师成了独立的存在，不利于教师间的专业化合作和学术讨论的开展。

MOOC 的应用对于高校教师管理的影响主要表现在它的设计与开发、授课与在线交流等各个核心环节都不是单独一个教师就可以独立完成的，需要高素质的教师团队相互配合、紧密合作完成，因此 MOOC 促使高校教师管理向团队化管理发展，MOOC 的运行模式打破了传统教师个体化独立存在的格局，促使不同领域不同学科的教师之间有了深层次的合作，为教师之间的沟通交流提供了机会，有利于激发高校教师的团队创造力，进行思维碰撞，进而提升高校的科研能力。教师的团队化发展方向对高校现行的教师管理模式提出了新要求，必须在教师管理过程中注重教师资源的整合，引导教师个体充分发挥专业化优势。团队化的管理模式在培养高校教师间的协作精神的同时，也促进了创造力的激发与成果的创新，团队化发展是高校教师管理的未来发展趋势。MOOC 的应用，使高校教师管理由"个体化管理"向"团队化管理"转变。

（五）学生管理的转变

学生管理是教学管理的重点。高校教学管理服务的主要目标是学生，改善学生的培训品质，实现学生的全面发展，提高整体素质是高校教学管理应该达到的目标。

在传统的高校教学管理模式下，学生管理呈现出统一化的特点。统一进行高校招生、统一的培养目标设定、统一的课程教材、统一的教学模式、统一的考核标准、统一的评价体系等，统一的管理模式在增加高校管理规范性、保障各环节有序进行的同时也使得学生丧失了学习的自主性和选择的灵活性，削弱了学生对学习的积极性，使学生个性化发展未受到应有的关注，更谈不上增强其创新能力。

MOOC 的应用为高校学生管理模式的改变创造了前所未有的机会。MOOC 对学习者的管理具有个性化的特点，学习者可以通过开放性的在线课程平台根据自身兴趣及需要自主选择学习内容、学习方式、授课教师以及自己安排学习进度等，充分调动学习者的主动性。MOOC 模式使得个性化学习再次得到关注，启发和推动了高校学生管理由统一化转向个性化。每个学生都是具有独立思想、独立人格的个体，高校学生管理应更加注重因人而异、因材施教，不剥夺每一个学生成才的机会。MOOC 的应用，使高校学生管理由"统一化管理"向"个性化管理"转变。

三、MOOC 背景下高校教学管理面临的问题和挑战

MOOC 的出现给我国的高等教育带来了重要的机遇：MOOC 不仅是对教育技术的革新，更重要的是对传统课堂教学模式的颠覆，MOOC 的兴起必然会带来教育体制、教育观念、教学模式、人才培养等方面的深刻变化。这些变化又会给教学管理带来一系列问题和矛盾，成为高校教学管理面临的新问题、新挑战。

（一）MOOC 在高校教学管理中的问题

1. 教学管理体系不完善，观念陈旧、专业度低

首先，目前在样本高校的校级、院级都未建立专门化的 MOOC 教学管理机构。教务处教学管理人员要同时负责传统通识课程和 MOOC 课程的运行管理。在这种情况下，高校教学管理人员难以同时兼顾，导致了其对 MOOC 相关教学管理工作无暇顾及、管理不到位。在调研过程中样本高校的学生 A 表示："现在 MOOC 在教学过程中还处于刚刚兴起的阶段，我们对于这种教学形式十分感兴趣，也想参与其中，但是很多时候不知道具体要怎么操作，自己选修的 MOOC 课程也不知道学校是否承认，想要通过学校的官方渠道了解具体细则又找不到专门负责的老师来解答我们的疑问。"负责高校 MOOC 的教学管理人员，要同时负责为学生提供 MOOC 咨询服务、监控 MOOC 教学质量、对 MOOC 课程质量进行评估、协调高校间学分互认事宜、研究 MOOC 学分互认规则标准等。现阶段高校教学管理人员往往一人身兼数职，没有明确的责任分工。因此，完善的 MOOC 教学管理体系和清晰的职责划分对于 MOOC 教学管理工作十分重要。

其次，样本高校 MOOC 教学管理团队的。该问题具体表现在：一方面，刚性化的教学管理理念。传统的教学管理思想内化在高校教学管理相关人员的日常工作行为当中，形成了短时间内难以改变的自上而下的管理模式，这种固化的教学管理理念会阻碍 MOOC 在高校的进一步发展以及高校教学管理的顺势变革。样本高校的学生 B 在访谈过程中表示："学校虽然开展了 MOOC 教学，但是在实际应用过程中还是对我们进行硬性的要求与规定，对于可选课程给出了明确的范围，但这样的模式还是不能让我们真正获取想要学习的知识，仍然是变相的形式化教育，没有考虑我们的需求。"MOOC 是诞生不久的新鲜事物，相对应的高校教学管理工作也要进行创新，与时俱进。MOOC 学分互认工作尚处于探索阶段，因此高校 MOOC 教学管理工作需要充分站在学生的角度开展。现阶段高校刚性化的教学管理理念指导下所进行的教学管理工作对学生的想法关注过少，创新意识也有待提高，使 MOOC 教学管理工作的效果大打折扣。另一方面，高校教学管理团队缺乏对 MOOC 教学管理的理论和实践研究。这一问题，在样本高校院系级教学管理人员中尤为突出，在校级部署开展 MOOC 相关工作后，后续事宜无法跟进以及及时处理，使得高校 MOOC 的实际开展与落实情况不尽如人意。随着高校 MOOC 的应用和推广，MOOC 教学管理的新问题和新情况也不断涌现，MOOC 对高校教学管理团队提出了更高的要求，尤其是专业化水平，对教学管理人员也提出了新的挑战。

2. 教学目标实现度低，学生缺乏激励与监督

不包括学习者自身因素影响在内，MOOC 模式无法及时激励学习者，也是引起完课率不高的一个根本原因。课程本身很难吸引学习者的长期注意力，学习者在学习期间，因为该激励机制的不足极易产生中途坚持不下去的想法，导致教学目标很难实现，最终无法确保学习效果。

高校 MOOC 教学目标实现度低的严峻问题凸显了 MOOC 应用中高校教学管理监督不到位的问题。MOOC 以网络为基础大范围传播和共享教育资源，然而其自身监督机制的匮乏导致了高校 MOOC 教学目标管理无法达到预期目标。通过 MOOC 测验样本高校学生完成行为之后归纳出如下结论：可以完全根据 MOOC 要求自主完成课程测验的学生占比为 20.60%，选择放弃完成课程检验的学生占比为 18.41%。学习者为了获取学习评价，本身应该完成课程检验，然而没有监督机制的影响和制约，MOOC 很难防止作弊问题的产生，也使得课程检验的真实性难上加难。此外，一般情况下 MOOC 以机器智能测评来评估学习者的学习效果，对不存在统一答案的主观题，则需要选择其他方式展开评价，如互评等。监督机制的匮乏使学生互评的客观公平性大打折扣，给高校 MOOC 教学目标的完成带来很大的影响，MOOC 模式本身的弊端以及高校教学管理环节的监管不到位使教学目标的实现程度大大降低。

对于高校教学目标管理环节，高校引入 MOOC 相关应用和实践的基本初衷是将"学生知识习得"的目标向"学生自主能力提升"的目标转变，在实际调研与分析过程中，笔者发现现阶段这一教学目标的实现效果仍然不尽如人意。60.71% 的被调查学生指出自主学习能力是他们在 MOOC 学习中亟待增强的重要能力。学生在 MOOC 模式学习中需要拥有极强的自主学习能力，然而这和当下高校学生自控能力不高的实际状况不相统一，成为 MOOC 在高校发展的阻碍之一，也与原本教学目标的设定背道而驰。针对学生自身自主学习能力的问题，高校教学管理如何找到对学生有效激励的方法，保证 MOOC 的学习效果，加大教学管理各个环节对于 MOOC 进行的监督力度，是 MOOC 应用中高校教学管理存在的亟待解决的问题之一。

3. 课程设置管理形式化，学分互认制度不完善

在分析样本高校关于是否有选修其他专业课程以及关于教师教学内容前沿性的相关调查中，48.17% 的被调查者表示有需求选修其他专业的课程，分别有 39.29% 和 35.44% 的学生认为课堂上教师教学内容的前沿性一般或比较陈旧。由此可见，MOOC 应用中高校仍然存在课程建设管理过于形式化的问题，高校所设课程在一定程度上不能满足学生的需求，课程内容也存在过于陈旧的现象，没有从学生的角度出发进行课程建设相关的改革和完善。MOOC 课程设置适用性不强，内容缺乏创新，无法满足学生的兴趣以及对于本专业知识以外知识的需求，难以激发学生的学习动力，影响学生的学习效果。

2015 年 4 月，教育部出台《对在线开放课程的建设与管理的意见》，该文件对在线课程建设提出了全新的指导原则，即"立足自主建设、注重应用共享、加强规范管理"。高校 MOOC 课程建设应体现"向管理要质量"的内在要求，实地调查可知，在高校 MOOC 课程建设的过程之中，仍然存在着在课程建设管理方面追求数量轻视质量、重视形式轻视效果的现象，导致了 MOOC 应用中，高校教学过程管理形式化，教学过程管理存在缺陷，无法满足学生的实际需求。

与此同时，在对 MOOC 获取学校学分的调查中发现，在样本高校中 84.89% 的被调查者表示可以通过 MOOC 学习获取学校规定的部分课程的学分，10.99% 的被调查者表示可以通过对 MOOC 课程的学习获取与专业相关课程的学分。

由此可见，MOOC 的应用虽然推动了高校之间学分互认制度的建立，但这些制度还存在很多不健全、有待完善之处。MOOC 等新生代在校教育资源的涌现使得各大高校纷纷加入或建设专属的在校教学平台，平台各有优劣，提供不同来源的教学资源，因此高校教学管理人员无法仅选择某个单一的平台提供课程，这也给高校间 MOOC 平台的学分互认制度建设增加了难度。现阶段高校 MOOC 学分互认主要局限于区域内互认，学校规定的部分课程可进行学分互认。目前北京、上海等一线城市的部分高校之间优势互补的学分互认模式已开始构建，但中、西部高校之间的学分互认发展还十分艰难，全国范围内的高校学分互认尚处于起步阶段，高校间教学管理体系的差异也给学分互认制度的完善带来了很大阻碍。

4. 教师管理片面化，评价机制不健全

MOOC 应用中，高校教师管理环节仍采取简单的学生网上评教模式对教师的教学情况进行反馈和管理，未能与时俱进健全相关教师评价机制，全面评价教师的能力与贡献，真实反映学生的反馈意见和诉求，提升授课教师的教学质量和综合素质。

教师团队考核仍采取评价"一刀切"。MOOC 课程的设计和开发除了教师积极参与才可以完成之外，还需要教师团队在整个过程中通力协作、相互配合，最终所取得的实际成果也应该属于整个教师团队。团队中教师的职责各不相同，考核评价方式也应该区别对待，"一刀切"的评价方式缺乏针对性。

高校 MOOC 的应用和推广为多元化的教师考核和评价提供了契机，当前高校教学管理仍然存在对教师考核管理片面化等问题。通过调查显示，当前高校学生在参与评教时仅有 26.65% 的被调查者能够主动进行客观评价，仍有 55.22% 的被调查者存在被迫进行形式化评教的现象，甚至有 12.64% 的被调查者表示其评教是由他人代劳的，5.49% 的被调查者表示未参与评教。由此可知，现阶段 MOOC 应用过程中存在着对于教师评价形式化、不全面等问题，评价机制不健全。

5. 学生管理机械化，选择自由度低

高校学生学习管理是高校管理活动中的最重要组成部分。如何在 MOOC 的推进过程中，提高学生学习能力，进行有效的学习管理，是高校教学管理工作者的努力方向。现如今部分高校在学生学习管理过程中呈现机械化倾向，管理的呆板使得 MOOC 的推进受阻，管理效果也不尽如人意。

在访谈过程中，高校的学生 C 表示："在高校教学管理过程中，我们学生往往扮演着被动接受的角色，被动接收通知、调剂、培养计划、课程设置、教师安排等，希望有机会进行自主选择。"学生 D 则表示："我认为每一个学生都是不同的个体，有不同的个性特点、

学习方式以及学习需求，因此统一的培养方式并不是真正适合于每一个人，希望学校可以借助新媒体的方式和手段完善对学生的管理，，提升我们的参与感，满足学生的个性化需求。"

在围绕大学生开展学习管理有关的满意度的研究时得知，被调查者在进行专业挑选、选课、挑选任课老师、学习手段选择等的自由度、满意度普遍偏低，表明目前高校仍然存在学生学习管理过于机械化，教学管理单项化的现象。

对学生专业选择及课程选择管理机械化。学生做出选择之前了解相关信息的渠道单一化，导致学生对相关信息了解程度低，部分学生还存在缺乏前期相关专业背景的问题，对MOOC课程架构，如学科内部的对应关系等问题缺少了解，导致专业选择课程选择过程盲目，使选择缺少了自主性。学生无法对MOOC课程教师进行自主选择。调查显示，现阶段高校内引入的MOOC课程数量有限，学生结合自身情况及所学专业要求后对在线课程进行选择的空间有限，此外，由于教师资源有限，经过专业化培训具备MOOC教学技能的教师数量较少，学生几乎无法依据自身的听课习惯、接受程度、兴趣喜好的方式选择教师，只能被动接受相关课程所配备的教师，这使得MOOC应用的针对性减弱，忽视了学生的个性化管理。MOOC应用模式本身为学生学习方式带来了改良的契机，使学生的学习不再受时间和空间的限制，提升了学生学习的主观能动性，但此次调查研究发现，实际操作中的"重形式轻内容"等问题使学生在MOOC学习中的学习方式与传统教学模式下相比无本质改变，依旧采用机械化的授课、统计学时、测试考评流程，对学习行为过程和学习成效的监管都存在明显不足，学习管理体系的建设有待完善。教学管理者作为下发通知的主导者，仅完成下达通知任务，对学生的选课过程缺乏规范性指导。

学生是高校教学管理需要提供服务的目标群体，是MOOC教学的终极受益方，MOOC和高校合作的原始目标就是提升学生的学习效果与品质。围绕MOOC实践过程中存在的矛盾，追求其规定和需要间的和谐关系，是高校教学在今后的MOOC监管过程中需要尤为关注和着力解决的重中之重。

（二）MOOC对高校的教育生态提出了挑战

1.MOOC对高校的教育生态提出了挑战

MOOC的出现给现有的高等教育生态带来了冲击，高校将面临全球化竞争的压力。任何人在任何地方只要通过网络就可以在线学习，与名校名师交流，使教育生态向开放转型，高等教育的大众化、普及化是大势所趋。MOOC的机会均等，促进了教育公平，也改变了高校的竞争模式，高校面临前所未有的压力。MOOC降低了教育成本，给高校的管理体制也带来了挑战。MOOC可以免费学习，如果要得到学分或证书，只需缴纳少量费用，相对而言，高等学校的学生学习成本要高得多，每年数千元甚至数万元的学费以及同质化的课堂教学模式已引起了高校对教育教学改革的思考。MOOC打破了高校的围墙，也打破了国界限制，高校面临全球化的竞争。一些名校或具有优势资源的学校通过

MOOC，可以提高知名度和社会影响力，在竞争中占有绝对优势，而生源和师资力量相对薄弱的应用型高校，在竞争中明显处于劣势。

2.MOOC 对高校的教学理念提出了挑战

目前，我国的高校普遍存在着重科研、轻教学的现象，评价一所大学的优劣也往往以科研指标来衡量，教师在职称评审和待遇方面也和科研直接挂钩。因此，大部分教师将主要精力用在项目申报和发表论文上，无暇顾及教学的质量。教师对学生的学习关注不够，教学方式单一，教学效果很难得到提高。MOOC 作为一种全新的教学模式，对高校教师的教学计划、课程设计、教学大纲、教学内容、教学投入提出了更高的要求，对学生的主动性、积极性、参与性，对教学管理的科学性、规范性、先进性等都提出了更高、更严格的要求。来自国内外名校名师的 MOOC，无疑对学生有着更高的吸引力，对一些师资力量相对薄弱的一般高校和教师必将带来巨大的压力和冲击。因此，高校教师和管理者必须改变重科研、轻教学的观念，把教学工作作为高校的中心工作，树立以学生为中心的教学理念，提高教学水平和人才培养质量。

3.MOOC 对高校的教学管理制度提出了挑战

高校的教学管理制度是高等学校对教学工作进行有效管理、对师生员工的行为规范进行约束引导，从而实现高校教学目标和人才培养目标的重要保障。教学管理制度在高校中具有约束、激励和导向功能。MOOC 的到来，对高等学校的管理者来说，是一个新鲜事物，在 MOOC 建设与推广过程中会出现新的问题和矛盾，传统的教学管理制度已不适应 MOOC 背景下的教学管理，需要相应的教学管理规章制度来实现 MOOC 的顺利开展。如何制定 MOOC 课程的认证标准，如何引导教师积极参与 MOOC 建设，如何计算 MOOC 的学分，如何共享 MOOC 的优质资源，如何改革 MOOC 背景下的教学管理方式，如何评价 MOOC 的教学质量，如何调动学生的学习积极性、阻止学生的抄袭与作弊，如何建设本土化 MOOC 课程，如何计算 MOOC 的教学工作量等，都对传统的教学管理制度提出了挑战。

4.MOOC 对高校传统的科层管理模式提出了挑战

传统的教学管理是建立在科层制管理基础上的。科层管理强调的是程序化、系统化的方法，在严密设计的各种组织中有很多规定好的程序，通过成员执行规定的程序完成任务。科层管理追求效率和逻辑，以自上而下的管理作为运行机制，关注的是控制而不是理解，强烈的科层制导致的是从属而不是创新。科层制管理容易形成管理主义意识和控制情结。科层制的教学管理模式与 MOOC 背景下的教学管理模式有着严重冲突，MOOC 突破了跨国界的校际界限，对封闭式的科层制教学管理提出了挑战。

5.MOOC 对高校基于"专业"的教学管理范式提出了挑战

高校传统的教学管理范式是"专业管理"，这种管理的结果就是高校的教育资源被专业分割，课程资源在同一学校甚至同一学院内不能共享。专业管理范式下，以固定的课程组成明确口径的专业，形成一种固定的批量人才培养模式，是与计划经济体制相适应的。但专业管理的范式，导致各个专业的教学资源只为本专业服务，不能有效共享，学生被限制在一个固定的专业领域，转专业非常困难，不利于培养社会需要的复合型人才。在教育信息化和MOOC的背景下，大量优质的课程资源在全球范围内共享，促进了学习方式和教学方式的改革，各个高校希望通过MOOC平台提高影响力和知名度。基于专业的教学管理范式已不能适应MOOC背景下的教学管理，高校需要构建适应MOOC发展的课程管理范式，适应复合型和多元化人才的培养。

6.MOOC对传统的教学模式提出了挑战

当前的教学模式反映的是工业革命时期的特点，为了提高标准化教学的效率，在生产流水线上使学生接受教育，教师在台上讲，学生在下面听。在这种传统的课堂教学模式下，所有的学生接受同样的教育。其缺点在于，学生的认识、能力、水平各有差异，有的学生学得快，有的学生学得慢，教师对一个概念解释多遍，有的学生还是不能掌握，有的学生则情况相反，当教师在课堂上不断重复地解释一个概念时，他们会感到厌烦。因此，MOOC的到来对传统的教学模式带来了冲击，但是并不意味着MOOC完全代替传统的课堂教学，MOOC本身也存在许多不足，只能作为传统课堂的补充。传统的课堂教学在创新思维、创新能力、批判思维、团队合作精神和意识、人文素养等方面具有MOOC不可相比的优势。因此，如何实现MOOC与传统课堂教学的无缝对接对高校的教学管理提出了挑战。

四、MOOC背景下高校教学管理的创新策略

（一）完善高校MOOC教学管理体系建设

1.完善高校MOOC教学管理组织设计

在教育信息化的环境下，在线教育已经成为教育国际化的重要途径。高等学校要从战略上重视在线教育，将其纳入学校长远发展规划，抓住信息技术高速发展的机遇，以MOOC为契机，大力发展在线教育。首先，借鉴国外先进的MOOC经验，建立自己的MOOC，推进MOOC本土化。高校内部制定相关政策，鼓励教师进行MOOC建设，对教师开展培训，推动在线教育平台建设，为MOOC建设提供技术支持，在本校MOOC建设能力不足的情况下，可以结合学校和专业实际，引进适合本学校人才培养目标的优质MOOC。其次，高校积极创造条件，和其他高校联盟，合作共建MOOC平台，共享优质高校教育资源，建立区域性的高校联盟。建立高校MOOC联盟，有利于制定统一的MOOC标准和共享机制，缩小校际教育资源的差距，有助于推进教育国际化，提高教育质量。MOOC教学管理模式区别于传统的高校教学管理模式，因此要实现高校MOOC的

良性发展，把握现阶段的发展机遇，就要完善高校 MOOC 教学管理组织体系的设计，配备专职的研究和监管人员，从组织上保证 MOOC 实践过程中高校教学监管任务的健康发展。

　　与 MOOC 相关的教学管理机构设置分为校级、院级两个层次。在校级设置 MOOC 建设工作委员会、MOOC 课程质量监督委员会、MOOC 教师培训机构以及 MOOC 对外合作办公室等。校级 MOOC 教学管理机构的主要职责是对外组织 MOOC 的校企、校校合作与 MOOC 平台建设维护，对内要研究基于本校实际情况的 MOOC 教学管理可行性办法与工作细则，如建立校级在线课程建设管理办法、组织教师进行专业化培训、制定将 MOOC 纳入培养计划的具体实施办法，以及制定一系列开课选课评分标准细则等文件。在院级机构中设置学院 MOOC 工作组，结合自身的专业背景和实际情况处理 MOOC 教学行政工作，如 MOOC 日常教学运行管理、MOOC 课程的建设与管理、MOOC 教学质量的检查与评估、解答学生在 MOOC 学习过程中遇到的问题、给予学生切实有效的指导性意见、了解学生的实际需求等。

　　2. 加强对在线教育的宣传与引导

　　在线教育迅猛发展，使得学习者摆脱时空的限制，丰富了学习者获取学习资源的途径，不可否认线上教育正逐渐取代一些传统教育的作用与效果，处于由辅助性课程向主要课程的转变之中。教育信息化创建在党的十九大上被提出，且被赋予了更加明显的、更加关键的意义，高等教育信息化发展是历史进步的方向，所以在这个时期的高校需要强化线上教育的推广，以此提高 MOOC 等在线教学平台的接纳度尤为重要。在加强对在线教育的宣传与引导方面，需要做到以下几点。

　　（1）学习成功案例的经验教训，增加高校教学监管人员的信息化观念。以清华大学的"学堂在线"平台和上海交大的"好大学在线"平台为例，经由极具代表性的高校获得的相关成果和将来的进步方向，让高校教学监管人员最大限度地认识线上教育的重要作用。

　　（2）利用高校社交平台为媒介宣传推广在线教学，提升师生对在校教育的了解和认识，通过互动交流使管理者充分听取师生需求，促进高校教学管理与时俱进改革与创新。

　　（3）积极响应国家教育部门的号召，在实际工作中贯彻落实教育信息化的指导方针，在高校营造良好的教育信息化氛围，从政府角度引导高校教学管理者进行思想变革。

　　3. 提高 MOOC 教学管理团队的专业化水平

　　信息技术的高速发展给高校教师带来了严峻的挑战，同时也带来了难得的发展机遇。高校应加强教师队伍建设，采取各种措施，更新教学理念，对于在 MOOC 建设和教学改革中出现的优秀教学成果，可以在职称评审、岗位聘任时作为重要的依据，引导教师将更多的精力用在教学上。以教学发展为中心，对教师开展培训。一方面，聘请相关专家和技术人员就 MOOC 平台的建设和使用开展专题培训；另一方面，鼓励教师走出去，观摩学习国内外优秀的 MOOC 课程，深入了解 MOOC，亲身学习完成一门 MOOC 课程。MOOC

的建设，需要优秀的教学团队合作共建，高校要加强教学团队建设，推进教师分工和多元化，将教师的个体劳动向团队协作转变。在 MOOC 背景下，教师要对自己的角色与职能进行调整，学生成为教学活动和课堂的中心，教师不再是单独的知识传授者，而是个性化学习的指导者和服务者，教师的职能和角色应朝着多元化、专业化方向转变。师资结构要适应 MOOC 的发展，教师的个体角色向"三位一体"的专业化团队角色转变，主讲教师负责 MOOC 视频的制作设计，辅导教师负责 MOOC 的课堂教学活动的答疑讨论，助理教师负责线上的辅导和对数据材料的收集、整理。新型的教学团队需要分工合作、各司其职，这样既提高了教学环节的专业化程度，也不会出现因工作量繁重而手忙脚乱的局面。

加强高校教学管理人员的培训，在全新阶段树立和强化教学管理人员的相关观念，推动高校教学管理工作的可持续发展。强化围绕高校教学管理人员的培训不但能够剔除落后的、不合时宜的原有教学管理观念，还能够尽可能地让他们了解 MOOC 教学的作用和重要性，提高其 MOOC 教学管理的专业技术水平。在提高 MOOC 教学管理团队的专业化水平方面，需要做到以下几点。

（1）邀请知名专家学者开展关于信息化教学管理的讲座，定期对高校教学管理人员进行授课培训，同时迅速掌握相关学习情况与成果，尽可能地保证其专业性与效果。

（2）开展"互联网+"背景下教学管理相关研讨会，头脑风暴展开讨论，引发教学管理人员对信息化教育的思考，对在线教育发展形势进行预判，促进高校信息化教育的发展，为后续工作打下基础。

（3）派遣相关教学管理人员到 MOOC 建设较为完善的典型高校进行调研和进修，学习借鉴其 MOOC 教学管理相关先进的管理经验，为未来的教学监管任务的进行和矛盾的处理奠定。

（二）提升高校 MOOC 教学目标管理的地位

1.教学目标指向能力与兴趣培养

MOOC 教学的目的不但是教授和学习相关学科知识，其重点还放在了增加学生的独立自主能力、团队合作能力、顺畅交流的能力以及创新思路的养成等，其教学目的学生对知识的好奇心与兴趣。教学管理者要根据学生的实际情况与接受程度不断完善 MOOC 教学目的的创设，向着学生的学习与就业需要这一目标前进，努力开发学生需要掌握的关键技术和能力。从能力这一指标来看，MOOC 进行混合式学习的教学目的为最大限度地提升学习成果与效率，MOOC 的学习模式更加注重学生的探索学习水平、自主学习水平与合作学习能力的提高；基于兴趣指标可知，要想成为综合性的全才，仅仅具备渊博的学科知识与创新观念等是远远不够的，兴趣是人最好的导师。因此，激发学生对学习的兴趣爱好也是 MOOC 教学目标之一，高校 MOOC 的应用为创造型人才的培养创造了良好的环境。MOOC 方式会给学生的自主学习水平提出更严苛的要求，然而部分学生的自主学习水平较低，相关观念不强。面对此种情况，必须提高学生的学习热情，让他们对学习更加具有好奇心才可以推动其学习的主观能动性，在主动解决问题与团队协作过程中明确学习的作用和重要性。

2. 充分发挥教学目标的功能

首先，教学目标具备导向作用。如果学生对于 MOOC 学习有了明确的目标，那么就会将其注意力集中在与这个教学目标有关的教学活动之中，教师和学生有了共同的前进方向，保证教学与学习都具备鲜明的前进方向，使学习不再漫无目的。鲜明的教学目的能够指引学生围绕 MOOC 形成精准的学习动机，帮助学生强化学习主观能动性，创设迎合自身需要的学习手段和学术环境。其次，教学目标具备鼓励作用。鼓励学生学习的要素之一就是教学目的，让学生正确认识教学目的，使学生对教学目标形成明确的认知，加深其对教学目的的掌握程度，从而使学生对即将学习的内容有所期待是教学目标激励功能的体现。明确的教学目标调动了学生学习的积极性，使学生自主参与到学习，有利于学习效果达到预期值。

高校教学管理者和授课教师要在 MOOC 学习过程中让学生对教学目标有明确清晰且全面的认识和了解，其中特别是加深学生对自身水平的提升和兴趣的养成方面的掌握，最大限度地利用教学目的的指引与鼓励作用。教学目的不但能够指引和激发学生的学习过程，其在高校一线教师和大学教学管理人员身上也能起到同样的作用。另外，教学目的还能够给教学项目与手段、课程开展与教学评估创造理论依据。因此，高校教学管理者要充分发挥教学目标的功能，制定合理的 MOOC 教学目标，促进高校 MOOC 教学效果的提升。

3. 鼓励学生参与高校 MOOC 教学目标管理

高校教学管理者应该发挥学生参与教学目标管理的主体性，鼓励学生参与 MOOC 教学目标管理，激励学生主动了解相关政策，让学生推动参加创设与改正大学 MOOC 教学目标的流程。从参加过 MOOC 学习、对 MOOC 模式有一定认识的学生里选拔出不同学院和年级的学生来作为代表，针对教学目标的创设提出建设性意见，传达广大学生的心声。学生代表还能够基于学生的角度，围绕学习 MOOC 的现实作用和 MOOC 教学目的的不同之处开展反馈，和教学监管人员一起讨论无法完全实现 MOOC 教学目的的缘由，以及如何完善。给学生参加 MOOC 教学目的创建提供机会，有利于加深学生对 MOOC 教学目标的理解和认识，树立正确的学习动机，提升 MOOC 的教学效果。与此同时，经由学生信息的迅速反映，可以更好地推动高校 MOOC 教学目的监管任务的健康发展。

（三）加强高校 MOOC 课程建设的统筹管理

1. 增加高校 MOOC 课程的适用性和多样性

高校教学管理人员要在充分开发学生对 MOOC 课程的现实需要的前提下，健全大学的 MOOC 课程创建，提高其普适性与丰富性，增设满足学生需要和有助于学生能力培养的 MOOC 课程。由于 MOOC 的混合式学习模式并不适合所有高校在校学生，也不适合于所有课程，因此在教学过程管理课程设置的过程中一定要做到充分考虑不同学生、不同课程各自的特性，真正将 MOOC 课程设计和建设实施的权利赋予授课教师和学生，充分体现学生在高校教学管理活动中的主体地位，让学生参与课程设计，让他们能够行使自己的选择权和参与权。最大限度地思考学生的学习情况和其前途，提供具有高适用性、多样性的 MOOC 课程给学生，满足学生发展的需要，提高学生的全面能力和综合素质。

2. 加大对 MOOC 平台的监管力度

首先，高校教学管理者根据高校 MOOC 的实际发展建设情况制定 MOOC 平台基本要求规范，保证将在线课程的质量放在首要位置。其次，降低学生操作的烦琐性与复杂性，搭建统一的校级 MOOC 平台，整合与规范适用于本校学生的在线教学资源。最后，要完善 MOOC 课程评价指标设定以及落实具体的评价办法。组织校内外专家对于高校 MOOC 课程进行评价与审核，建立对于 MOOC 平台的动态评价机制以及合理的退出机制，随时把控及时监管，对于内容未达到相对应的质量标准、内容更新不及时，缺乏新意，内容与教学目标不一致的课程实行下线整改或退出，教学管理人员对 MOOC 课程的整体运行过程进行动态监督，以此促进高校 MOOC 平台课程质量的提高。

3. 试点翻转课堂，创新混合式教学模式

MOOC 对传统的教学模式影响很大，但不能解决所有问题，更不能完全取代课堂教学，将线上教育与线下教育相结合的混合式教学模式成为各大高校的探索方向。混合式教学模式就是将传统的课堂教学的优势和数字化教学的优势结合起来，这样既能发挥教师的启发、引导教学过程的主导作用，也能体现学生作为学习主体的主动性、积极性。混合式教学模式下，学生自己安排学习进度，决定学习的深度和内容，遇到疑问可以通过线上向教师或者其他学习者求助，也可以通过课堂教学直接向教师求助。教师从重复性的讲课中解放出来，可有更多的时间和学生沟通、交流和互动。而学生从被动接受向主动学习转变，授课模式从传授式学习向探究式学习转变。

"翻转课堂"是混合式教学模式的主流形式，是把传统的教学模式"课堂教师讲课，课后学生作业"翻转为"课前学生自主学习，课堂教师答疑解惑"。具体的教学流程就是学生在家里通过观看视频自主学习，查找资料完成练习，发现疑难问题；课堂上学生提出疑难问题，教师组织交流讨论，解决问题。翻转课堂聚焦于每一个需要帮助的学生，让能力各异的学生变得更加优秀，使真正的差异化教学成为可能。学生在观看视频时可以随时暂停，直到学会，不用再为跟不上教学进度而焦虑。翻转课堂使师生之间、学生之间的交流增加了，有助于营造积极互动的学习氛围。

4. 加快区域间在线课程联盟建设

随着"互联网＋教育"的迅速发展，愿意借助创建线上教育联盟的手段来促进彼此进步的大学数量不断增加，为的就是借助教育机会平等化来减少地区间的教育距离，从而推动高等教育整体水平的提高。目前，高校应充分利用 MOOC 模式所带来的机遇，促进建

设课程联盟进度的快速推进，经由不同学校之间围绕教学管理开展协作和沟通，寻求供给平衡点，完成大学学生跨学校、跨专业的教育目标，促进学生全面的个性化发展。治理强调的是多元主体的共同管理，是一种协作、互动，而不是自上而下的管理。高校的教学管理不是控制与约束师生，而是激励与鼓舞师生。树立教学管理是服务师生的理念，发挥专业权力，发挥教授专家治教的作用，充分体现师生的主体地位，激发和引导师生共同参与教学管理工作。对教师和学生给予决策、建议和监督的权力，发挥教师、学生的反馈与评价作用，使教师、学生、教学管理部门之间相互监督、相互制约。要推动 MOOC 的积极开展，仅靠单一的行政力量远远不够，要突破封闭式的管理，让利益相关者成为教学管理的主体，力争多元主体参与，包括校长、院系领导、教师、教学管理部门、学生、家长、社区等，积极创造机会，提高教师的领导能力，充分发挥校院两级教学指导委员会、学术委员会、教学督导委员会的教学管理与监督功能。高校区域间 MOOC 联盟平台的建设，不但有利于实现资源共享、促进校际学分互认制度的完善，还对高校塑造学校特色，找寻自身定位，提升学校的综合影响力有所促进。建立区域间高校 MOOC 课程联盟，高校教学管理工作者应该做到以下几点。

（1）以教育部门为主导，加强区域间高校进行协作互通，共同参与 MOOC 建设。

（2）高校根据自身需求特点，引进其他高校优质教学资源，加快教育资源的优化配置创设跨专业的学科机制，营造全面型人才培养氛围，尽可能地借助"互联网＋教育"模式来营造新型教学环境，通过虚拟的教学互动来尽可能地激发老师与学生的学习积极性。

（3）选派教师到其他高校进行参观学习，互相学习优秀的教学经验，提高课程建设的先进性和科学性。

建立新的教学管理方式，使"专业管理"向"课程管理"转变。在"课程管理"范式下，专业是课程的组织形式，教师通过组织课程，确定教学内容，学生通过选择课程，获取一定的知识能力。高校应突破传统的"专业"内涵，以劳动力市场为导向，提供与社会需求、个人需求相适应的课程，学生根据自己的意愿选择合适的课程，确定自己的主修专业，完成高等教育的学习。"课程管理"的重心在课程，高校可以建设不同类型、不同层次的教学内容和课程结构，不同的课程组合实现不同的专门化，打破专业的固化和静止。在 MOOC 背景下，高校应该充分利用 MOOC 的优势和特点，积极开发建设本土化的优质 MOOC。在本校 MOOC 建设能力不足的情况下，根据学校的人才培养方案和培养目标，引进适合本校学生的优质 MOOC。以"好大学在线""中国大学 MOOC"等为代表的大学教学平台的创建，重新打造了地区间的线上学科联盟的教育形式，推动了地区间高校的协同进步，为中国高等教育事业的创新贡献了自己的力量。但是创建大学地区间的联盟平台面临着极大的困难，只有高校间积极沟通、相互协调，才可以创建长期持续的良好协作关系，为将来大学间的 MOOC 联盟的创建提供前提条件，高校课程联盟一定会在将来的中国成为高等教育发展事业的主流。

（四）健全高校 MOOC 教师评价考核制度

1. 转变重科研轻教学的考评倾向

标准化与规范化是 MOOC 在高校顺利开展的基础与保障，高校教学管理部门要组织专家，尽快制定 MOOC 环境下的教学管理制度，建立和完善 MOOC 课程教学标准、课程运行标准、学分认证标准、工作量计算标准、教学评价标准、网络技术标准等。在 MOOC 课程建设方面，不仅要重视 MOOC 课程规模，更要重视质量建设，制定严格的课程认证标准，达到标准才能上线。对于上线的课程，要定期进行评估，对教学评价低、学生完成率低的课程要下线停开。制定适当的激励制度，一方面，激励教师积极投入 MOOC 建设中；另一方面，引导学生适应 MOOC 的教学方式，调动学生学习的积极性，制定学习效果评价标准和学生诚信奖惩制度。通过大数据分析学生的学习过程和学习成绩，提出有针对性的指导和解决方案。可以尝试与学生签订诚信保证书，使学生承诺不在学习与考试中作弊，对于诚实守信的学生给予褒奖，对于违反诚信制度的学生给予开除学籍等严重处罚。在学分认证和学籍管理方面，高校要创新管理制度。学生通过网络选课，高校之间互认学分，可以拿到外校的第二专业学位证书。这种学分互认的制度打破了高校之间的壁垒，使优质教育资源共享，加速了高校的学分制以及学位、学籍管理制度改革。为了提高教师的综合能力和创新意识，高校教师考核评价制度亟待完善与改进，落实由单一性考评转变成多元化考评的过程，改变当前的高校重视科研成果，忽略教学表现的教师评估标准。健全教师考察评估体系，推动高校教师教学的创新。长期以来，我国大部分高校基本保持着以统一评价标准对教师进行评估考核，缺乏合理的分类评价机制，重视教师的科研成绩的同时，轻视了对教师教学成绩的认证与评价。评价体系的不健全，导致了部分高校科研功利化现象的出现。因此，高校教学管理部门应在教学管理活动中克服"重科研、轻教学"的倾向，完善高校教师的综合评价考核体系。

在 MOOC 广泛应用的背景下，一方面，高校在教师职称评定、教育资源分配等事宜上，应凸显教学的核心作用，关注传统教学和 MOOC 方式下的线上教学行为，把教学表现作为考察评估指标，而不是单纯地以科研成果为重点的考核标准，激发教师的教学热情。另一方面，考核评价标准与时俱进、因人而异，推行精细化分类管理模式：对于全身心投入一线教学的教师，对其科研成果不强制规定；对于擅长科研的教师，减少其课时安排，给予其充分时间潜心科研。这种精细化分类的管理模式针对性更强，充分考虑了高校教师工作的复杂性、创新性以及个体差异性，对进一步健全多样化个性化的教师考核评价标准具有一定的参考价值。目前，国内以北京大学、浙江大学为代表的多所高校已经开展了管理制度的相关改良与革新，将科研岗与教学岗的教师分别管理，这样的模式也为我国高校教学管理工作的继续发展提供了新的方向。

2. 实行科学合理的团队考核评价

在实地调研中笔者发现，MOOC 应用背景下，高校教学管理者对于 MOOC 教学团队的评价仍然采用"一刀切"的方式，MOOC 教学团队中各教师职责分工不尽相同，笼统的、单一的评价方式削弱了部分教师对在线教学的积极性，影响了教学团队的良性运作与发展。针对评价考核方式不合理的问题，科学合理的团队考核评价方式的制定与实行显得尤为重要，高校教学管理人员可以从以下几个方面出发。

（1）对团队成员分类评价。MOOC 主讲教师以课时作为量化标准实施考核评价，以 MOOC 课堂教学效果为评价依据，以学生评教结果作为重要考量依据，此外教学内容的新颖程度、与学生的互动交流活跃度都可以作为重要的考核评价标准；MOOC 课程制作教师从技术层面出发以课程的规范度和质量等作为参考；助理教师以辅助课时量以及对应的主讲教师、学生的评价为参考依据。

（2）评价过程和评价结果并重。在 MOOC 应用中应更注重对教师教学过程的评价，对 MOOC 课程的实施过程跟踪管理，以结果评价为辅，提升考核评价的科学性。

（3）将团队行为考评纳入考核评价标准。MOOC 的教学结果是 MOOC 教学团队的共同成果，能够量化的数量、质量以及团队成员所做的贡献相对比较容易进行考核。但是对 MOOC 教学团队成员团队行为的考评却缺乏量化标准，将成绩考评与行为考评有机结合，把团队行为考核评价纳入考评标准，对团队进行更加全面客观的考核评价，有助于建立更加客观的教师评价考核制度与体系。

3. 建立有效的教师教学激励机制

建立有效的教师教学激励机制，充分调动高校教师的主动性、积极性以及创造性。在建立有效的教师教学激励机制方面，应做到以下两个方面。

（1）秉持科学性原则。现阶段，我国高校 MOOC 刚刚起步，各大高校对教师实行的激励制度往往停留在对在线教学领域，出色的老师予以精神和物质奖励，但没有对合格教师进行相关奖励的内容，激励制度的不合理导致激励政策更多地偏向主讲教师，严重制约了其他团队教师的创新意愿与能力，对于教师的职业发展和自身定位造成了不良的影响。

（2）加大 MOOC 课时量的转化力度，提高绩效补贴。MOOC 的发展需要校级政策的鼓励与支持，适当提高 MOOC 课的转化量以及绩效补贴，使从事在线教学的教师真正受益，使教师掌握教学的话语权，尊重教师的教学权利。MOOC 教师团队考核与管理应明确到每一位团队成员，在建立完善的评价体系的基础上，也应建立相应的针对团队和成员的激励机制，不仅停留在物质层面，精神层面也要有所涉及，最大限度地激发 MOOC 团队成员的积极性与主动性。

（五）创新高校 MOOC 个性化学生学习管理制度

1. 探索学生学习评价新标准

MOOC 应用中的学生评价，应摒弃传统的单一考试和固定分数为标准的评价体系，多角度地从学生的综合素质、创新思维、实践能力等方面进行考核评价。在探索学生学习管理评价新标准的过程中，应该做到以下几点。

（1）实现多元化评价方式。目前国内部分高校的学生在学习MOOC课程的过程中，无法充分体现个性化学习的特点，高校管理人员对学生的学习评价结果也往往忽视对学习过程的管理。因此，在学习MOOC课程的过程中，教师除了通过考试成绩对学生进行评估外，还可以将课堂互动提问情况、练习作业完成情况等按一定比例纳入学生的学习评估，将过程性评价与总结性评价相结合，增加学生评价的科学性。

（2）实现多元化评价内容。从单一成绩评价向全面综合素质评价转变，充分考虑学生的自身特性，发现学生的闪光点，真正落实由单一的考试成绩变为非形式化的综合素质成绩考核。

（3）实现多元化评价主体。传统模式下学生被动接受评价，缺失了自主评价的权利。MOOC的应用使得评价方式逐步转向参与互动评价、自评与他评相结合的评价。与此同时，对某一学生个体的评价，可以由任课教师、课程内其他学生、学生自身等多元主体进行考核，传统模式下的被评价者也成了评价主体中的一员，有利于在平等、民主的互动中关注自身发展的需要，推动学生独立进步的过程。

2. 拓宽学生反馈信息的渠道

健全学生学习管理制度是学生学习质量管理的保障，可以更好地推动学生综合素质的提高以及高校教学管理的完成。在完善学生监管体系时，必须尽可能地听取学生的声音，提升监管体系的创新力与包容性，更好地促进体系的民主和科学作用的发挥。拓宽学生反馈信息的渠道，最大化了解学生的感受与需求，切实完成高校教学管理的以人为本的目标。在拓宽学生反馈信息的渠道过程中，应该做到以下几点。

（1）充分利用反馈时段。在整个MOOC课程的阶段通过师生的反馈，掌握学生对线上课程的学习成果和相关感受，注意学生的实际需要，切实记录有价值的意见和建议，指引将来的学生学习管理工作的发展目标。

（2）借助高校新媒体辅助搜集反馈信息。利用大学的官方网站、微博和微信等在线方式来推送MOOC相关问卷，了解学生在MOOC在线课程学习过程中的真实需求。教学管理工作者需要提高自身对数据收集和研究应对的水平和决定与操作水平，通过相关数据资料，找出更深入的矛盾，力求改善学生学习管理效果。

（3）高校教学管理者与学生平等交流。在日常教学管理过程中，需要暂时忽略教师和学生之间的地位差距，切实融入学生的日常学习生活，用更加直接的方式换位思考，探索当前出现的矛盾，坚持人本思想。高校教学管理的根本服务目标就是学生，树立正确的服务观念、贯彻落实以人为本原则，了解学生群体的真实诉求，使教学质量稳步提升才是高校教学管理工作的正确方向。

3. 完善高校间学分互认制度

随着教育全球化、在线教育的飞速发展和高校学分体系革新的深化，实现学分互认变得尤为关键。MOOC 的出现为高校学分互认的发展提供了新的机遇，但此项工作不是一朝一夕就能够完成的。目前高校的学分互认体制机制还不够成熟，实际管理难度较大，笔者建议从以下两个方面加强制度建设。

（1）创建高校学分认定委员会。领导进行 MOOC 课程的学分认定过程，为学生和教师提供咨询服务，协调各高校间的学分认证与转换。与此同时，各高校也应设立相应的对接部门，依据实际情况有效开展学分互认工作和转换工作。

（2）制定系统化学分互认标准。创建 MOOC 等线上公开课程教学质量认定指标，将通过高校认定的在线课程纳入人才培养方案，并制订在线课程的教学效果评价办法和学生修读在线课程的学分认定办法。在保证教学质量的前提下，学校开展在线学习、在线学习与课堂教学相结合等多种方式的学分认定、学分转换和学习过程认定。为了实现各种类型的学分互认，相关教育部门需要制定统一的学分互认标准。

参考文献

[1] 陶媛, 秦利波. 教育信息化背景下高校教育管理的体系建设研究 [J]. 高校后勤研究, 2018(10): 3.

[2] 梁既. 教育信息化背景下高校教务管理模式创新探究 [J]. 教育信息化论坛, 2021, 5(4): 2.

[3] 孙明晨. 教育信息化背景下高校学生管理创新研究 [J]. 中文科技期刊数据库 (全文版) 教育科学, 2021(9): 1.

[4] 杨晨. "互联网 +" 背景下高校完善教学管理信息化建设的研究 [J]. 中文科技期刊数据库（全文版）教育科学, 2022(8): 4.

[5] 王诚. "互联网 +" 背景下高校完善教学管理信息化建设研究 [J]. 中文科技期刊数据库（全文版）教育科学, 2022(6): 3.

[6] 赵海燕, 韩朝, 张天辉. 教育信息化背景下高校行政管理创新对策研究 [J]. 中文科技期刊数据库（全文版）教育科学, 2022(4): 3.

[7] 张鹏程, 金森, 吴文文. 教育信息化背景下高校学生管理模式创新性研究 [J]. 职业教育, 2022(23): 2.

[8] 殷新. 大数据背景下高校教育管理信息化建设探索与思考:评《教育管理学:理论·研究·实践（第 7 版）》[J]. 中国教育学刊, 2021(11): 1.

[9] 姚琳. 教育信息化背景下高校教育管理体制创新实践研究：评《高校教育创新及其管理体系的建设》[J]. 科技管理研究, 2021.

[10] 杨军. 大数据背景下高校教育管理信息化创新路径研究：评《基于大数据的高校教育管理研究》[J]. 科研管理, 2020, 41(10): 1.

[11] 刘星. 大数据背景下高校教育管理信息化建设探索与思考 [J]. 江苏科技信息, 2017(33): 3.

[12] 解咏晋. 教育信息化背景下高校档案信息化管理建设研究 [J]. 知识经济, 2016(4): 2.

[13] 佚名. 教育信息化背景下高校教师专业发展研究 [M]. 北京：中国人口出版社, 2014.

[14] 郑新, 李聪慧. 教育信息化背景下高校思政教育协同管理的必要性研究 [J]. 消费导刊, 2018.

[15] 郭芳晴. 教育信息化背景下高校学生事务管理创新研究 [D]. 武汉：华中师范大学

[2023-06-29].

[16] 银海强.高校教学管理信息化的战略思考 [J]. 黑龙江高教研究，2006（10）：3.

[17] 李宇航，范纯龙，杜玲.教育信息化背景下高等教育转型发展研究 [C].辽宁省高等教育学会 2014 年学术年会 [2023-06-29].

[18] 李宇航，范纯龙，杜玲.教育信息化背景下高等教育转型发展研究 [C].辽宁省高等教育学会 2014 年学术年会优秀论文二等奖摘要集 .2014.

[19] 李雅婷.教育信息化背景下高校民主管理工作对策研究 [J]. 中国管理信息化，2017，20（22）：2.

[20] 冯陈芙.教育信息化背景下高校教材管理运行机制探究 [J]. 微计算机信息，2021（4）：115-117.

[21] 楼峥.大数据背景下高校学生管理信息化研究 [J]. 教育界：高等教育，2015（7）：1.

[22] 肖阳，李俊源.基于信息化背景的高校教学管理研究 [J]. 教育信息化，2005（10S）：2.

[23] 单耀军.大数据背景下高校学生管理信息化研究 [J]. 教育与职业，2014（23）：3.

[24] 强乐颖，马军强.教育信息化背景下高校管理人员创新理念与能力研究 [J]. 教育信息化论坛，2022，6（7）：3.